教育部人文社会科学重点研究基地重大项目"城乡统筹视域中农村义务教育教师补充机制研究"（11JJD880035）成果

农村义务教育教师补充机制研究

Research on Supplementary Mechanism of
Rural Compulsory Education Teachers

于海波　于　冰◎著

科学出版社
北　京

内 容 简 介

农村教师是农村教育发展的关键。在一定意义上，农村教师补充的效果直接关系到农村教师队伍建设的质量，进而影响农村教育发展的速度和水平。

本书首先对农村教师补充的相关问题进行梳理；然后对清末至今的农村教师补充政策进行历史考察；之后对美国、俄罗斯、韩国、印度等国家的农村教师补充政策进行比较研究；接下来，围绕特岗教师、公费师范教师、农村教师流动三个主题进行调查分析，再对浙江省嘉善县和吉林省长春市宽城区的农村教师补充问题进行个案分析；最后对我国农村教师补充的一般规律、政策建议等问题进行探讨。

本书对教育学方面的学者、学生以及中小学教育工作者，尤其是对农村教育感兴趣的研究者和管理者有重要参考价值。

图书在版编目（CIP）数据

农村义务教育教师补充机制研究/于海波，于冰著. —北京：科学出版社，2019.8
ISBN 978-7-03-062112-2

Ⅰ.①农… Ⅱ.①于… ②于… Ⅲ.①乡村教育-义务教育-师资培养-研究-中国 Ⅳ.①G451.2

中国版本图书馆CIP数据核字（2019）第180207号

责任编辑：孙文影　冯雅萌 / 责任校对：王晓茜
责任印制：李　彤 / 封面设计：润一文化
编辑部电话：010-64033934
E-mail: edu_psy@mail.sciencep.com

科学出版社 出版
北京东黄城根北街16号
邮政编码：100717
http://www.sciencep.com

北京虎彩文化传播有限公司 印刷
科学出版社发行　各地新华书店经销
*
2019年8月第　一　版　开本：720×1000 B5
2019年8月第一次印刷　印张：14 3/4
字数：260 000
定价：89.00元
（如有印装质量问题，我社负责调换）

前言

农村教育改革与发展的最终目标是提高农村教育质量。教师是教育事业发展的基础,是提高教育质量的关键。农村教师的素质水平和职业动机是影响农村教育质量的核心要素。能否保证农村学校拥有充足、合格的教师是影响农村教育质量提升的重要变量。《国家中长期教育改革和发展规划纲要(2010—2020年)》指出,要以农村教师为重点,提高中小学教师队伍整体素质。然而,随着计划经济向市场经济转轨,依据"单位留人"的教师留住机制已逐渐失去社会基础,侧重"泛道德化"的教师激励机制已经难以奏效,专注"达标取向"的教师专业发展思维阻碍了教师队伍的内涵式提升。其结果是,农村教师队伍总体质量不高、优质教师单向流出、不合格教师退出机制不完善、农村教师岗位缺乏足够吸引力,这些均会对农村教育质量提高形成实质性的制约和伤害。因此,全面分析我国农村教师补充面临的困境和存在的问题并提出相应的改善策略已经成为当务之急。

当前,我国农村学校面临着教师队伍总体质量不高、大量教师单向流出、优质教师补充不利等诸多问题,影响了农村教育质量的提升,制约着我国农村教育事业的发展。《国家中长期教育改革和发展规划纲要(2010—2020年)》要求要创新农村教师补充机制,其含义非常明确。首先,目前的农村教师补充机制不能完全满足农村教育质量提升的需要;其次,新农村教师补充机制不可能是现有农村教师补充机制的简单修补，需要用创新的思路来解决这个问题；最后，农村教师补充机制创新不仅是一个政策问题，还是一个科学问题，农村教师补充机制改革需要以深入的科学研究和设计为基础。另外，城乡统筹发展政策不仅为农村教师补充机制的优化和改革提出了新思路、新问题，同时也为农村教师补充机制的改革和完善提供了新平台、新机会。

在这样的背景下，本书综合运用文献研究法、调查研究法、比较研究法等方法，分六章从六个方面对农村教师补充相关问题进行了深入探讨。第一章是农村教师补充的理论探讨，对国内外相关研究成果进行了总结，从多学科视野审视农村教师补充问题；第二章是我国农村教师补充政策的历史考察，对清末、民国、中华人民共和国成立至改革开放前、改革开放后的农村教师补充政策进行了考察和梳理，以期获得历史经验和智慧；第三章是农村教师补充政策的国际比较，对美国、俄罗斯、韩国、印度等国家的农村教师补充政策进行了研究，国际比较分析可以对问题的澄清、规律的挖掘和政策建议的提出产生广泛启示；第四章是我国农村教师补充现状的调查分析，通过对特岗教师、公费师范教师、农村教师流动等问题的调研，了解了我国农村教师补充存在的问题并提出了解决的对策；第五章是我国农村义务教育教师补充的个案研究，通过对浙江省嘉善县和吉林省长春市宽城区的两个典型案例进行深入挖掘与分析，尝试得出经验和启示；第六章是完善农村义务教育教师补充机制的建议，结合前述研究成果，加之对以往农村义务教育教师补充政策的反思，对未来农村义务教育教师的政策调整提出了系统性建议。

总体来看，农村教师补充是一个复杂的教育问题，受到政治、经济、文化等多方面因素的影响，仅凭一本书的研究很难获得全面、深刻的结论，未来我们将持续关注并研究这一问题。

作　者

2018 年 9 月 28 日

目录

前言

第一章　农村教师补充的理论探讨 … 1

第一节　农村教师补充问题相关研究 … 2
第二节　多学科视野下的农村教师流动 … 25

第二章　我国农村教师补充政策的历史考察 … 39

第一节　清末时期的农村教师补充政策 … 40
第二节　民国时期的农村教师补充政策 … 45
第三节　中华人民共和国成立至改革开放前的农村教师补充政策 … 51
第四节　改革开放后的农村教师补充政策 … 55

第三章　农村教师补充政策的国际比较 … 63

第一节　美国农村教师补充政策 … 64
第二节　俄罗斯农村教师补充政策 … 73
第三节　韩国农村教师补充政策 … 79
第四节　印度农村教师补充政策 … 87

第四章 我国农村教师补充现状的调查分析 ………… 97

第一节 特岗教师调查报告 …………………………… 98
第二节 公费师范教师调查报告 ……………………… 127
第三节 农村教师流动调查报告 ……………………… 168

第五章 我国农村义务教育教师补充的个案研究 …… 191

第一节 浙江嘉善县教师补充个案研究 ……………… 192
第二节 吉林长春宽城区教师补充个案研究 ………… 205

第六章 完善农村义务教育教师补充机制的建议 …… 219

第一节 统筹城乡教育投入，改善农村教师补充的整体环境 ……… 220
第二节 科学设定教师编制标准，保证农村教师补充空间 ………… 220
第三节 提高农村教师福利待遇，增强农村教师职业吸引力 ……… 221
第四节 增强农村教师职业认同感，使农村教师乐于在农村任教 … 223
第五节 建立健全教师流动机制，实现农村教师动态持续补充 …… 223
第六节 改进创新农村教师相关政策，为农村教师持续补充提供
       保障 ……………………………………………………………… 224

后记 ……………………………………………………… 227

第一章
农村教师补充的理论探讨

农村教师补充是一个复杂的问题，也是一种复杂的社会现象。农村教师补充与农村教师迁移是两种具有深层次联系的教育现象与问题。在一定意义上，教师的单向迁移和差异选择导致了农村优秀师资流失和补充不足。从更广阔的视野来看，农村教师补充与农村教师流失、农村教师流动，乃至农村教师队伍的整体结构和特点都是息息相关的。农村教师补充涉及的要素极其复杂，因此，我们需要对农村教师补充的相关研究进行综述，尝试从多学科的视角对农村教师流动问题进行探讨，以期深化对农村教师补充问题的认识和理解。

第一节　农村教师补充问题相关研究

一、我国农村教师队伍建设存在的问题

（一）农村教师队伍存在的结构性问题

1. 学科结构不合理

我国相当一部分农村学校的教师结构不合理。在农村中小学教师当中，语文、数学、英语、物理、化学等学科教师占大多数，而音乐、体育、美术、心理辅导等学科教师却寥寥无几，很多学校要么不开这些学科，要么是由其他学科教师兼任。相当一部分少数民族地区还缺少汉语教师。①

2. 专业结构不合理

农村教师的学历进修主要通过函授、电大和自学等渠道进行，且取得的学历中有 2/3 以上是文科专业，这种重学历层次、轻学科专业的倾向使得农村教师专业结构失衡的问题十分突出。一些地区农村中小学音乐、体育、美术三科基本没有科班出身的教师。②

3. 年龄结构不合理

教师的年龄结构本应呈现均衡分布的态势，但我国农村小学教师的年龄结构

---

① 张道祥.当前农村教师队伍存在的问题与建议［J］.教育探索，2008，（9）：103-104；王世军，徐中仁.当前农村教师队伍建设存在的问题及对策研究［J］.教育理论与实践，2004，（20）：20-22；吕诺.义务教育阶段教师多半在农村，农村教师补充困难［N］.人民日报，2006-03-08.
② 张道祥.当前农村教师队伍存在的问题与建议［J］.教育探索，2008，（9）：103-104；邹跃，陈恒.农村教师队伍建设面临的困境及其破解［J］.教育探索，2009，（8）：84-86.

却呈现出"单边倒"的"老龄化"倾向，即45岁以上的教师所占比例很高，中青年教师较少。[1]刚毕业的大学生不愿到农村工作，原有的年轻教师流向城市学校，这些致使农村学校教师队伍"老龄化"，有的地区甚至出现教师队伍年龄结构断层现象。[2]

4. 学历结构不合理

王世军和徐中仁指出，农村中小学教师中有很多民转公的教师，大部分为中师毕业。虽然很多人通过各种渠道获得了大专或本科学历，但农村中小学教师的真正学历结构还是偏低。[3]此外，庞丽娟和韩小雨对湖北省罗田县教师的职后学历补偿教育进行抽查发现，参加对口学历培训的教师不到三成。[4]并且第二学历教师所占比例偏高，含金量不高，缺乏认同。[5]即便如此，还有很多农村教师的学历尚未达标。[6]

5. 职称比例不合理

教师职称结构在一定程度上可以折射出教师队伍整体素质的高低。从当前农村专任教师职称构成情况来看，农村中小学教师职称构成重心普遍低于县镇和城市教师，尤其是具备高级职称的农村中小学专任教师所占比例更低。

6. 性别结构不合理

农村教师中男性占绝大多数，女性很少，尤其在一些少数民族地区。这种教师性别结构的不平衡对于中小学生健全人格的培养十分不利。[7]

---

[1] 陈黎明，田刚. 农村"走教"现象暗含危机 [J]. 瞭望，2007，(16)：19-20.
[2] 何杰. 农村义务教育教师发展：生境、困惑与政策分析 [J]. 淮阴师范学院学报（哲学社会科学版），2012，(1)：134-138.
[3] 王世军，徐中仁. 当前农村教师队伍建设存在的问题及对策研究 [J]. 教育理论与实践，2004，(20)：20-22.
[4] 庞丽娟，韩小雨. 我国农村义务教育教师队伍建设：问题及其破解 [J]. 教育研究，2006，(9)：47-53.
[5] 韩晓明，邹海瑞，杜学元. 农村义务教育教师生存现状及改善对策研究述评 [J]. 浙江教育科学，2011，(6)：11-13.
[6] 何杰. 农村义务教育教师发展：生境、困惑与政策分析 [J]. 淮阴师范学院学报（哲学社会科学版），2012，(1)：134-138.
[7] 莫永生. 农村义务教育教师队伍建设中的困境及对策 [J]. 四川教育学院学报，2010，(6)：27-29.

7. 教师区域间分布不合理

近十几年来，我国义务教育教师数量不足的问题已经得到改善，但教师队伍的区域分布仍不均衡，东中西部之间、城乡之间的教师分布存在结构性失衡。傅小丹和刘丽军调研指出，在一些经济条件较好的乡镇中心，学校教师较充足，而在地理位置较为偏僻的山区，中小学教师往往紧缺。①张道祥通过调查发现，乡镇之间教师分布不合理，两极分化现象严重。②

8. 缺编现象严重

有调研发现，部分地区农村中小学生师比严重超标。贵州（全省农村小学、初中生师比为28.34:1）、安徽淮北（农村小学、初中生师比超过了35:1）与全国平均水平（20.3:1）相去甚远，特别是在一些国家级贫困县、省级贫困县，教师缺编现象更严重。③

（二）农村教师的生存状况

1. 福利待遇低，生存状况极为艰难

颜永成的调查发现，农村义务教育教师对个人的待遇普遍表示不满意。④具体体现为：第一，住房问题长期得不到解决，工作条件差；第二，农村义务教育教师除了统发的财政工资外，基本上没有奖金、福利等其他收入；⑤第三，农村教师在医疗等方面也缺乏相应的保障。⑥农村教师对"五险一金"的满意度偏低，乡镇和村屯教师享受医疗保险的情况极差⑦，甚至某些地区工作多年的教师从未参加过一次体检。

2. 工作压力大

从工作量上看，农村小学教师一般要同时担任3～4门不同的课程，每天工

---

① 傅小丹，刘丽军. 欠发达地区农村义务教育教师队伍中存在的问题及对策[J]. 井冈山学院学报（社会科学版），2006，27（6）：34-36.
② 张道祥. 当前农村教师队伍存在的问题与建议[J]. 教育探索，2008，(9)：103-104.
③ 董瑶，等. 我省即将启动新一轮中小学教师继续教育工程[N]. 贵州日报，2006-02-21.
④ 颜永成. 农村教师队伍建设的现状及对策[J]. 湖北教育，2005，(11)：42.
⑤ 代群，熊润频. 教育部调研安徽课改[N]. 江淮晨报，2004-12-13.
⑥ 邬跃，陈恒. 农村教师队伍建设面临的困境及其破解[J]. 教育探索，2009，(8)：84-86.
⑦ 赵娜. 农村小学教师工资福利现状、问题与对策研究[D]. 长春：东北师范大学，2014.

作时间往往超过 8 小时。①童富勇和刘桂林指出，农村教师教学任务繁重，其教学任务共有 4 个大类，分别是课堂教学任务、学生管理任务、学校布置的任务和课外教学任务，4 大类又分为 18 个项目。繁重的教学任务使教师成为超负荷运载的"工作体"，教师压力巨大。②而在农村寄宿制学校中，拿着微薄薪酬的农村教师承担着更多的繁重职责，常常从早上 5 点忙碌到晚上 11 点以后，工作负荷之大可想而知。③

3. 心理压力普遍较大

农村教师除了工作负担重之外，心理压力也普遍大。④国内学者对农村教师的压力源进行了研究，发现其压力源主要有学生成绩和升学考试、学生安全管理、角色模糊和角色冲突、单一的评价机制、同行之间的竞争、经济收入低和过高的社会期望等。⑤农村教师的心理健康问题日益凸显。城市与农村教育资源配置方式的变化、学生家长对教育的认同及对教师的期望、留守儿童的增加使得农村教师的教育对象特征发生变化，这一系列变化都对农村教师的心理产生影响，使农村教师成为心理问题的高发群体。⑥有的地区对教师进行管理时不考虑教师的流动意愿，通过一些强制手段来留住教师，使教师的负面情绪增加。⑦

（三）骨干、优秀教师流失现象严重

教师队伍中有着明显的不稳定因素，存在"潜在外流"现象。农村义务教育教师流动主要是由边远贫困的农村流向乡镇，由乡镇流向县城，由县城流向城市，由中西部流向东部，农村地区教师大量流失成为一个普遍存在的严峻事实。⑧我国农村教师的流失问题对农村教育质量提高发起了严峻挑战，严重制约着义务教育的均衡发展。在流失的教师中，65%是骨干教师，其中还有学校的中

---

① 张道祥. 当前农村教师队伍存在的问题与建议 [J]. 教育探索，2008，(9)：103-104.
② 童富勇，刘桂林. 杭州市农村教师生存状态调查 [J]. 教育评论，2006，(4)：66-69.
③ 邬跃，陈恒. 农村教师队伍建设面临的困境及其破解 [J]. 教育探索，2009，(8)：84-86.
④ 莫永生. 农村义务教育教师队伍建设中的困境及对策 [J]. 四川教育学院学报，2010，(6)：27-29.
⑤ 张增建，孙婧. 退去光环后的教师——中小学教师的生存现状 [J]. 教育理论与实践，2008，(8)：7-8.
⑥ 赵洪涛. 中小学教师生存报告——献给一年一度的教师节 [J]. 陕西教育，2006，(9)：4-8.
⑦ 贺艳萍. 民族自治县义务教育教师生存状态研究 [D]. 昆明：云南师范大学，2013.
⑧ 王文亮. 我国农村义务教育教师待遇问题研究 [J]. 中国电力教育，2008，(8)：38-29；陈君，李克军. 河北省农村义务教育师资队伍建设的困境及破解策略 [J]. 河北学刊，2013，(5)：217-220.

层领导、学科带头人；有半数农村教师流向了沿海和经济发达地区，将近三成的教师流进了中等城市和附近的城区，大约有两成的教师在本县内转行。①

二、我国农村教师补充政策的历史研究

历史上有关农村教师补充问题的研究和相关政策的制定，对当下我国农村义务教育教师补充问题的解决具有启示意义。1902年至今的我国农村教师补充政策可按时间分为四个时期：清末时期；民国时期；中华人民共和国成立后至改革开放前；改革开放至今。

（一）清末时期农村教师补充政策

喻本伐在探讨上海南洋公学免费师范教育政策的基础上，对"壬寅学制"颁布后的初级和优级师范教育政策进行了深入考察，认为中国师范教育制度的确立始于此。②朱红不仅考察了"癸卯学制"中的师范生免费教育政策，而且分析了师范生毕业后到农村服务的相关规定。③

（二）民国时期农村教师补充政策

喻本伐分四个阶段探讨了民国期间的免费师范教育政策：民国初创时期、"壬戌学制"颁布之后、1927年南京国民政府成立之后和抗日战争爆发之后。他指出，1912年民国成立初期的各级师范学校章程"虽对清末的师范教育制度多有更易，但师范生免费的传统却予以继承"，并深入探讨了这一阶段的免费师范教育政策。②而"壬戌学制"颁布后，我国学习美国取消师范大学设置，丢弃免费师范教育的传统，导致师范教育发展遭受摧折。南京国民政府成立后又恢复了师范教育的独立地位，并对师范生的服务年限做出了规定。免费师范教育在抗日战争爆发后得到了恢复。

（三）中华人民共和国成立后至改革开放前农村教师补充政策

阮成武和李子华考察了中华人民共和国成立初期面对农村教师严重短缺问题

---

① 高建伟.农村学校骨干教师流失问题及应对策略［J］.教学与管理，2016，（22）：21-23.
② 喻本伐.中国师范教育免费传统的历史考察［J］.湖北大学学报（哲学社会科学版），2007，（3）：43-45.
③ 朱红.公费师范教育的历史、现状及制度设计［D］.长春：东北师范大学，2009.

所提出的相关政策。①1949年12月23日至31日，教育部在北京召开了第一次全国教育工作会议，会议确定了全国教育工作的总方针、总任务、总方向和改革旧有教育的方针及步骤。1950年6月，毛泽东在中共七届三中全会上提出"有步骤地谨慎地进行旧有学校教育事业和旧有社会文化事业的改造工作，争取一切爱国的知识分子为人民服务"②，采取各种措施稳定和发展农村教师队伍。例如，对旧社会的教育工作者采取"包下来"的办法，让他们继续从事教育工作，其中也包括很多在农村学校或私塾任教的知识分子。1951年教育部又召开了第一次全国初等教育和师范教育会议，会议提出"每一大行政区至少建立一所健全的师范学院""各省市原则上建立一所师范专科学院……并对中等师范教育面向农村和服务工农提出具体要求；师范学校一律享受人民助学金等"，同时应发展教师短训班等。③1965年3月26日至4月23日，教育部召开了第一次全国农村半农半读教育会议，会议指出：培养半农半教的新型教师主要实行就地取材、能者为师的原则；可以动员一批城市知识青年上山下乡，一边劳动，一边教书；全日制学校也可以抽调一些教师予以支援，还可以聘请基层干部、技术人员、有经验的老农担任兼职教师或辅导员；有条件的地方还可以举办半农半读师范学校，并采取业余进修、函授、开办短训班等形式，为半农半读学校培训教师。喻本伐分析了中华人民共和国成立后的免费师范教育政策，认为这一时期的师范教育制度主要效仿苏联。④

（四）改革开放至今农村教师补充政策

蔡永红和侯中太将改革开放至今的农村教师队伍建设分为三个时期：①1977—1984年为"拨乱反正"时期，在此时期，农村教师补充的重点集中在数量和学历提升上；②1985—2000年为"布局谋篇时期"，此时注重从法律法规角度提升农村教师的质量；③2001年至今为"放眼全球"时期，此时注重教师专业化发展，并出台师范生免费教育政策等。⑤喻本伐考察了改革开放至2000年左

---

① 阮成武，李子华. 新中国农村教师培养制度：历史、现状与未来 [J]. 高等教育研究，2009，（10）：55-61.
② 王世军，徐中仁. 当前农村教师队伍建设存在的问题及对策研究 [J]. 教育理论与实践，2004，（20）：20-22.
③ 何东昌. 中华人民共和国重要教育文献 [M]. 海口：海南出版社，1997：115.
④ 喻本伐. 中国师范教育免费传统的历史考察 [J]. 湖北大学学报（哲学社会科学版），2007，（3）：43-45.
⑤ 蔡永红，侯中太. 中国农村教师队伍建设与发展30年 [C]. "公平、质量、效率：农村教育政策的抉择"国际学术研讨会论文集，2009：15.

右的师范教育政策,认为这一时期的师范教育经历了由完全封闭到逐步走向开放、由享受奖学金制的师范教育向完全收费的师范教育转变的过程。①

2006年修订的《中华人民共和国义务教育法》及各级地方政府出台的相关文件明确指出需建立城乡教师交流制度,全国有90%以上的省份都推出了教师城乡交流政策,以让城区教师到农村支教,农村教师择优进城,实现师资城乡区域互动。②

范晓东对改革开放后我国关于农村教师补充的政策文件进行了分析,得出我国自1949年以来的农村教师政策数量的年度变化③:1984年以前,我国包含"农村教师补充"一词的政策为零;1984—2012年,国家共颁布了68个有关农村教师补充的政策文件。其中,从改革开放到20世纪末,有关"农村教师补充"方面的政策极少;进入21世纪,特别是2003年以后,有关"农村教师补充"的政策开始逐年增加,尤以2006年达到顶峰,仅2006年一年时间就颁布了11个有关"农村教师补充"的政策文件,是2005年的近3倍;2007—2011年,每年发布的相关政策文件都保持在6个以上。在政策发展变迁过程中,2003年是农村教师补充政策大发展的起点和标志性时间。2003年我国召开了中华人民共和国成立以来的第一次全国农村教育工作会议,会议出台了《国务院关于进一步加强农村教育工作的决定》。此后,有关农村教师补充政策的数量显著增长,政策主题领域不断扩大,参与制定农村教师补充政策的部门显著增加。2004年以来,我国相继实施了旨在为农村高中输送硕士层次教师的"农村学校教育硕士师资培养计划"(简称"硕师计划")、为农村义务教育学校输送本专科层次教师的"农村义务教育学校教师特设岗位计划"(简称"特岗计划")和培养教育家的"师范生免费教育"政策三项新型农村教师补充政策。

三、农村教师补充的国际比较研究

(一)美国农村教师补充问题研究

2001年1月8日,美国总统布什签署了题为《不让一个孩子掉队》的法

---

① 喻本伐.中国师范教育免费传统的历史考察[J].湖北大学学报(哲学社会科学版),2007,(3):43-45.
② 叶忠,王海英.教师城乡交流的成本收益分析[J].教育科学研究,2009,(2):21-23.
③ 范晓东.改革开放后我国农村教师补充政策的文本分析[J].教育理论与实践,2014,(7):22-25.

案。2003年的调查发现，美国农村公立学校的孩子占所有公立在校生的两成；农村地区学校占学校总数的三成；农村社区学校占所有公立社区学校的近五成；农村教师占所有公立教师总数的三成。[1]由此，美国农村基础教育教师在全美基础教育战线中的巨大作用可窥一斑而见全豹。然而，美国农村义务教育师资发展进程中的问题却是层出不穷。

1. 农村师资短缺，师资水平低

教师短缺是当今美国教育面临的一大难题。据美国学校管理人员联合会（American Association of School Administrators，AASA）和阿帕拉契亚教育实验室（Appalachia Educational Laboratory，AEL）合作进行的美国全国范围农村学区负责人网上调查报告显示，很多中学教师（占所调查学区的9%）被学区领导评定为不符合高素质教师要求，他们仅有小学教师资格或一个教育专业学位；小学更是难以吸引和挽留高素质教师。[2]佐治亚州的一项研究表明，在农村的小规模学校中，具有硕士学位的教师相对较少，没有教师资格的教师较多。[3]

美国国家教育统计中心调查发现，6%的普通课程教师和10%的特殊教育教师在他们所任教的主要学科上没有达到合格标准。[4]降低教师准入标准的现象不只在农村学校出现，在美国"高质量教师计划"推行以后，这种情况在全美国极为普遍。另一项对全美特殊教育教师的研究表明，14%的教师是临时取得的资格证书，4%的教师的任教科目不是本专业科目，2%的教师没有取得任何教师资格。[5]美国国家教育统计中心数据表明，仅全美公立学校就需要240万名新教师，城区和乡村教师短缺问题非常严重。[6]一些相关调查表明，在某些州的农村教师中，有高达49%的学科教师要教授4门科目。[7]

---

[1] Jimerson L. The Competitive Disadvantage: Teacher Compensation in Rural America [R]. Rural School and Community Trust, 2003.
[2] 丁慧. 美国农村学区吸引和挽留教师的对策及其启示 [J]. 教育导刊, 2007, (1): 50-52.
[3] Slate J R, Jones C H. Effects of School Size: A Review of the Literature with Recommendations [J]. Essays in Education, 2005, (3): 1-22.
[4] Cook L, Boe E. Who is teaching students with disabilities? [J]. Teaching Exceptional Children, 1995, 28 (1): 70-72.
[5] Billingsley B, Carlson E, Klein S. The working conditions and induction support of early career special educators [J]. Exceptional Children, 2004, 70 (3): 333-347.
[6] 转引自：朱晶晶. 美国"密西西比州教师短缺法案"研究及其启示 [D]. 重庆：西南大学, 2012.
[7] 郭桂周, 于海波. 美国农村教师短缺困境及其补充策略 [J]. 比较教育研究, 2012, (6): 87-91.

2. 农村教师流动率高，队伍不稳定

美国农村地区教师流动率接近15%，科罗拉多州农村学校的教师流动率甚至达到23%，超过全国教师平均流动率（10%）的2倍。[①]教师流动不仅影响学校教师的构成情况和学校组织的稳定，大范围的教师流动还影响整个教师群体的地域构成和教师资格水平。

此外，远离经济、文化中心，住房条件差、娱乐设施少的小学校造成了教师职业的相对隔离和生活不方便等问题，从而难以吸引高素质的教师。优秀教师很快就会流动到条件较好地区的学校。[②]2012年的研究表明，美国中小学教师流动现象比较严重，大约有50多万名教师发生流动，而且高教师流动率也会产生较高成本。数据表明，美国中小学教师流动趋势增加，每年都有一批教师从贫困学校转移至富裕学校，从少数民族学生多的学校流向少数民族学生少的学校。[③]

3. 农村教师工资较低

从全国范围来看，美国农村教师的工资低于非农村地区教师。据统计，美国非农村地区教师的平均工资比农村地区教师高出13.4%（4010美元[④]）。美国农村学校与社区信托基金会的研究报告称，许多高素质的新教师受聘到高工资地区，而农村地区只有极少的应聘者，一些极度困难地区几乎没有应聘者，州际与州内的城乡教师工资差异较大。[⑤]

另外，吉布斯（Gibbs）通过调查发现，对于初任职教师来说，城市教师工资水平要比农村教师高出21个百分点；对于具有硕士学位或具有多于20年教龄的教师而言，城市教师的工资水平要比农村教师高出35个百分点。[⑥]总体上，农

[①] Jimerson L. The Competitive Disadvantage: Teacher Compensation in Rural America [R]. Rural School and Community Trust, 2003.

[②] Slate J R, Jones C H. Effects of school size: A review of the literature with recommendations [J]. Essays in Education, 2005, (3): 1-22.

[③] Marvel J, Lyter D M, Peltola, P, Strizek G A, Morton B A. Teacher attrition and mobility: Results from the 2004-05 Teacher Follow-up Survey [EB/OL]. http://nces.ed.gov/pub-search/pubsinfo.asp?pubid=2007307 [2012-02-13].

[④] 1美元≈7.04人民币（2019年8月16日汇率）。

[⑤] 转引自：田静，王凌. 美国农村高素质师资短缺的原因与对策 [J]. 世界教育信息，2004，(4): 37-40.

[⑥] Gibbs R M. The challenge ahead for rural schools [J]. Forum for Applied Research and Public Policy, 2000, (15).

村教师工资随着地域的差异、各州经济发展水平和农村学区的规模差异而变化，也与城市教师工资存在巨大的落差。①

4. 农村教师教学压力过重

在美国，由于有的农村学校设在较远、较偏僻的地方，学校规模较小，许多农村学区的分权管理传统意识浓厚。其学校的教师不只教一个科目和一个年级，要教授两门或以上的科目，甚至教授小学的整个年级学生。学科领域的多样性和年级跨度大使教师面临巨大的课程压力，教师经常超负荷工作，这相对加剧了农村教师提高学科教学水平和专业化水平的困难。

5. 农村教师培训体系不完善

美国的高等教育机构没有单独的系统或机构专门为农村地区培养教师，大部分甚至没有设立针对农村教师培训的专门课程。然而，更让人失望的是很多人从来没有意识到农村学校的需要。现在，即使是坐落在农村地区的大学似乎也忽视了这个研究领域。虽然美国的社会充满了对农村教师质量低的抱怨，但是并没有见到为农村学校招聘高质量教师的实际措施。由于农村教师工资低、学校预算资金少、设备供给不足，农村教师难以接受在职培训，政府给予的培训机会也十分少。况且政府财政拨款主要用于满足城市教师的培训需求，导致农村教师培训经费严重不足。同时，由于农村学校自身资金不足，学校自身也很难针对薄弱学科教师开展相应培训。

6. 相应农村教师政策

2000年来，美国国会、教育部和各州政府以及民间的基金会都在采取措施，力图保障农村教师能够安心任教。在国家层面，2000年，克林顿总统签署"农村教育成就项目"；2009年，美国又颁布《2009美国复苏与再投资法案》。在州层面，各个州都提出了相应的经济补偿措施，多种项目支持专业发展、改善农村教师工作条件等，希望挽留农村教师。②为了解决这个问题，美国各州政府展开了积极努力，其中，"家乡教师项目"的实施卓有成效。弗吉尼亚州是较早开

---

① 朱宛霞. 美国多元利益集团促进农村教育发展的策略及启示[J]. 教育理论与研究, 2012, (13): 145-147.

② 李颖. 美国农村教师保留策略及其对我国的启示[J]. 沈阳师范大学学报（社会科学版）, 2014, (1): 136-138.

始实施"家乡教师项目"的州之一。①

（二）印度农村教师补充问题研究

1. 非正式教师所占比例较高

有研究显示，在印度，初级小学、小学、高级小学、有中学的小学和有中学的高级小学中的准教师、兼职教师和社区教师三者总计所占教师总数的比例高达12%，初级小学中的准教师、兼职教师、社区教师三者总计所占教师总数的比例最高，为17.5%。②印度农村的合同教师频繁更替，其中，准教师、兼职教师和社区教师所占教师总数的比例分别为12.8%、0.4%和0.4%，三者之和占教师总数的13.6%。③

2. 教师学历总体水平偏低

印度初等教育教师学历以高中和本科为主，研究生学历也占了一定比例。从总体数据来看，印度初等教育教师学历偏低，教师学历中，高中、初中、初中以下学历所占比例较高。

针对印度农村地区招募教师难的问题，学者从五个方面提出了建议：第一，学校自我提升；第二，通过学校或所在社区培养自己的教师；第三，依靠特定计划或者项目；第四，应用合适的招聘策略；第五，寻求所在社区、其他地区、大学及州在政策等方面的支持。④

---

① 付淑琼. 美国农村教师保障机制研究——以弗吉尼亚家乡教师项目为例 [J]. 中国教育学刊，2012，（2）：78-81.
② Mehta A C. Elementary education in rural India: Where do we stand? Analytical tables 2007-2008 [Z]. National University of Educational Planning and Administration & Department of School Education and Literacy Ministry of Human Resource Development Government of India, 2009.
③ 董静, 于海波. 印度农村初等教育教师：短缺现状、补充策略及启示 [J]. 外国教育研究，2014，（5）：93.
④ Jerry M, Lowe J M. Rural education: Attracting and retaining teachers in small schools [J]. The Rural Educator, 2006, 27（2）; Wilkins M. A study of the recruitment of teachers in a rural school division in Southeastern Virginia [D]. Virginia: Virginia Polytechnic Institute and State University. 1998, （5）; McCaw D S, Freeman R, Philhower S. Teacher shortages in rural America and suggestions for solution [J]. Rural Reseach Report, 2002, 13（8）: 1-7; Russell Yates. Local solutions for local problems: Addressing teacher supply in rural communities [J]. Education in Rural Australia, 2007, 17（1）: 49-58; Cosmas Cobbold. Attracting and retaining rural teachers in Ghana: The premise and promise of a district sponsorship scheme [J]. Journal of Education for Teaching, 2006, 32（4）: 453-469.

3. 相应农村教师政策

印度实施加强基础设施建设计划，规定每年为每位教师提供教学补助，以提高教学质量。另外，《1986年国家教育政策》《二十三点行动纲领》等"新教育政策"规定，每所学校至少要有两名教师，其中一名是女教师。还有如"黑板行动"计划（Operation Blackboard Plan，"OB"计划）于20世纪80年代开始实行，争取每所学校至少有两名教师，并保证其中一名为女教师。①印度政府成立了女性教育委员会（Women's Education Committee），进一步促进女性教师的就业和女性教师教育的发展。②印度政府在各种计划和政策文件中都关注农村女教师，鼓励更多的初等教育女教师参加入职培训和在职培训，促进她们的专业发展和教学水平的提高。③为了降低生师比、为初等教育配置更充足的师资，2008年，印度规划委员会发布的"十一五"教育发展规划提出，初级小学生师比应该低于40∶1，高级小学生师比应该低于30∶1，并提出农村教师数量保障的硬性规定。印度偏远地区的教师可获得特殊的补贴，每月40～1300卢比④。⑤

（三）日本农村教师补充问题研究

1. 教师定期流动制度

第二次世界大战以后，日本开始采取定期流动制度，规定教师流动对象为：①凡在一校连续任教10年以上及新任教师连续任教6年以上者；②为解决定员超编而有必要流动者；③在区、市、街道、村范围内的学校及学校之间，如教师队伍在结构（专业、年龄、资格、男女比例等）上不尽合理，有必要调整而流动者。另外，日本对不应流动者也做了相应的规定，如任教不满3年的教师、57岁以上未满60岁的教师、妊娠或休产假的教师、长期缺勤的教师等。⑥

日本中小学教师的定期流动（或者叫"转任"）属于公务员"人事异动"范

---

① 王彦力. 从"OB"计划看印度中小学教育政策的实施[J]. 外国中小学教育，2004，(9)：46-48.
② 李英. 印度教师教育研究[D]. 重庆：西南大学，2013.
③ 于海英，秦玉友. 印度农村初等教育女教师专业发展问题及启示[J]. 外国教育研究，2011，(5)：100-106.
④ 1卢比≈0.10人民币（2019年8月16日汇率）。
⑤ 杨洪. 印度教师的地位[J]. 贵州教育学院学报（社会科学），2002，(5)：20-23.
⑥ 彭新实. 日本的教师培训和教师定期流动[J]. 外国教育研究，2000，(5)：49-52；冯晖. 日本"教师轮岗制"对我国基础教育建立"教师流动制"的启迪[J]. 湘潭师范学院学报（社会科学版），2006，(1)：123-125.

畴。"人事异动"一般是指人员的变动，如迁升、调离、流动换岗及自然减员、退休等。《关于地方教育行政组织及营运的法律》作为实施保障，合理配置日本人才资源。①日本实行的教师定期流动制度，特别是发达地区与偏僻地区学校教师之间的流动，极大地改善了偏僻地区学校师资力量薄弱的状况。

2. 教师"特别证书"制度

日本实行"非定向的师范教育"和教师资格鉴定合格证书制度，其主要范围为公立基础学校（小学、初中、高中和特殊学校）②，设立"特别证书"和外聘教师制度，为中小学教师的补充打好基础。日本采取各种措施合理调配和使用教师。当教师职位出现空缺时，都道府县教育委员会可通过聘任、晋升、降级、调转等方式对教师进行重新任命。都道府县教育委员会会考虑都市和乡村之间的交流、偏僻地区和非偏僻地区之间的交流、教师构成的合理性、同一学校长期任职者的变动等问题，使教师的人事变动能满足缺员和增员的平衡合理安排，使每位教师的能力可以得到充分发挥，打破地方主义，加强相互协作。③日本的教师补充在从定向型向开放型转变。日本《教育职员许可法》规定，一般大学毕业生如果修满规定的学分，也能取得教师许可证。④

3. 提高农村教师待遇

日本《偏僻地区教育振兴法》（1974年第四次修订）规定，市、町、村的任务之一就是"为协助在偏僻地区学校工作的教员及职员的住宅建造和其他生活福利，应采取必要措施"。在该法中，还专门设有"偏僻地区津贴"一项，其中规定，"对指定的偏僻地区学校或与其相当的学校……工作的教员与职员，发给偏僻地区津贴"，月津贴额在月工资和月扶养津贴总额的25%以内；当教职员因工作变动或随校搬迁到偏僻地区任教时，从变动或搬迁之日起3年内，对其发给迁居补贴，月补贴额在月工资和月扶养津贴总额的4%以内。⑤

---

① 彭新实.日本的教师培训和教师定期流动［J］.外国教育研究，2000，（5）：49-52.
② 查明华，杨磊.教师教育发展与师专办学理念［J］.文山师范高等专科学校学报，2003，（3）：205-207.
③ 查明华，杨磊.教师教育发展与师专办学理念［J］.文山师范高等专科学校学报，2003，（3）：205-207.
④ 亓俊国.美英中小学教师聘任管理模式的探讨［J］.外国中小学教育，2001，（6）：32-34.
⑤ 薛国凤.日本教师"定期流动制"对解决我国偏贫地区义务教育师资问题的启示［J］.日本问题研究，2002，（1）：48-52.

（四）俄罗斯农村教师补充问题研究

为了解决农村义务教育教师紧缺问题，俄罗斯大多数地区的师范院校招收了高比例的农村学校学生，其教师培养规模已经超出国家各类型教育机构所需总量的 70%。①

俄罗斯政府除了采取扩招师范生、高薪养优、"从农村来、到农村去"的反哺政策、建立农村教师评价系统等措施，还优先发展农村教育信息化建设，并于 2000 年和 2001 年先后颁布《俄罗斯农村中小学信息发展计划》《关于联邦的目标计划"发展统一的教育信息环境（2001—2005）"》，吸引企业注资，推动俄罗斯农村学校进行教育改革，努力达到使每一所乡村学校接通互联网，提高教师信息能力。②

四、农村教师补充相关政策的梳理

近年来，我国城乡教师队伍整体性失衡矛盾突出，主要表现在农村教师整体素质偏低、流失严重、农村教师队伍补充不完善等。为此，国家采取了相应政策缓解城乡教育发展的不均衡、弥补教师空缺、减缓教师流失、完善教师补充机制，提高农村教师队伍素质。现将我国的相关政策概括为四个方面：农村教师招募政策、农村教师退出政策、城乡教师定期流动机制政策、农村教师激励政策。

（一）农村教师招募政策

面对农村教师流失、农村教师岗位严重空缺问题，20 世纪 90 年代，我国就对此问题给予了前所未有的关注，国家也适时做出了相应的制度安排。

1996 年，国家教育委员会在《关于"九五"期间加强中小学教师队伍建设的意见》中明确提出，建立教师流动的有效机制，采取切实政策措施，鼓励教师从城市到农村、从强校到薄弱学校任教。

2003 年，《国务院关于进一步加强农村教育工作的决定》提出，要建立城镇中小学教师到乡村任教服务期制度，地（市）县教育行政部门要建立区域内城乡"校对校"教师定期交流制度。

---

① 孟繁红.俄罗斯中小学教师培训过程中存在的问题与策略[J].黑龙江教育学院学报，2006，(3)：55-57.
② 周玉秀.俄罗斯农村教师队伍建设的问题及对策[J].语文学刊，2013，(1)：80-81.

2004年，教育部颁布的《2004—2010年西部地区教育事业发展规划》中明确提出，要继续实施大学生志愿服务西部计划。

2012年，国务院制定并印发了《国务院关于加强教师队伍建设的意见》，强调健全新进教师公开招聘制度，探索符合不同学段、专业和岗位特点的教师招聘办法；继续实施并逐步完善"特岗计划"，探索吸引高校毕业生到村小学、教学点任教的新机制。我国应加快农村义务教育教师队伍建设，建立城乡一体化义务教育发展机制，从根本上解决农村教育发展的突出问题，促进教育公平，提高教育质量，推进社会主义新农村建设。

2012年，教育部等5部门又颁发了《教育部 中央编办 国家发展改革委 财政部 人力资源社会保障部关于大力推进农村义务教育教师队伍建设的意见》，指出应继续实施并逐步完善农村义务教育阶段学校教师特设岗位计划，大力推进各省（区、市）实施地方特岗计划，探索建立吸引高校毕业生到村小、教学点任教的新机制；全面实行新进教师公开招聘制度，加强省级统筹，规范招聘程序和条件，逐步建立农村教师补充新机制；全面实施教师资格考试和定期注册制度，严把农村教师入口关，严禁未取得教师资格的人员进入教师队伍。

我国在招募和留住农村教师方面的政策有工资待遇政策、地位保障政策、特殊津贴制度等。①作为农村教师数量补充的专项政策有"硕师计划"、"特岗计划"、师范生免费教育政策、农村教师编制改革政策等。近年来，对于这些政策的研究多集中于政策分析、政策实施效果评价和完善机制等方面。2000年，国家取消农村义务教育附加费与教育集资，义务教育多元化投资渠道变为单一的以县为主的财政投入。但贫困地区的财政非常紧张，这便导致贫困地区不得不关闭农村教师补充的大门，入编大门被禁将近10年，直到"硕师计划""特岗计划"等政策出台，断裂的农村教师供给与需求才得以缝补，农村教师队伍的数量和质量发生了新的变化。

关于"硕师计划"，其实施为贫困地区学校输送了一批优秀本科毕业生，在一定程度上缓解了农村中学教师缺乏的困难，创新了农村教师培养和补充机制，提高了农村教师的学历层次。②

---

① 庞丽娟，韩小雨. 我国农村义务教育教师队伍建设：问题及其破解 [J]. 教育研究，2006，（9）：47-53.

② 苏婷. 教育部有关负责人就2010年"硕师计划"答记者问——为农村造就更多高素质骨干教师 [N]. 中国教育报，2009-10-17（1）.

关于"特岗计划",邬跃和陈恒指出,"特岗计划"创新了农村教师补充机制,有力地破解了农村教师队伍的两难困境,同时指出应继续深入推进实施并扩大规模和范围,建立完善的农村教师长效补充机制。①

关于师范生免费教育政策,学者对西南大学的调查结果显示,69.9%的同学认为这一政策能够增强师范专业的招生竞争力,促使更多优秀学生选择从事教师职业;72%的同学认为此举能够让更多优秀的贫困生上得起好大学,促进教育公平,同时也会在社会上进一步形成尊师重教的浓厚氛围。②

关于农村教师编制改革政策,2009年,中央机构编制委员会办公室、教育部、财政部印发《关于进一步落实〈国务院办公厅转发中央编办、教育部、财政部关于制定中小学教职工编制标准意见的通知〉有关问题的通知》后,各地均在总量控制的基础上,在县域范围内核定了农村中小学教职工编制。

对于农村教师补充政策的变迁,从政策效果上看,由不稳定向稳定、由数量不足向数量保证、由低素质向高素质发展;从政策价值上看,由工具价值为主向关注教育本体价值转变;从政策倾向上看,由二元社会的城市优先向公共服务社会的教育公平转变;从政策客体上看,由教师个体被动的统包统分一元化就业到自主择业、自愿招募多元化就业的特征发展。③从某种程度上讲,这些政策缓解了农村教师短缺的困难,但在实施过程中也存在一些问题。因此,应关注政策实施细节,充分考虑农村教师和学校的具体情况,因地制宜,为农村优质教师的补充和吸纳制定有效、实时性的策略。例如,健全义务教育教师地位、待遇以及相关法律与法规;设立"贫困地区教师基金"、农村教师特殊津贴等,为安置困难的乡村地区教师提供额外奖励;健全农村生活保障体系,使农村教师成为真正有吸引力的职业;也可鼓励和支持乡村人成长为教师,师范院校可招收农村定向学生④,扩大农村教师队伍,增强农村教师队伍稳定性;提升农村教师的思想素质,尤其加强他们的奉献精神和责任意识。⑤

---

① 邬跃,陈恒.农村教师队伍建设面临的困境及其破解[J].教育探索,2009,(8):84-86.
② 胡伶.义务教育均衡发展背景下农村教师政策的问题与改进[J].教育发展研究,2009,(22):4-8;储朝辉.教育蓝皮书:深入推进教育公平(2008)[M].北京:社会科学文献出版社,2008.
③ 范晓东.改革开放后我国农村教师补充政策的文本分析[J].教育理论与实践,2014,(7):22-25.
④ Jimerson L. The competitive disadvantage: Teacher compensation in rural America [R]. Rural School and Community Trust, March, 2003.
⑤ 柴江.农村教师流失特点解读与补充机制创新[J].观察与探索,2010,(9):58-61.

（二）农村教师退出政策

在美国，教师退出机制退出的是不合格的教师教育机构、教师候选人与教师，退出的教师主要是那些获得教师资格之后不思进取、没有继续学习动力的教师；英国侧重于退出的是不合格的教师培养机构、课程和教师候选人；法国主要退出的是那些不安心教师职业导致教学质量下降的教师和一些既没有经过任何训练也没有获得教师资格的教师助手。①

为退出不合格教师和机构，保证优秀教师和教育机构，美国"四位控制"规则规定了教师教育机构的资格认定、初任教师的资格认定、优秀教师的资格认定和教师教育课程设置的认定；英国"四骑马手"规则指出了教师教育机构的资格认证、教师教育质量检查、教师教育课程审定和教师资格证书颁发等四项制度。②

我国大规模的教师退出中有民办教师退出和代课教师退出。退出是一种强行退出，退出的是"民转公"教师、代课教师以及专业水平低下、不能适应素质教育要求且难以提高自身水平的不合格教师。③

2001年，《国务院关于基础教育改革与发展的决定》中明确指出，坚决辞退不具备教师资格的人员，逐步清退代课人员。王广峰指出，应通过考核评议，对不称职、不合格教师淘汰出局；④于月萍和李潮海指出应实施富裕教师退出政策，参照中小学教师招聘条件，制定考核办法，建立退出机警机制，并对富裕教师的退出实行"软着陆"，针对"民转公"教师，制定不合格教师降低退出年龄政策。⑤

我国教师辞退过程中也出现了一些问题，如庞丽娟和韩小雨指出，代课教师素质参差不齐，对教育经验丰富、水平较高、在学历和教师资格证方面合格的教师不应采取"一刀切"的"清退"政策；"短期内全部清退"政策缺乏现实可行性，将加剧农村师资紧缺问题⑥；农村教师"入口"和"出口"存在多重内部障碍，"民转公"制约教师队伍发展，社会保障体系脆弱，教师人事制度改革推进迟缓，农村教师队伍长期形成一种"只进不退"的用人体制，使得一部分教师不

---

① 张世辉，周鸿.农村教师补充与退出机制的研究综述［J］.教育学术月刊，2009，（10）：69-71.
② 朱旭东.试论建立教师教育认可和质量评估制度［J］.高等师范教育研究，2002，14（3）：28-33.
③ 唐松林.中国农村教师发展研究［M］.杭州：浙江大学出版社，2005；李桂荣.优化农村教师资源建立积极的"退出"与"吸入"机制［J］.河南教育学院学报（哲学社会科学版），2008，27（2）：4-6.
④ 王广峰.经济欠发达地区农村义务教育师资队伍建设：问题、成因及破解措施［J］.继续教育研究，2008，（4）：44-46.
⑤ 于月萍，李潮海.农村教师退出及补充机制研究［J］.中国教育学刊，2010，（10）：12-15.
⑥ 庞丽娟，韩小雨.我国农村代课教师现实状况及政策建议［J］.教育发展研究，2007，（2）：35-39.

愿意退出教师队伍①；另外，农村教师队伍凸显老龄化和年龄断层、青黄不接的问题，是农村教师待遇偏低、单向流动和师资供给不足的直接后果②；并且辞退代课教师的方式过于简单，教师考核评价指标和方式单一，教师退出的标准不规范，教师退出后保障体系不完善和教师退出后补充机制不健全等。③

基于此，根据农村教师的特殊性，可在农村地区建立新的教师退休制度，鼓励农村大龄教师提前退休或内退，但可享受平均工资待遇和当前水平绩效工资；同时，加强政策的配套保障制度，健全运行的监督机制。另外，政策的建立和实施的指导思想对人们真实生活、实际需求关注较少，如何更好地制订和落实政策、采取人性化的教师流动机制等问题值得深思。

（三）城乡教师定期流动机制政策

在一定区域内实施城乡教师的流动机制以促进城乡学校师资的相对均衡，已经成为促进教育均衡发展的重要举措。我国应加强教师流动过程的程序性，制订统一的、操作性较强的、界定明确的教师流动专项政策和法规，并完善中小学教师流动的专项程序和制度，减少各个环节的主观随意。日本和韩国的中小学教师管理实行的是教育公务员制，政府对教师的管理有一套比较完善、规范的制度和法律，教师流动制度取得一定成效，值得我们借鉴。④

1. 日本中小学的"定期流动制"

日本教师平均6年流动一次，校长一般3～5年更换一所学校，每名校长从上任到退休一般要流动两次以上。为了更好地实施中小学教师定期流动制度，日本还在教师待遇方面，特别是提高偏远贫困地区教师待遇方面有相应的配套措施。日本《偏僻地区教育振兴法》（1974年第四次修订）规定，教师享受偏僻地区津贴、寒冷地区津贴、单身赴任津贴等。

---

① 于伟，李广平，秦玉友，等. 我国农村义务教育教师队伍的结构问题与对策 [J]. 中国教师，2007，（7）：12-13.
② 庞丽娟. 加强城乡教师流动的制度化建设切实提高农村教师队伍素质 [J]. 民主，2006，（4）：16-18.
③ 麦广珍. 我国中小学教师退出机制探究 [D]. 开封：河南大学，2012. 202.
④ 薛正斌，胡德海. 中小学教师流动的实然与应然 [J]. 当代教育科学，2007，（13）：45；王莹莹. 教育均衡视野下教师流动策略探讨——我国部分地区教师流动策略与日本教师轮岗制度的比较与启示 [J]. 文教资料，2010，（12）：105-108；汪丞. 中日中小学教师流动之比较及启示 [J]. 比较教育研究，2005，26（11）：65-69.

2. 韩国中小学教师"互换制度"

韩国中小学校长、校监和教师定期流动的年限全国不统一。一般是每隔2~4年，中小学教师要在本地区学校之间进行流动互换，以保证城乡学校之间的师资配置和教育质量的均衡发展，避免出现城市教师过剩而偏远地区师资紧缺的现象。同时，为了调动中小学教师的工作积极性，韩国《岛屿、偏僻地区教育振兴法》中规定，政府应按照地区级别对在不同地区的学校工作的教员支付岛屿、偏僻地区津贴。

与日韩教师流动机制相比，我国传统教师人事管理应加强灵活性，同时应该建立和完善教师流动法规和制度，使得教师流动有规可依、有法可循；完善偏僻、贫困等欠发达地区教师特殊津贴制度，以加强乡村教师的工作积极性，留住优质教师。

楼世洲和李士安指出，以构建城乡中小学教师双向、定期流动为目标，应建立城乡中小学教师同工同酬和农村教师特殊津贴制度，制定区域中小学教师全员流动实施办法及相关配套制度，县级教育行政部门具体实施中小学教师的全员聘任和定期流动制度。[①]王树云从教育人事管理体制改革的角度提出，应建立农村教师的合理流动模式和竞争激励模式。[②]此外，学者建议应提高我国农村中小学教师的物质生活待遇，加大全国城镇教师支援农村中小学教育的力度，建立教师定期流动制度，让教师定期合理流动，以避免职业倦怠，激发他们的工作热情。[③]同时要实行跨省的流动招聘，各省（自治区、直辖市）、各地区的招聘员每隔一段时间要进行相互调动，不可长期居于一地，以防止行贿与受贿行为的发生。[④]

（四）农村教师激励政策

美国的农村教师激励政策包括财政激励政策和非财政激励政策。财政激励政策是增强教师稳定性或吸引新教师的一种方法。北卡罗来纳州有关低绩效乡村学校的一项研究发现，为教师发放1800美元的年度奖金可以使教师流动率减少

[①] 楼世洲，李士安. 构建城乡中小学教师定期流动机制的政策研究 [J]. 教育发展研究，2007，33（19）：1-4.

[②] 王树云. 农村教师合理流动模式及其竞争激励模式研究 [J]. 滨州教育学院学报，2001，7（3）：46-48.

[③] 续润华. 改善待遇充电进修定期流动——提高农村中小学教师素质的深度思考 [J]. 河北师范大学学报（教育科学版），2010，（10）：5-10.

[④] 张维业. 关于西部农村教师流失及补充策略的研究 [J]. 商品与质量，2012，(S8)：164.

12%。①美国《2007年留住农村教师法案》中要求创立一个赠款计划，使各州能够奖励在农村地区教育机构开办的学校工作3年或3年以上的高水平中小学教师。可见，实施农村教师奖励政策对留住教师确实具有一定积极作用。②非财政激励政策主要向更广范围的人们宣传和展现教学职业的实用性和魅力，方法包括建立获得资格证书的可选择途径、变换退职教师的聘用限制、增加各州之间互惠互利的资格认证等。

韩国的农村教师激励政策能够为乡村地区教师提供优惠待遇：对于目前在偏僻地区工作的教师，政府除了对其进行工作在偏远地区的额外奖励外，还为巡回流动的教师和那些教授综合课程的教师提供津贴。另外，政府还为偏远地区更多的教师提供食宿和现代化设施。鉴于此，这些偏远地区的学校保留了更多有才能的教师并提供了更高质量的培训。同时，该政策的实施改善了偏远地区的教学条件，如提供设施、教育工具和信息技术设备；提高了乡村教育质量，建立了乡村教育发展委员会。③

中国研究者在讨论教师补充和退出机制的各项政策及实施中出现的问题时，也以不同程度、不同方式提到了教师激励，尤其是提高农村教师的工资待遇、福利优惠、提供特殊补贴等。另外，有研究者还指出国家或地方政府应该建立农村教师额外津贴制度，且津贴应分不同等级，经济越落后、条件越艰苦、越贫困的地区，其教师的津贴的额度应越大。④各地应采取统一城乡编制标准、动态调整编制、按生师比与班师比合理核编、将编制和岗位向农村学校和紧缺学科倾斜等多种方式，不断加大教师补充力度，推进教师资源均衡配置。⑤

---

① Serve Center at the University of North Carolina at Greensboro. Teacher Retention at Low-Performing Schools [R]. http://eric.ed.gov/?id=ED498833 [2016-12-21].
② McClure C, Reeves C. Rural Teacher Recruitment Retention Review of the Research and Practice Literature [R]. Appalachia Education Laboratory, 2004: 11.
③ Youn-Kee I M. Towards new directions or Korean rural education [D]. Korea: Kongju National University, 2009; Government of the Republic of Korea. The tasks of the 1st Five year basic plan for improving the quality of living in rural areas [Z]. Ministry of Agriculture and Forestry, 2005.
④ 王世军，徐中仁．当前农村教师队伍建设存在的问题及对策研究 [J]. 教育理论与实践，2004，(10)：20-22；赵世超，司晓宏．关于在西部地区建立教师特殊津贴制度的思考与建议 [J]. 教育研究，2002，(5)：17-20.
⑤ 董晓伟，文松辉．把乡村教师队伍建设摆在优先发展战略地位 [J]. 中国农村教育，2015，(4)：14-16.

五、农村教师流动的多学科研究

（一）农村教师流动的社会学研究

陈秀红从教师的经济地位、职业声望、专业权利三方面对农村中学教师流动和流失问题做了社会学考察，认为低经济地位是农村中学教师流动、流失的最主要原因，农村教师声望的降低是农村中学教师潜在流失的主要原因之一。①

苗春凤认为，乡村教师流失的社会结构性原因可能不仅由于乡村教育本身，也由于越来越以城市为中心的政治、经济和社会格局。②彭礼和周益霞也认为，农村教师大量流动的根本原因在于城乡二元结构、社会产业结构和社会用人需求的变化。③

薛正斌和刘新科从社会学视角分析了中小学教师流动问题。他们采用社会流动理论着重分析了影响流动的社会因素，认为中国正处于社会转型期，农村城市化发展速度很快，导致城市人口猛增，这样省会与大中城市的中小学会从县城中小学中选拔优秀教师，县城中小学又从农村中小学中选拔优秀教师。这样层层选拔，最后导致农村乡镇中小学教师短缺、教师结构失衡、教师整体素质下滑。基于社会学流动视角对教师流动进行审视后，他们认为知识经济时代教师流动具有更强的自主选择性和主动性，并认为社会阶层再生产是教师流动的期盼。④

（二）农村教师流动的经济学研究

栾俪云对教师工资与教师流失做了经济学分析并指出，教师作为消费者为了追求效用的最大化选择离开教师行业，出现了显性流失。由于工资的外部不公平性，积累较多人力资本的教师在不公平感与比较利益的影响下，通过流动争取自己更大的幸福。在处理闲暇与劳动的关系中，教师隐性流失，即部分教师以增加个人经济收入为目的，将其部分劳动力转移或是减少其劳动力的供给。⑤其他相关研究观点类似，例如，马文起认为影响农村教师流动的主要因素有工资较低、

---

① 陈秀红.农村中学教师流动和流失问题的社会学考察[J].中国教师，2008，（6）：7-10.
② 苗春凤.乡村教师流失问题研究回顾与思考——社会工作制度的引进[C].2008年度上海市社会科学界第六届学术年会文集（青年学者文集），2008：162-165.
③ 彭礼，周益霞.30年来农村教师流动研究综述[J].当代教育理论与实践，2011，（6）：27-30.
④ 薛正斌，刘新科.社会流动视域下的中小学教师流动[J].宁夏社会科学，2010，（9）：66-69.
⑤ 栾俪云.教师工资与教师流失相关的经济学分析[J].广州大学学报（社会科学版），2005，4（11）：67-70.

经济负担重、福利少、办公住房环境差等。①彭礼和周益霞认为，经济因素是目前学术界对农村教师流动动因进行解释的主流观点，农村教师流动的主要原因是农村教师待遇偏低，如农村教师工资、福利、社会保障水平较低等。②马莉莉认为，追求丰厚的物质待遇和优越的生活条件是教师流失的直接诱因。③

熊进认为人力资本价值实现的自发性特性是教师流动的内在动因，人力资本产权残缺是影响教师流动的重要因素。④石邦宏和戴霞认为，具有"经济人"全部特征的中小教师出现了趋利和"走高"的流动风气。⑤

苏文静指出，政府教育政策的偏向性产生了优势地区和重点学校，导致地区间和学校间教育资源配置的差异，这种差异的存在使得教师有所比较，教师以"理性人"的角度寻求个人利益和相对利益的最大化，导致不同数量与质量的教师在区域间和校际单向流动、无序流动。⑥

楼世洲和李士安则认为，农村中小学骨干教师的流失是"政府-学校-个人"之间以"成本-收益"比较为基础的"博弈"过程的结果。⑦

（三）农村教师流动的心理学研究

有研究者运用马斯洛需要层次理论、心理契约等心理学理论深入研究农村教师流动问题。陈小华和吴汉青从心理学的视角出发，提出心理契约这一涉及教师精神层面的流动原因。心理契约是指教师个体对雇佣关系中彼此对对方应付出什么同时应得到什么的一种主观心理约定。他们认为，心理契约是教师流动的隐性动力，如果教师主观上感觉到这种心理契约的破裂，便很容易产生流动意愿甚至流动行为。⑧

---

① 马文起.中部地区农村教师流动的现状分析与对策研究——以河南为例［J］.河南职业技术师范学院学报（职业教育版），2008，（1）：78-80.
② 彭礼,周益霞.30年来农村教师流动研究综述［J］.当代教育理论与实践，2011，3（6）：27-30.
③ 马莉莉.中西部农村中小学教师流失现状调查及对策研究［J］.重庆职业技术学院学报，2007，16（3）：49-51.
④ 熊进.多学科视角下教师流动的缘由［J］.黑龙江高教研究，2013，31（11）：65-68.
⑤ 石邦宏,戴霞.经济理性驱动下的中小学教师流动［J］.中国教师，2005，（11）：11-13.
⑥ 苏文静.基于教育资源均衡配置的中小学教师流动研究［J］.当代教育论坛：教学版，2010，（3）：35-37.
⑦ 楼世洲,李士安.农村中小学校骨干教师流失的分析和思考［J］.师资培训研究，2005，（3）：29-33.
⑧ 陈小华,吴汉青.基于心理契约的教师流动现象分析及对策［J］.中国电力教育，2009，（10）：31-32.

（四）农村教师流动的文化学研究

教师的"单向上位流动"以及现如今出现的部分教师"回流"现象均与学校的组织文化有关，教师个人的价值观、人生观等与其所处学校文化的不一致、不协调是导致教师流动的关键性因素。①

（五）农村教师流动的教育学研究

周险峰提出的教育系统内的流动与教育系统外的流动是目前研究者对农村教师流动进行分类时所采用的最主要的分类方法之一，显性流动与潜在流动、正向流动与逆向流动、良性流动与非良性流动等分类也有明显的教育学意味。②

（六）农村教师流动的管理学研究

近年来，从管理学的角度出发，以职业锚理论的视角考察和研究农村教师流动是近年来农村教师流动研究中一种较新的研究视角。③例如，马俊军和孙钰华认为，职业锚是一种指导、制约、稳定和整合个人职业决策的自我观，也被称为职业系留点，它对教师个体的工作满意度和稳定性有着显著的影响。④孟令熙在研究学校的教师管理模式和教师流失的关系时认为，教师是中高级人才，民主意识较强，对学校的民主化程度要求也相应较高，希望自己能参与学校的管理。

（七）农村教师流动的政治学研究

周险峰认为，政策和制度是影响和制约农村教师流动的最重要的因素之一，但是目前的农村教师流动研究尚缺乏对教师政策、教育政策、农村政策与农村教师流动之间相互关系的系统研究。②陶军明认为，造成今日中国城乡教育差距、导致农村教师流失的本质原因是政策的缺失。农村教师流失与"三农"问题是相互联动的，它是"三农"问题在教育领域中的表现。⑤

另外，贾建国从新制度主义的视角研究了制约城乡教师合理流动的制度因素。他认为应端正教师的流动动机，采取"渐进式"制度变迁，最大限度减少教师（制度化）流动给教师带来的心理冲击，引导社会大众正确认识教育均衡发展

---

① 刘平. 中小学教师流动的文化解读 [J]. 中国教师，2005，（11）：13-14.
② 周险峰. 农村教师流动研究的视角比较 [J]. 当代教育理论与实践，2011，3（6）：14-16.
③ 孟令熙. 教师流动规律及其对教师管理的启示 [J]. 中国教师，2004，（6）：51-53.
④ 马俊军，孙钰华. 从"职业锚"角度看农村教师流失问题 [J]. 河北教育（综合版），2007，（3）：13-15.
⑤ 陶军明. 欠发达地区农村中小学教师流失的政策学分析——基于中部地区 P 县的调查 [D]. 南京：南京师范大学，2007.

与教师合理流动的意义和价值,大力推进非正式制度的建设。①

总体来看,研究者对相关问题已经进行了较为深入、全面的研究,呈现出以下几个特点:一是当前农村义务教育教师补充问题已经成为教育研究的热点问题之一,引起了许多研究者的关注,这对推进农村义务教育教师政策研究具有重要意义;二是在研究方法上,研究者大量研究采用实证方法,对我国农村义务教育教师补充问题提出了具有重要价值的意见和建议;三是许多研究针对农村义务教育教师补充问题的某一方面问题进行探讨,这些专题性研究有利于深化对这些问题的认识;四是目前,国外关于农村义务教育教师补充已经积累了大量文献,这为我们借鉴国外的相关政策并加以完善奠定了基础。

此外,农村义务教育教师补充研究在如下几个方面仍需加强:第一,要开展较大规模的农村义务教育教师补充问题调查研究,获得大样本的调查数据;第二,要积极借鉴国外农村义务教育教师补充机制及其研究经验,以深化我们的认识和研究;第三,要对农村义务教育教师补充问题进行长期关注和系统思考,努力获得农村义务教育教师流动与补充的基本规律,建立理论模型;第四,要将其放在社会、经济、政治发展与改革的大背景、大趋势下进行前瞻式研究。具体而言,目前应该着重研究城乡统筹视野下的农村义务教育教师补充机制。

第二节 多学科视野下的农村教师流动

教师流动即师资流动,大家基本上都从社会流动学的角度来界定教师流动的概念。教师流动主要是指从事教师职业的人在不同学校、不同地区、不同职业之间的流动和转换。根据不同的维度,教师流动可分为不同的类型。从教师的去向来看,教师流动可分为职业间流动和职业内流动。职业间流动是指教师离开教育系统,从事其他行业的职业活动;职业内流动是指教师仍然从事教师职业,只不

---

① 贾建国. 新制度主义的视角:城乡教师合理流动的制度制约因素[J]. 现代教育管理,2009,(11):74-77.

过是改变工作地点,转到另一所学校或者另一个地区工作。从流动的方向来看,教师流动可以分为以向上为目的的正向流动和以向下为目的的逆向流动。从流动的合理性来看,教师流动可分为合理流动和不合理流动。

一、我国农村教师流动存在的主要问题

教师流动是一把"双刃剑"。合理的教师流动有利于师资的合理配置,促进教育事业发展;不合理的教师流动会导致教师队伍断层、师资结构失调,不利于教育事业发展。当前,我国农村义务教师流动主要存在以下几个方面的问题。

(一)教师流动规模偏大,农村教师队伍难以保持相对稳定

虽然我国教师人事制度在不断完善,但是相配套的教师流动政策仍然不健全。除少数地区建立了教师流动制度外,很多地区,尤其是农村地区的教师流动制度还处在空白或者刚起步阶段。教师流动制度政策不健全、对流动条件缺乏明确规定、对流动方向缺乏必要引导、对流动过程缺乏操作规范,导致对于教师的流入和流出都缺乏整体规划和严格管理。在这种情况下,教师流动,尤其是农村教师流动具有个人随意性,教师流动规模偏大。由于教育是一种培养人的特殊活动,学校教育具有连续性和周期性特点,教师的盲目无序流动给学校教育质量带来了很大的消极影响。农村教师的大规模流动导致农村教师队伍缺乏相对稳定性,使农村教育质量提升受到阻碍。

(二)向城性流动速度加快,农村教师队伍数量难以保证

教师流动是一个双向的过程,既有农村教师流向城市,也有城市教师流向农村。在我国,农村教师向城市流动的现象一直存在。但是,近些年来,农村教师向城性流动的速度明显加快。对于农村学校来说,教师流动在一定程度上演化为教师流失。农村教师大量流失,一是沿着乡村→县城→城市的方向流动,二是沿着西部→中部→东部的方向流动。[1]大部分农村教师是从薄弱学校流向优质学校、从不发达地区流向发达地区。本书调查显示,流向优质学校或发达地区的教师占农村教师流动总数的 80.36%。农村教师流动整体上表现出向上的流动态势,导致处于劣势的农村学校的教师数量难以得到有效保证,使农村教育事业发

---

[1] 罗祖兵.新课改中农村教育边缘化问题及其对策研究[J].中国教育学刊,2004,(10):5-8.

展受到一定限制。

（三）流动呈现结构性特征，农村教师队伍质量难以保障

当前，我国农村教师的流动呈现出明显的结构性特征。从性别结构来看，男教师多于女教师。有调查显示，在流失的农村教师中，男性教师占73%，女性教师占27%。[①]从年龄结构来看，流动的中青年教师多于老龄教师，导致农村教师队伍青黄不接。本书调查显示，在流动的农村教师中，年龄为20~35周岁的占75.34%；从任教科目来看，大多是数学、外语等基础科目教师；从工作能力来看，流失的大多是学校里学历高、业务强的骨干教师。这些优质师资流出农村后，学校的师资很难得到及时、有效的补充。总的来说，农村教师流动呈现出明显的结构特征，威胁着农村教师队伍建设的整体质量，严重影响我国农村教育的发展。

二、农村教师流动问题成因的多维分析

农村义务教育教师流动存在的这些问题，严重制约我国农村教育发展的速度和质量，迫切需要我们加以分析和解决。教师流动是一种极其复杂的社会现象，受到社会、经济、地理等多方面因素的影响和制约。只有从多角度进行研究，才能真正解释教师流动的原因，促进城乡教师的合理流动、城乡教育的均衡发展，最终实现教育公平提供有价值的理论服务。[②]本书尝试从社会学、经济学、地理学等视角对农村教师流动问题的成因进行多维度分析，从而能对农村教师流动问题有一个更加全面和深入的认识。

（一）社会学视角下的农村教师流动：城乡二元的社会结构是导致农村教师单向流动的根本原因

教师是社会成员的一分子，教师流动是社会流动的一种表现。教师流动表现为教师社会关系的转换，实质上也是社会变迁和社会结构变化的一种反映。社会学对于流动的关注更多的是探究流动的原因与结果。[③]从社会学视角来看，大量教师从农村流向城市与我国城乡二元的社会结构直接相关。

[①] 孙伟花.农村教师流失问题及补充机制研究 [J].科教导刊，2012，(25)：118-119.
[②] 周险峰.农村教师流动研究的视角比较 [J].当代教育理论与实践，2011，(6)：14-16.
[③] 陆学艺.当代中国社会流动 [M].北京：社会科学文献出版社，2004：181.

1. 社会转型加快导致城市从农村"收割"大量优秀教师

我国正处于社会转型期,城镇化进程明显加快。城镇化的主要表现之一是农村人口向城镇流动或农村人口向城镇人口转化。改革开放以前,我们一直采取严格控制城镇化发展的政策,甚至一度采取"反城镇化"措施。[①]城镇人口增长缓慢,适龄入学儿童数量增幅较小,城镇教师数量缺口也不大。自 20 世纪末开始,我国城镇化发展速度明显加快。随后,我国把实施城镇化作为促进经济和社会发展的一项重要战略。十六大报告提出,要加快城镇化进程。十七大报告指出,要走中国特色城镇化道路。十八大报告提出了城镇化质量明显提高的新要求。十九大报告指出,以城市群为主体构建大中小城市和小城镇协调发展的城镇格局。我国正处在城镇化发展的高速时期,大量人口从农村向城镇迁移聚集,随之而来的是适龄入学儿童数量大幅增长。原有城镇教师数量已经远不能满足新的需求,城镇学校需要快速补充大量教师来充实师资队伍。在这种情况下,出现了大城市学校从小城市学校选拔教师、小城市学校从乡镇学校选拔教师、乡镇学校从乡村学校选拔教师的现象。这样层层选拔,最后导致农村乡镇中小学教师短缺、教师结构失衡、教师整体素质下滑。[②]这样的选拔机制表现为城镇从农村"收割"教师,农村教师尤其是优秀教师逐级向上流动,整体上呈现出明显的向城性流动。因此,我国农村教师流动的现状与当前我国城镇化发展的大背景有着密切的联系。在一定意义上,农村教师进城既是城市化进程加快的需要,也是城市化进程加快的反映。

2. 城乡的社会制度差异是农村教师单向流动的体制原因

现代社会是以一定的社会制度为基础的,社会成员的流动受到社会制度的影响和制约。大量农村教师单向流动与我国城乡二元的社会结构有很大关系。尽管我国正在大力推进城乡一体化进程、着力破除城乡二元体制,但是现阶段的教育发展仍然受到城乡二元体制的束缚,教师流动仍然无法摆脱"城市中心"困境。因为城乡社会资源的配置还存在很大差距,城乡社会发展还不均衡;农村在基础设施、公共服务、文化环境等方面都落后于城市;农村与城市的户籍制度、教育制度、医疗制度、养老保险制度等都存在很大差别。例如,有调查显示,63.7%的农村教师多年没有或从来没有参加过学校统一组织的体检活动。[③]社会成员的

---

① 李强,陈宇琳,刘精明.中国城镇化"推进模式"研究[J].中国社会科学,2012,(7):82-100.
② 薛正斌,刘新科.社会流动视域下的中小学教师流动[J].宁夏社会科学,2010,(9):66-69.
③ 孙炎,何洋,尚娜.我国城乡教师单向流动分析——基于外部因素评价矩阵[J].当代经济,2011,(9):148-151.

流动受到社会制度的影响和制约，对于农村教师来说也是如此。城乡二元体制使城乡社会资源、城乡教育发展等方面的差距很难在短时间内消除。为了寻求更多的社会资源和更大的职业发展空间，大量农村教师努力向城市地区流动。

另外，城乡教师管理制度的差异也是影响农村教师流动的重要因素，如城乡教师编制制度的差异。我国中小学教师编制政策主要经历了两次大调整，最近一次调整是在2001年进行的。这次调整主要是按生师比来计算教师编制标准，按照新规定，城市、县镇和农村小学的生师比分别为19:1、21:1和23:1；城市、县镇和农村初中的生师比分别为13.5:1、16:1和18:1；城市、县镇和农村高中的生师比分别为12.5:1、13:1和13.5:1。这样的教师编制配置标准表现出明显的城市优先取向，不利于农村学校的教师配置和补充，且虽然在理论上具有一定的合理性，却不符合实际情况。因为我国农村地广人稀、生源相对分散，农村学校规模小，班级成班率低，农村的生师比应该比城市的小。如果按现行标准计算，很多农村学校就会出现一方面教师紧缺，另一方面教师却又超编的尴尬局面。近些年来，农村寄宿制学校明显增多，生活教师需求数量也相应增加，这进一步加剧了农村教师编制紧张、负担重、压力大的问题。由于农村教师编制制度的不合理，农村教师整体职称水平明显低于城市教师职称水平。在农村学校，很多教师评上中级职称以后，要想再进一步提高自己职称的可能性很小，因为每年全县的高级职称指标有限，且主要分配给位于县城的几所重点学校。[①]农村教师面临着较大的工作压力和较少的职业发展机会，这使得一部分农村教师为了寻求更好的个人发展空间而流向城市。

3. 农村教师社会地位的滑坡加剧了农村教师的流失态势

每一个人都生活在一定的社会网络之中，并在这个网络中有一个基本的位置，即形成了这个人的社会地位，职业是社会地位的代表特征之一。社会地位既是个人社会认可程度的体现，也是驱动个人行为的强大动力，成为影响人们工作选择与转换的重要因素。过去，农村教师作为农村社会的知识分子，享有较好的社会声誉和较高的社会地位，农村教师岗位有很大吸引力。近些年来，随着城镇化进程的推进，农村的经济和社会建设得到进一步发展，城乡交流日益频繁，农村开放程度逐渐增加，社会结构也发生很大变化。农村教师作为农村社会知识分子的光环逐渐退去，加之教师相对经济收入水平的降低，使其逐渐失去了以往的

---

① 蔡明兰. 教师流动：问题与破解——基于安徽省城乡教师流动意愿的调查分析[J]. 教育研究, 2011, (2)：92-97.

荣誉与地位。从农村教师群体内部来看，农村教师对自己专业人员的身份及地位的评价不高，尤其是农村小学教师的阶层认同度最低。①从农村教师群体外部来看，有人对农村教师的评价也不高，认为农村教师大多是能力不强的人。一项研究指出，18%的村民认为，村小学教师的经济地位和他们没有什么区别。村小学教师的收入还不如农民收入，农民外出打工的工资比村小学教师工资高。①本书调查发现，有些居民认为农村教师是在城市得不到机会才到农村的。在这样的背景下，一些农村教师为了寻求社会地位的提升产生流动意愿，离开学校或者到更好的城镇学校工作。总体来看，男教师对社会地位的期望高于女教师，因此，男教师的流动率往往高于女教师。另外，青年教师改变社会地位的愿望比较强烈，因此，越来越多的青年教师参与到流动中来。

4. 社会阶层的再生产是农村教师流动的重要动因

每一个社会都由各个阶层构成，社会分层是一种普遍的现象。一个社会成员从一个社会阶层转到另一个社会阶层就表现为社会流动。教育作为后致性因素对社会阶层流动有很大影响。教师向上流动，一方面伴随着自身社会阶层的变化，另一方面也可以对自己的子女产生积极的影响，给子女提供更好的教育，实现改变社会阶层的目的。一些农村教师通过自己接受教育和在流动中积累文化资本、社会资本，将其直接或间接传递给自己的子女，使子女占有更多的文化资本和社会资本，以期实现文化资本与社会资本的再生产，从而实现社会阶层的再生产。

（二）经济学视角下的农村教师流动：显著的经济收入差距是导致农村教师大量流失的直接原因

从经济学的视角来看，教师是一种人力资本，教师的流动表现为人力资本的重新配置。虽然教师承担着重要的社会责任，但是他们也是社会中的普通一员，也具有"经济人"的基本特征，会努力改善自己的生活条件，实现自身的经济利益。因此，农村教师的流动会受到诸多经济因素的影响。

1. 追求更高的工资收入是农村教师流向发达地区的内在动力

"推拉理论"是研究流动人口和移民的重要理论之一。该理论认为在市场经济和人口自由流动的情况下，人口迁移和移民搬迁的原因是人们可以通过搬迁改

---

① 李金奇.农村教师的身份认同状况及其思考[J].教育研究，2011，(11)：34-38.

善生活条件。于是，在流入地中，那些使移民生活条件改善的因素就成为拉力，而流出地中那些不利的社会经济条件就成为推力。人口迁移就是在这两种力量的共同作用下完成的。①农村教师较低的工资水平与城市教师较高的工资水平形成鲜明的对比，推拉着农村教师流向城市。

另外，按照新古典经济理论，人们能接受的工资水平和工作地点的吸引力有关。②如果一个地方吸引力大，那么工作者乐于接受较低的工资；如果一个地方缺乏吸引力，那么就要提供给工作者较高的工资。农村的基础设施等方面还不尽完善，相对于城市来说，农村对教师缺乏吸引力。所以，理论上应该为农村教师提供较高的工资。然而，现实却不是这样。我国地区之间的经济发展差距很大，经济发达地区相对有能力拨付更多的教育资金，教师工资也高于经济不发达地区。即使在同一地区，城乡教育资金投入也不一样，农村教师工资与城市相比还有很大差距。部分农村教师为了追求更多的工资报酬，从农村流向城市，从不发达地区流向发达地区。

2. 显著的福利待遇差距是城乡教师双向流动的巨大障碍

我国教师的福利待遇与学校有着极其密切的关系。由于城乡学校财力贫富不均，城市教师的各种福利待遇远好于农村教师。相关调查显示，西部贫困地区大部分农村教师没有学校住房，而且现有住房也往往缺乏配套设施，安全隐患较多。③相对于城市教师，农村教师的较差的福利待遇很难让人满意。有研究对120位农村教师进行问卷调查，其中62%的教师对工资及福利待遇不满。④部分农村教师为了追求更好的福利待遇，流向了经济条件更优越的学校和地区。而城市教师面临着巨大的福利待遇差距，也自然不愿意到农村任教。因此，即使统一了城乡教师工资水平标准，显著的福利待遇差距也阻碍着城乡教师的双向流动。

3. 经济收入的公平感影响着农村教师的流动意愿

教师不仅关注自身的经济收入，也关心其他个体的经济收入，并与之进行比

---

① 李强.影响中国城乡流动人口的推力与拉力因素分析［J］.中国社会科学，2003，(1)：125-136.
② Monk D H. Recruiting and retaining high-quality teachers in rural areas［J］. The Future of Children，2007，17（1）：155-174.
③ 王嘉毅，丁克贤.西部农村学校遭遇发展新瓶颈——来自甘肃、宁夏、贵州三省区的调查报告［N］.中国教育报，2009-05-04（3）.
④ 孙亚莉，李惠芳.农村中小学教师工作满意度的影响因素与提高对策［J］.中国农业教育，2010，(2)：19-21.

较。农村教师的流动不仅受教师的绝对经济收入的影响,也受相对经济收入的影响。教师会将自己的经济收入与其他行业的经济收入进行比较,从而获得经济收入的公平感。美国学者亚当斯的"公平理论"认为,一个人的公平感取决于他自己的贡献与报酬之比和他人的贡献与报酬之比是否相等。这涉及薪酬的外部公平性,即教师的薪酬水平与其他行业从业人员的薪酬水平相比较时的竞争力。[①]当教师感觉工作付出与取得回报之比率严重低于其他行业时,教师的公平感就会降低,产生流动的意愿或行为。有研究显示,2003—2008年,在我国19个行业职工平均工资排名中,教师行业工资水平在2003年排在11位,在2004—2008年均排在12位,也就是说,作为学历层次较高的教师在这19个行业中工资水平排位靠后。[②]由于经济收入的外部不公平,部分农村教师在不公平感的影响下,会选择到经济收入较高的学校或地区任教,甚至放弃教师职业进入其他行业。

4. 流动成本与流动收益的比较助推农村骨干教师向城市流动

教师作为"有限理性的经济人",会对流动成本和流动收益进行比较与分析,因此,教师流动是一种有目的的社会行为,是教师对流动的成本与收益进行计算与衡量之后做出的决策与选择。农村教师流动的成本主要包括家庭其他成员工作变动的成本、子女就学的成本、家庭住所改变的成本、克服流动壁垒的成本等。农村教师流向城市带来的收益主要包括工资水平的提高、福利待遇的改善、社会资本的增加,等等。当流动的收益大于流动的成本时,教师才会选择流动。当然,不同教师的流动成本有很大差异。城市学校往往为农村骨干教师设置相对较低的流动"门槛",因此,他们付出的流动成本也比较低。在其他条件相同的情况下,农村骨干教师的流动收益与成本比更高,更容易产生流动的行为。

(三)地理学视角下的农村教师流动:地域间差异是导致农村教师流动的重要诱因

从地理学的视角来看,教师流动伴随着教师在地理空间上的迁移,表现为师资力量在不同学校、不同地区之间的流动。因此,对农村教师流动问题的考察不

[①] 转引自:栾俪云. 教师工资与教师流失相关的经济学分析 [J]. 广州大学学报(社会科学版),2005,(11):67-70.

[②] 王建梁,陈瑶. 加纳中小学教师流动的原因及对策研究 [J]. 湖南师范大学教育科学学报,2011,(4):5-7.

能忽视地理学的视角。从人文地理学和自然地理学的角度来审视农村教师流动问题，可以使我们加深对农村教师流动规律的认识。由于影响机制的间接性，地理因素对教师流动的影响往往与社会、文化、人口等因素交融在一起发生作用。

1. 学校与家乡距离影响着农村教师工作的选择与流动

教师所任教学校与教师家乡的距离往往会对教师流动的意愿产生很大影响。如果教师任教学校与家乡的距离较远，教师流动的概率就相对较大。教师倾向于回到离自己家乡比较近的地方。有研究也得出了类似的结论，教师想要在他们成长地区附近的学校任教，国际相关研究表明，教师劳动力市场往往是高度本地化的。例如，在1999—2002年进入纽约公立学校的教师中，有61%的教师在离家乡15英里[①]以内地区工作，有85%的教师在离家乡40英里以内地区工作。[②]一般而言，距离越近的地方，社会文化越相近，从而能为教育工作者提供一定的文化支持。教师为了能够使自己的生活与工作在合适的背景中展开，更愿意在家乡或者家乡附近工作。因此，当经济收入等因素差异不显著时，部分教师选择流动到家乡或家乡附近地区工作。

2. 农村的交通状况影响着农村教师的流动规模

一个地区的交通状况与该地区的人口流动规模密切相关。一般来看，如果一个地区交通状况极好或者极差，那么该地区的人员结构都能保持相对稳定。如果一个地区的交通状况处于中等状况，那么很容易造成该地区的人口流失。有研究发现，农村教师的流动、流失情况在农村各地区的分布不均衡。比较偏僻的贫困地区流动、流失的情况较少，距离城镇较近的农村学校的情况反而严重，特别是那些处在城郊边界地区的农村学校，教师队伍极不稳定。[③]

以前，我国西部农村地区，尤其是山区，交通不便，与外界交流较少。因此，当地农村教师的流动率较小。近些年来，随着西部大开发的推进，农村学校的交通状况得到了较大的改善，从而使农村学校教师和城镇学校的交流更加便利、频繁，农村教师对其他地区学校的了解逐渐加深。城镇学校相对于农村学校不仅地理位置优越、交通便利、信息开放，并且教学设施先进、工作氛围良好。

---

① 1英里≈1.61公里。
② Monk D H. Recruiting and retaining high-quality teachers in rural areas [J]. The Future of Children, 2007, 17 (1): 155-174.
③ 陈秀红. 农村中学教师流动和流失问题的社会学考察 [J]. 中国教师, 2008, (6): 7-10.

这样，一部分农村教师在和外界有了一定的交流之后，发现了彼此之间的差距，流向了其他地区。因此，当一个农村地区的交通状况处于发展过程中的时候，教师的流动率往往比较高，也最有可能导致教师大量流失。

3. 自然环境差异影响农村教师的适应与稳定

任何一个地区的人的生活总是和该地区的气候、河流、地形等自然条件紧密地联系在一起，人们是否愿意长期生活在一个地区会受到该地区的自然条件的影响。在导致中青年教师流动率大的原因中，除了青年教师有较强的改变社会地位和经济收入的愿望外，他们对当地的自然条件和文化适应情况也比较敏感。自然条件会直接影响教师的生活适应情况，进而影响他们的流动意愿。教师作为生物个体，自然会选择在自己适应的自然环境中工作和生活。例如，一位北方的农村教师，不能适应南方的高温天气，那么他很可能会流向较冷的北方地区；对干燥天气不能适应的教师可能会考虑从西部地区流向东部地区。我国幅员辽阔，不同地区的气候、水资源、土壤等方面差别很大，尤其是农村地区差别更大。正所谓一方水土养一方人，水土与人口是紧密地联系在一起的。当农村教师不适应自然环境时，容易产生离开的想法。因此，自然环境因素也是影响农村教师流动的重要因素。

4. 地域文化差异是影响农村教师流动的重要因素

除自然环境之外，地域文化差异对教师流动的影响也非常重要。从人文地理学的角度来看，一个地区的自然条件会对该地区居民的思想观念、文化心理、行为方式等产生影响。不同农村地区的地域文化相差很大，而对于外来的农村教师来说，他们很可能会产生对地域文化的不适应，从而影响他们的流动意愿。按照托尼斯（Tonnies）的理论，农村是礼俗社会，城市是法理社会，礼俗社会的交往都是在具有亲属关系和共同价值观念的人们之间进行的。[1]农村地区之间在思想观念、文化心理等方面差别非常大，更有可能导致人们日常生活、人际交往、生活习惯等方面的不适应，从而使之产生流动意愿。青年教师相对于老龄教师来说，对自然条件和文化环境更加敏感，因而更容易产生流动行为。

---

[1] 转引自：Mahan C A. Home-Grown Teachers：Will Their Rural Roots Keep Them in Virginia's Rural Schools？[D]. Virginia：Virginia Commonwealth University，2010：3-4.

三、我国农村教师流动问题的综合治理

通过对农村教师流动问题的多学科分析，我们发现，农村教师流动是一个复杂的社会现象，农村教师流动问题的产生是社会、经济、地理等多种因素综合作用的结果。问题成因的复杂性决定了应对策略的复杂性，我们要从整体出发，全面考虑影响教师流动的多方面因素，在城乡统筹视域加以权衡、规划和设计，采取全方位的措施来改善农村教师流动问题。

（一）正确看待城镇化对我国农村教师流动的影响

正确看待城镇化对教师流动的影响是改善农村教师流动问题的基本前提。城镇化是社会发展的客观趋势和必然产物，也是我国现代化的重要标志。城镇化的起点是针对"三农"问题，城镇化过程必然要伴随着农业人口的转变和转移。在农村人口向非农人口转变、农村人口向城镇聚集的过程中，农村学龄人口会发生变化，农村学校布局会发生调整，农村教师也会发生流动。在城镇化背景下，农村教师流向城市学校、要改变社会地位、追求更高工资等都是正常的。尽管从教育均衡发展角度来看，这样的流动状态不是很合理，但是我们应当承认这种现象背后的个人价值的正当性和行为的合法性。在一定程度上，农村教师向城市流动既是城镇化的反映，也是城镇化的需要。对于城镇化背景下农村教师流动出现的问题和挑战，我们需要加以辩证审视分析。我们要做的不是对教师流动简单地加以遏制和制止，而是要加强政策顶层设计和宏观调控，采取一定措施加以规范、引导和鼓励。

（二）统筹城乡教育发展，促进城乡义务教育一体化

城镇化不是简单地用城市取代农村的过程，而是一个城乡各有特色、互相融合的协调发展过程。农村发展是城镇化的应有之义，农村教育发展是我国现代化事业的重要组成部分。农村义务教育的地位不仅不能被降低，还要将其提升到一个新的战略高度。城乡教育差距的存在是产生农村教师流失等问题的根源。因此，我们要推动城乡义务教育一体化进程，缩小城乡教育差距。在我国，政府是教育投入和管理的主体。城乡义务教育一体化发展要由各级政府在辖域范围内统筹规划城乡教育发展，统筹设计城乡教育政策，统筹配置城乡教育资源，改变优质教育要素资源向城市单一流动的格局。①中央政府要加大转移支付力度，对不

---

① 邬志辉.当前我国城乡义务教育一体化发展的核心问题探讨[J].教育发展研究，2012，(17)：8-13.

发达地区的教育投入要有所倾斜；省级政府应该统筹安排城乡教育资金的投入，在实行城乡一致的拨款标准基础上，还要充分考虑农村学校的具体实际情况，对薄弱农村学校有所倾斜。城乡教育资源得到均衡分配、城乡义务教育实现一体化发展，才能从根本上扭转农村教师的单向流动格局。

（三）创新城乡教师流动政策，保障农村教师有序流动

在城乡教育一体化发展过程中，需要把城市教育和农村教育作为一个整体来看待。农村义务教育教师流动问题，也需要在城乡统筹的视域中加以改善和解决。为了实现农村教师有序流动，需要创新城乡教师流动政策。在教师全员流动的背景下，打破城乡校际教师流动的壁垒，将教师由"单位人"转变为"系统人"，把教师管理权限由学校上移给上级教育行政部门掌握。由县级教育行政部门对教师实行教师统一聘任、统一管理、统一配置。同时设计公平公正的教师流动人员选定程序，公开选定，公平实施，并公开接受学校、教师以及社会公众的监督。[①]城乡教师流动政策需要在流动年限、职称评定、薪酬发放等方面做出细致、明确的规定，来确保城乡教师流动的顺利实施。城乡教师流动是一项复杂的系统工程，与教师人事制度、编制标准、工资待遇、津贴制度、住房政策等密切相关。因此，城乡教师流动还需要一定的配套政策。城乡教师流动政策设计还需要考虑区域实际状况和教师个体差异，设计多元、灵活的教师流动模式，完善监督评价机制，保障农村教师有序合理流动。

（四）提高农村教师工资待遇，增强农村教师岗位吸引力

农村教师大量向城性流动，城市教师不愿意去农村，其直接原因是农村教师工资水平低、福利待遇差，由此导致农村教师岗位吸引力不强。因此，应该提高农村教师的工资待遇，缩小城乡教师的工资待遇差距。国家应该建立城乡一体化的教师工资保障制度，按照地域条件、人口密度和经济发展水平等维度对全国农村教师日常生活、工作所需基本工薪做出明确统一规定，实行"中央定标、省级统筹、县级贴补"的机制，确保全国范围内农村教师基本工资收入的均衡化。[②]各级地方政府应该根据地区内具体情况尤其是地区边远、艰苦程度，对教师津贴补助的范围、额度、发放时间等做出明确规定。另外，还要关注农村教师的养老保险、失业保险、生育保险、医疗保险、工伤保险和住房公积金等，为农村教师

---

① 彭波.困境与突破：农村教师流动问题分析与路径选择[J].教育导刊，2011，(11)：21-24.
② 许涛.城镇化背景下农村教师政策新走向[N].学习时报，2013-06-17（8）.

提供完善的社会保障。农村教师的工资待遇提高了,岗位吸引力会增加,才能稳定和吸引更多优秀人才在农村学校任教。

(五)根据区域发展差异,因地制宜设计相关农村教师政策

任何政策措施都要考虑到实施对象的多样性和差异性。我国地域辽阔、民族众多,地区之间的自然地理环境、经济发展水平、历史文化习俗等方面存在着很大差异。各地区城镇化发展的模式和方向不同,这会引发不同的人口流动或聚集,进而对义务教育产生不同的影响。因此,在制定相关农村教育政策时,需要充分考虑不同地区之间的差异、优势和不足。"一刀切"、无差异化的政策措施无法从根本上改善农村教师流动问题。例如,我国东南沿海地区尤其是长三角和珠三角地区,经济发展快,城镇化水平高,具有统筹城乡教育的空间优势和财政优势,具有实现城乡教师合理流动的有利条件。我国西部地区城镇化水平与东部地区相比相对偏低,一些农村地广人稀、学校规模小、班级人数少,这需要在制定农村教师政策时加以特别对待,采取有针对性的办法措施。特别是在一些少数民族地区,要根据师生的民族特点来制定适切的政策制度。总之,要充分考虑各个地区发展的实际状况和具体差异,采取多元、灵活的政策措施来改善农村教师流动问题,推动城乡教育均衡发展、快速发展。

第二章

我国农村教师补充政策的历史考察

　　农村教师补充问题由来已久，在不同时期，其基本内容、主要矛盾和应对策略不尽相同。对农村义务教育教师补充机制进行深入的历史梳理，不仅有助于我们从历史的视角认识农村义务教育教师补充问题的来龙去脉和基本规律，还有助于我们从历史经验中获得解决农村教师补充问题的智慧资源。具体来看，本章考察了清末、民国、中华人民共和国成立至改革开放前以及改革开放至今四个时期的农村教师补充政策。

第一节 清末时期的农村教师补充政策

一、清末时期的教育背景

鸦片战争以后,中国开启了现代化的进程。在这个进程中,城乡教育的差距逐步加大。在科举制度废除前,乡村普遍设有社学、义学和私塾,与正规的府州县学一起形成一个完整的教育体系。科举制度废除后,旧的教育体系解体了,造成乡村教育的断层。"癸卯学制"颁布后,各类新式学堂纷纷兴办,但并未实现当初的预期目标。当时的乡村教育获得了一定发展,但也存在很多问题。

(一)乡村教育经费严重不足

新学堂建立后,清末政府财政拮据。因此,其规定由各州县负责当地的教育经费。地方州县一般只选择重点发展县城的学校,对乡村教育的经费支持极为有限,无力担负乡村新建学堂的各种日常开支。对于乡村学校,规定其采取就地筹款策略,将经费来源多元化,包括抽捐、抽税、捐资、学田、庙产,有些地区会向学生收取一定学费。由于交不起学费等原因,乡村的孩子没有得到均等的教育机会。此外,在乡村教育经费来源于农民自身的教育体制下,农民的教育决策对新学堂的发展至关重要。然而,当时人们对新式学堂的认识严重不足,导致很多学堂招生困难,需要劝学所进行劝导。总体来看,政府财政紧张和各地对教育的支持力度不够是新学堂教育经费紧缺的重要原因。

(二)学堂师资严重匮乏

1901年,清政府颁布"兴学诏",规定各府厅直隶州均设中学堂,各州县均改设小学堂,并多设蒙养学堂。受此影响,学堂数量呈现井喷式增长。之后颁布的"癸卯学制"还对学堂开设密度做出规定,每四百家即设初等小学堂一所。新式学堂数量的增长直接导致教师数量供不应求,非科班出身人员承担教学任务的现象到处可见。如 1905 年山东馆陶县初设高等小学堂时只聘到中学教习一人，科学教习一人，因全县师资缺乏，"附设师范传习所一班，一年毕业后，委充初等小学堂教习"。①到了 1911 年，清政府仍在积极推行政策以补充师资，"查育才以兴学为先，兴学求师为急。现在初等小学亟待扩张，临时教员动虞缺乏"。②虽然之前的师范政策等对于师资补充有些成效，"然合纵见其多，分之仍觉其少"。③可见，师资匮乏是清末新学兴起后贯穿始终的难题。

（三）传统教师的知识结构不能满足新学堂的要求

传统教师包括旧书院教师和私塾教师（以下简称"塾师"），主要教授传统经书等。新学堂倡导"中西兼用"，"其教法当以'四书''五经'纲常大义为主，以历代史鉴及中外政治、艺学为辅"。④中学的科目尚可由传统士人讲授，西学则面临无人能教的窘境。旧书院教师、旧学塾师唯能应对中学部分的"四书""五经"，狭窄的知识面使他们无法承担天文学、物理学、算学、动植物学、理财学等西方近代科目的教学任务。

（四）新学缺乏乡村社会支持

新式教育是在西方国家现代化进程中自然生成的产物。在新政颁布后，新学由政府自上而下实施，乍入农村地区的新学"水土不服"，原因是：一方面，农村地区主要是小农经济和手工制造组织，教材中的电灯、器械等带着工业化标签的教学内容与农村生产生活较远，被认为脱离实际；另一方面，新式学堂的筹办触及了许多人的利益。例如，一些旧学塾师将面临失业窘境、家中没有入学子弟的农民需要开始为办学缴税、迷信人士失去供奉的宗堂庙宇等，加之筹资过程中腐败滋生，乡民不满，导致新学开办受阻。

（五）私塾阻碍新学发展

私塾，是一种由民间个体设立的基层教育机构，是旧式教育中私学的一种，在里面教书的塾师一般是读过一些书但是没有条件参加科举或屡次参加科举不中而后退居乡间（或民间）以教书为业的人员。在漫长的封建时代，塾师往往是散

---

① 李世愉. 废科举对乡村教育落后的影响 [J]. 探索与争鸣，2008，(3)：74-79.
② 逯耀娟. 科举制度的废除与近代教育的分流 [J]. 邢台学院学报，2004，(2)：32-36.
③ 琚鑫圭，童富勇，张守智. 中国近代教育史资料汇编（实业教育·师范教育）[G]. 上海：上海教育出版社，1994：623.
④ 陈元晖. 中国近代教育史资料汇编·学制演变 [M]. 上海：上海教育出版社，2007：7.

落于民间的相对有文化的人群，除教书外，他们还从事帮村民写对联等社会事务，在乡村社会扮演着重要角色。新学制推行之前的很长时间内，私塾教育在乡村社会及乡村教育中占据着重要地位。显然，新学制的颁布威胁到了私塾的发展，挤压其生存空间，遭到其强烈对抗。新学在农村推进的过程中，塾师排斥、造谣甚至中伤新学者众，阻碍了新学的发展，政府采取政策对其进行了改良。

二、清末时期的农村教师补充策略

新学兴起对教育体系、教学内容、教学方法、教学理念等方面的影响是巨大的。新旧教育青黄不接造成师资断层是清末师资的突出特点。对于新学，农村师资同样需要经历从无到有的过程，如何短期补充大量师资、长期保证师资质量是策略制定的主要导向。

（一）改良塾师

在旧式教育中，乡村塾师是一类规模很大的群体，私塾在长期的封建社会中地位稳固。施行新学时，断然取缔私塾并不现实。清末新学堂的选址主要是在一些经济较发达的沿海城镇和内地大中城市。清政府财政拮据，很少在偏僻的农村设立新学堂，因此也有必要另寻途径对广大农村地区的私塾进行改革。强教必先兴师，对旧学塾师的改造自然成为第一要务。与此同时，旧学塾师因知识结构的落后而面临"失业"危机，为了养家糊口，他们也渴望改良自己以适应新的工作要求。客观需求与主观意愿在一定程度上融洽对接，就形成了催促塾师改良运动的动力。

旧学塾师一般只会一些经书，教学方式死板，学生以背诵、抄写为主要学习方式。新学制确立后，政府为改革私塾，首先将其纳入教育行政管理范围。对塾师的改良与私塾改革是同步进行的，新的课程需要新的塾师。具体来讲，各地区一般通过设立地方法规改良塾师。法规规定塾师需进入师范传习所或其他新学研究所接收培训，学习内容主要包括两类：一类是塾师缺乏的学科知识，另一类是教学知识。为了保证师资质量，塾师培训后需经过考核审定，未经考录者不准设塾。此外，劝学所还会定期对私塾进行等级评定，从而推进塾师进行新学改良。

（二）大力发展师范教育

对旧学塾师进行改造符合"现成的"或"较短时间内能上手的"等特点，有利于师资的迅速补充。然而，从长期来看，大力发展师范教育才是补充师资的长效策略。《奏定学堂章程》（其规定的学制被称为"癸卯学制"）颁布，提出兴办初级和优级师范学堂，分别针对初、高小学堂与中学堂培养师资，招生数以学堂中的学生数为考虑。《各学堂奖励章程》对学生享受的优惠政策及毕业后的义务年限做出规定。学生在校期间免学费，毕业后"考列最优秀"的充为教员并赋予一定官职，"师范为各种学堂之根源，故奖励不能不稍优"。[①]相应地，毕业生需要从事本州县教员义务，时限为2～6年不等，期间不准私自去其他地方教书或从事其他职业。这样既吸引了优秀生源投入教师队伍，又有利于填补本地师资缺口。

此外，1906年国内最早的独立的女子师范学堂——北洋女子师范学堂成立，次年，《奏定女子师范学堂章程》颁布，中国女子师范教育自此被纳入法制化轨道。相比于男性，女性以其耐心的性情和敏感细腻的观察力在教育行业拥有一席优势，从北洋女子师范学堂的建立，到《奏定女子师范学堂章程》的颁布实施，女子教育的肇兴将传统的藩篱冲破，为女子公平受教育权的回归做出了贡献，且丰富、完善了清末国民教育的师资补充机制。自此，女子师范教育逐步获取独立建制。

（三）应急补充师资

除在正规的师范学堂中设置简易科外，清政府还设立了多种速成师资的独立机构。例如，在师范学堂齐设之前，师范传习所（和师范学堂是包含与被包含的关系）便发挥了重要作用。传习所主要面向的是乡村塾师，承担了改良塾师和培养其他非科班教员的重任。其修业时间仅10个月，传习所以其简短快捷的特点在当时得到很快推广，成为清末初等教育师资最重要的"生产母机"。此外，由于小学教员是稀缺量最大的教员群体，政府拟定设立临时小学教员养成所，入学条件很宽松。清政府培养的大批非科班出身的教员在教员总体中占据了很高的比例。除了从人数上采取增加师资的策略，1911年，清政府还拟定了设立单级教员养成所政策。单级教员是将程度不同的学生编到一个年级，由一人担当全校的教学内容的教员。这对教员的要求特别高，任务繁重，但学成后"一员可得数员之用"。在当时师资紧缺的情况下，培养单级教员应属应急之举。

---

① 琚鑫圭，童富勇，张守智.中国近代教育史资料汇编（实业教育·师范教育）[G].上海：上海教育出版社，1994：590.

三、有益的经验

尽管清末的农村教育和师资发展步履维艰,但依然取得了一些成就并提供了可供借鉴的经验。

(一)学堂免费师范教育是清末基础教育师资补充的重要渠道

新式学堂结束了科举时代书院免费教育的历史,一度使贫民子弟失去受教育的机会,并产生负面社会效应。然而,《奏定初级师范学堂章程》规定当时初级师范学堂的官费生毋庸纳费,私费生要承担学杂费和食宿费。当时的招生条件较为苛刻,需视各学堂情形酌定,且需经地方长官允准方可。师范学堂,尤其是师范传习所的毕业生被派到全国各州县小学堂担任教员,充实了清末的初等教育师资队伍。

(二)接受公费教育和履行执教义务相对等

清末实行的分层次对口师范教育为之后我国的师范教育积累了经验。清末《奏定初级师范学堂章程》严格规定了初级师范生毕业效力义务。根据该章程的规定,学生有回生源地从事教员的义务,省城初级师范学堂毕业生,应有从事本省各州县小学堂教员之义务;州县初级师范学堂毕业生,应有从事本州县各小学堂教员之义务。而且对从教有年限要求,从事教员义务年限,由官费毕业者,本科生六年,简易科生三年;由私费毕业者,本科生三年,简易科生二年,此年限内不准私自应聘他往并营谋他事。义务期满,视其尽心无过者奖给官职。

(三)重视师资培训

政府对传统私塾进行改革,培训塾师是改革的核心任务,也成为新学师资的重要来源。当时很多地方规定,塾师必须到师范讲习所、劝学所或专设的研究所进行学习培训。如《上海私塾改良总会章程》规定:"另筹经费,设立师范讲习所。请师范讲习所数人按期轮流与会所,与各私塾教员及有志教育诸友研究教育之理、教授之法,并补习算学、舆地、历史、理科、体操各普通学,以扩新知而补不足。"①可见,改良塾师是清末师资补充的一个重要途径。当时的办学经费多来自民间公共筹集和书院产业继承,这就使乡村学堂的创建和师资筹募工作相较于城市处于弱势地位。晚清政府虽统一了学制且对地处城乡的学堂均设有师资补

---

① 朱有瓛.中国近代学制史料(第二辑上册)[M].上海:华东师范大学出版社,1987:319.

充程序，但管理者尚未深刻意识到偏僻郊野中新学师资的缺乏程度，不少农村旧学塾师在当地教育中持续承担相当比重的教学任务。换言之，看似平等的师资管理制度却因农村地区的低吸引力而难以落实。

第二节　民国时期的农村教师补充政策

一、民国时期的教育背景

1911年，辛亥革命爆发，推翻了清王朝的统治，在中国实行了两千多年的封建皇权制度结束了，民主共和观念在中国得到广泛传播。但是，中国并没有马上摆脱落后混乱的局面，各项社会事业在艰难地前行和发展。在民国风云激荡的30多年里，政治、经济、文化、教育等方面在近代化的过程中不断发展。一批有识之士将目光聚集到乡村和乡村教育上来。

中华民国成立后，虽然农村教育相对于以前有了一定的发展，但是总体上仍然很落后。农村学校的数量很少，教学质量也不高。"此种学校大都设备简陋，教员资质不合格，毕业生程度低劣，固不能谓为真正之乡村教育也。"[1]乡村教育的发展面临很大危机。余家菊是较早关注乡村教育问题的人，他先后发表了《乡村教育危机论》《乡村教育运动的涵义和方向》等文章，受到了广泛的关注。余家菊指出，中国乡村教育的危机在于传统教育只重视城市，乡村所需要的教育除了一两所小学外基本没有什么了，乡村教育的提出有救济社会危机和改造教育两种重要意义。[2]

二十世纪二三十年代，教育界已认识到中国教育的重心在乡村，期望通过在乡村推广新式教育，来改变乡村社会的落后面貌。[3]在这期间，一些有识之士兴

---

[1] 卢绍稷.中国现代教育[M].上海：商务印书馆，1934：139.
[2] 袁媛.近代中国乡村教育实验研究[D].长春：东北师范大学，2007.
[3] 姜朝晖，朱汉国.民国时期乡村教师的生存状况[J].史学月刊，2015，(4)：67-76.

起了乡村教育思潮和运动。在这期间,主要的代表人物有陶行知、晏阳初、梁漱溟、黄炎培等。这些知识分子纷纷发表见解,讨论乡村和乡村教育发展中的问题和出路。例如,陶行知在《中国乡村教育之根本改造》中指出,"中国乡村教育走错了路!他教人离开乡下向城里跑。他教人吃饭不种稻,穿衣不种棉,做房子不造林。他教人羡慕奢华,看不起务农。他教人分利不生利。他教农夫子弟变成书呆子"。①梁漱溟认为,中国文化的"根"在乡村,要想创造文化,必须开展乡村教育。梁漱溟创办了乡农学校,希望借此担负起教育农民倡导社会改良的责任。②这些知识分子积极地参加社会实践,投身于乡村教育运动中,对我国的乡村教育发展、乡村师资队伍建设产生了重要作用。

二、民国时期的农村教师补充策略

在民国初期,各地基层师资十分匮乏,尤其是农村地区教师严重短缺。因此,教育行政部门对教师问题较为重视,尝试采取各种措施来解决农村教师的短缺困境。具体来看,民国期间乡村教师的补充策略有以下几个方面。

(一)设立乡村师范学校,为乡村学校培养专门师资

中华民国成立后,以蔡元培为代表的教育界仁人志士高度重视教育,积极参与和设计教育改革,着力开创教育发展的新局面。其中,师范教育作为培养教育师资的基础性事业,被摆放在了教育改革的前面。民国初期,教育部颁布了《师范教育令》《师范学校规程》《高等师范学校规程》《师范生服务期内不得改就他职各师范中小学教员应先尽师范生任用》《各省教育厅师范生毕业后限令服务办法》等一系列文件。民国初期的师范生分为公费师范生和自费师范生,但是无论是公费师范生还是自费师范生都不需要缴纳学费。当然,在享受免除学费待遇的同时,这些师范生在毕业后都有一定的服务期限要求。师范生去不同的地区服务,其服务期限也有所不同。毕业后去边远地区服务者,服务期限会有所缩短。

20世纪初期的中国仍然处在深深的民族危机之中,广大乡村也受到了严重的侵害和破坏,乡村教育的基本设施、师资力量、教学方式等方面都非常落后。

---

① 中央教育科学研究所.陶行知教育文选 [G].北京:教育科学出版社,1981:57.
② 转引自:成必成.民国乡村教育运动及其对农村教育改革的启示 [J].教学与管理,2014,(6):25-27.

很多有识之士开始着手调查乡村教育问题,寻求改造乡村和乡村教育的方法。例如,陶行知很早就注意到城市师资和农村师资发展补充的不均衡的境况,他指出:"中国的农民占百分之八十五,设立师范学校,宜顾全农家子弟。"①陶行知建议师范学校应当多设在小镇上,他于1927年在南京和平门外郊区设立晓庄乡村师范学校,进行乡村教师的培育试验。乡村师范学校是依据乡村实际生活,造就乡村学校教师、校长、辅导员的地方。①很多乡村师范学校对学生实习及创办小学的能力颇为注重。在栖霞、黄渡等地的乡村师范学校里,学生实习除按教学实习大纲执行外,还注重创办小学能力的养成,于最后一年级学生轮流分派至各附小或义务教育实验区小学服务,一切由学生主持,借以养成创办小学的能力。这些办法和措施为当地农村小学师资的补充起到很大的促进作用。

南京国民政府成立后,出于加强巩固统治等考虑,政府力图将乡村师范教育纳入正规的学校教育体系,促使其制度化。1928年5月,第一次全国教育会议召开,会议提出了《请大学院明令各省注重训练乡村教育师资案》。②1932年公布的《师范教育法》和随后公布的《师范学校规程》,把乡村师范教育正式纳入师范教育体系中来,对师范生的入学标准、就读费用、毕业服务等方面做了相关规定。随着相关法规制度的施行,再加上民间力量的积极努力参与,乡村师范学校数量逐年增加,为广大乡村学校补充了大量师资。

(二)改良塾师,促进乡村学校教师队伍更新

中国传统社会是一个乡土社会,私塾是乡村学生接受教育的重要场所,是农村地区最普遍的学校形式。塾师是乡村教育教学的重要实施者,在整个乡村和乡村教育中占有重要的地位。民国教育部门的一项统计显示,1935—1936学年度,全国私塾共有10 144所,有塾师110 933人,私塾学生1 878 351人。③据此可知,私塾在民国时期所存数目仍然很可观。私塾遍及广大乡村地区,尤其是公立小学薄弱或者未曾设立之处,私塾仍然是最基本的学校形式。据民国教育部1915年底统计,该年全国初等小学性质的私塾共有29 425所,而同年公立小学总数为69 357所,私塾接近公立小学的一半。③

民国初年延续了清末时期的私塾改良,通过改良来促进向新式学校的转变。然而,这一时期塾师的现状堪忧。尽管师范教育培养了大量师资,但是依然无法

---

① 江苏省陶行知教育思想研究会,南京晓庄师范陶行知研究室.陶行知文集[M].南京:江苏人民出版社,1981:149.
② 黄敬思.四年来中国之乡村教育[J].教育杂志,1931,(23).
③ 熊贤君.中华民国私塾的现代化改造[J].华东师范大学学报(教育科学版),1998,(3):81-88.

满足中小学尤其是乡村学校的发展需求。为了适应新式教育发展的要求，充实乡村教师队伍、改良原有塾师成为乡村教师补充的重要途径之一。1935年，教育部颁发《实施义务教育暂行办法大纲施行细则》，对改良塾师做了明确规定，要求："各省市应在省市立初级中学或省市立师范学校或规模较大之县市立小学内，设置塾师训练班，招收塾师，予以短期之训练，专授短期小学课程之教材及教学方法，训练期满，考察及格，予以证明书，准其充当改良私塾之教师。"① 例如，湖南省教育厅于1936年9月便开设了塾师训练班，对现任塾师"与以新教育方法之训练"。② 民国教育部在1937年6月1日颁布了《改良私塾办法》，对包括塾师在内的私塾进行规范。接着，各地纷纷制定塾师行业准入标准。例如，绥远省规定了塾师检定的条件，即"凡文理通顺，常识丰富而有志充任塾师"者才能取得塾师资格。③《湖北省各县改良私塾暂行办法》开宗明义，凡塾师必须满足条件之一，并向县政府呈准登记后，方能设塾授徒。具体来看，其条件是：曾在简易师范学校或简易师范班毕业者；曾在初级中学毕业或与初级中学资格相等者；曾经塾师检定委员会检定合格领有证明书者；曾在塾师训练班毕业领有成绩证明者；曾任小学教员二年以上者。最后，还要履行必要手续。③ 东北地区也通过考选塾师和培训塾师等办法对乡村教师进行补充。③ 总之，改良塾师是民国时期进行乡村教师补充的重要策略。

（三）引入留学生，直接提高教师队伍整体水平

民国时期留学潮高涨，其中相当多的留学生回国后选择从事教育行业。有的留学生从事高等教育，有的留学生从事中小学教育。其中一些人还积极参与政府的教育改革，广泛研究国外教育理论，向国内介绍各国教育制度以及国外著名教育家的思想，很多新教学方法被引进并得到实践。④

他们当中的很多人积极投身于乡村教育实验，尝试将中国农村带到世界现代化的轨道上来。例如，二十世纪二三十年代，以留美博士晏阳初为代表的留学生群体在河北定县从事的乡村教育实验，不仅是中国现代教育史上的一件大事，也是中国留学生服务祖国、推动中国社会进步、促进乡村教育发展的一件大事，还

---

① 中国第二历史档案馆.中华民国史档案资料汇编，第五辑第一编"教育"[G].南京：江苏古籍出版社，1994：627.
② 陶蒲生，尹旦候.刘寿祺教育文集[G].长沙：湖南教育出版社，1992：57.
③ 高月.清末东北地区私塾改良述论[J].长春师范学院学报（人文社会科学版），2011，（6）：37-44.
④ 田正平，杨云兰.中国近代的私塾改良[J].浙江大学学报（人文社会科学），2005，（1）：5-13.

是西学为用、中西结合的一种有益尝试。①他们中的一些人除了直接当中小学老师外，还采取了多种方式对乡村教师进行培训，取得了一定的成效。大量的留学生参与乡村教育和乡村教师队伍建设，这在以往的历史中是没有的。这为乡村教师队伍引进了先进的思想和补充了崭新的知识，对乡村教师整体素质的提升贡献很大，极大地改善了乡村教师队伍补充的效果。

总之，民国时期政府采取了设立乡村师范学校、改良塾师、吸引留学生等补充措施。前两者是乡村教师补充的主要方式。留学生进入乡村教师队伍中来只是极为少数的个案，而且是在留学生自愿的基础上来进行补充的，不是一种正式的制度。当然，留学生群体对我国乡村教育和乡村教师队伍带来的影响不可小觑。整体来看，这个时期的乡村教育发展面临很大困难，乡村教师补充的状况也不容乐观。但是，对于乡村教师的规定要求还是比较高的。例如，"农村小学校之教员，一方面为小学校之教师，他方面为乡村人民之指导者，其应具之资格如体格强健，声音洪朗，品行端正，处事勇毅……对于所担任之科目，具有高深之研究，对于教育原理、学校管理法、儿童学，均有相当之智慧，均与都市教员同"。②在这样的背景下，为乡村学校补充充足的师资可谓困难重重。以上民国时期采取的乡村教师补充策略虽然难以达到人们心目中的理想状态，在现实效果上还存在很多问题，但是毕竟为当时的乡村学校师资队伍建设做出了一定的积极贡献，也给我们带来了许多有益启示。

三、有益的经验

民国时期的经济和社会结构都发生很大变革，农村教育也艰难地从传统向现代转型。当时采取了很多办法和措施来为农村学校补充师资，这些补充策略对我们具有以下几方面的启示。

（一）注重农村教师补充的本土化

中国传统社会主要是一个乡土社会，有着自己独特的结构和特点。伴随着现代化的历程，农村社会的各个方面发生巨大变化，农村教育的发展道路具有

---

① 杨茂庆.民国时期留学生与乡村教育实验——以河北定县为例[J].徐州师范大学学报（哲学社会科学版），2009，（5）：10-15.
② 顾复.农村教育[M].上海：商务印书馆，1923：33-34.

很多独特之处。为了能切实有效地为农村学校补充教师,从农村本地培养选拔教师成为主要办法。乡村师范学校的设立就是一个典型的办法。设立乡村师范学校,可以有效地吸引农家子弟进入师范学校来从事教师职业。这样一个本土化的策略可以为农村学校培养大量的师资力量,也可以加强农村教师的持久补充。另外,把师范学校设立在乡村,这个措施本身就是对农村教育的极大重视。注重从农村本地实际出发,注重从农村本地拓展师资补充资源等都对我们具有启发价值。

(二)优化政策,吸引优秀教师

提高教师队伍的整体水平,最直接的方法就是直接提高教师队伍中教师个体的质量。设置一些对师范生(包括公费师范生和自费师范生)有利的政策,如免除学费和食宿费,工作确定之后在保证与其他教师同样待遇的基础上可以帮助解决一些个人问题等。这些政策不仅可以针对师范类的学生,其他一些具有相应教师资格和能力并且教师职业道德高尚的人也可以享受同等待遇。不论是师范生还是非师范生,在享受这些政策之前需要签署一份合同以确保在毕业之后可以服从安排到指定地区服务。当然,不同地区服务期限也不同,相对偏远的地区服务期限会相应减少。优化相关政策,吸引更多优秀教师到特定地区,这可以在短时间内提高教师队伍质量。

(三)通过改良原有师资来进行补充

民国时期是我国教育近代转型的重要时期,政府需要对原有的教育体系进行相关改造。私塾在传统的教育体系中占有重要的地位,在新的时代背景下,私塾离现代学校的距离还比较远。因此,需要对原有的私塾进行改造。在改造农村私塾的过程中,政府必然面临新式农村教师短缺的问题,如何在短时间内为改造后的农村学校配备足够的师资是当时面临的一个重大问题。民国时期政府并没有采取"另起炉灶"的办法,而是把改造私塾和改良塾师结合在一起,通过改良原有塾师来满足新式学校的教学需求。虽然原有的塾师不能完全符合新式学校的要求,但是从现实来看,通过对原有的师资力量进行改良来进行补充是一个不错的办法。充分利用原有的师资力量对之加以培训和改良,可以在短时间内解决师资短缺的燃眉之急。农村教师的补充是一个长期的、循序渐进的过程,采取极端的"一刀切"方式效果不会理想,而挖掘原有的师资力量资源并对之加以改良和提升,可以在短时间内实现有效的补充。

第三节　中华人民共和国成立至改革开放前的农村教师补充政策

一、中华人民共和国成立至改革开放前的教育背景

中华人民共和国成立后，社会事业蓬勃发展，农村教育也经历了一个从薄弱到逐步壮大的过程。在各项政策的指引和保障下，农村教育事业进步很大。1949年12月，第一次全国教育工作会议召开，会议重申了我国教育"以工农为主体""为工农兵服务"的总方针。

1952年的《小学暂行规程（草案）》《中学暂行规程（草案）》规定，小学不论公办、民办，均由市县人民政府教育行政部门统一领导；中学则由省市教育行政部门统一领导。[①]1953年，国家提出了"小学教育应有重点地在大城市、工矿区作适当的发展；对文化落后的少数民族地区的小学，也应予以照顾；农村公立小学一般不发展，但根据需要与可能，提倡民办小学"。[②]从此，民办教师成为这一时期农村教师补充的主要来源，且绝大部分民办教师任教于农村小学；教育部门鼓励民间筹资办学，提出"发动群众出钱出力办学"。

二、中华人民共和国成立至改革开放前的农村教师补充策略

从1949年到改革开放前的近30年里，发动基层民间办学和创设各级各类师

[①] 中央教育科学研究所.中华人民共和国教育大事记（1949—1982）[G].北京：教育科学出版社，1983：55-56.
[②] 胡艳.我国农村中小学师资保障问题的历史分析及其对策探讨[J].教育学报，2008，（1）：83-90.

范学校是政府进行农村师资补充的主要手段和政策思路，并取得了一些成就。这期间政府主要从以下几个方面对农村教师进行补充。

（一）改革师范教育和师资培训

1949年12月23日至31日，中华人民共和国成立后的第一次全国教育工作会议召开，会议根据全国包括儿童及青年的初等教育、中等教育和工农教育的大规模迅速发展，确立为培养百万名人民教师而奋斗的目标，要求每一大行政区至少建立一所健全的师范学院，以培养高级中学教师；各省、市原则上设立一所师范专科学校，以培养初级中学教师，并对中等师范教育面向农村和服务工农提出具体要求；师范学校学生一律享受人民助学金。此后，为适应初等教育尤其是农村初等教育的大发展，在积极发展师范院校同时，教师短训班发展迅速。对此，第二次全国教育工作会议决定，纠正这一脱离实际和盲目冒进的倾向，停止短训班招生，有计划地发展师范学校，以提高小学教育质量。在接下来的几年里，在"整顿巩固、重点发展、提高质量、稳步前进"方针的指引下，师范教育在国民经济"一五"计划期间出现良好的发展局面。

针对师范院校膨胀现象，1961年，党中央提出"调整、巩固、充实、提高"的方针。教育部召开全国师范教育工作会议，要求师范教育要重视农村的特点，适应农村的要求；在教学内容和教学时间的安排上，应该适当结合农村工作和农业生产的需要；农村师范学校应该向学生多讲授一些农业生产知识和党对农村工作的各项重要政策。师范生在农村当教师，就要成为农村的知识分子，在教学之外，还要接近农村生活，对农村有所贡献，成为对农村有用的知识分子。1963年，教育部发出《关于改进中等专业学校招生工作和毕业生分配的意见》，规定师范学校除招收初中毕业生外，可以采取保送和考试相结合的办法，招收经过生产劳动锻炼的初中毕业生和具有同等学力的青年，毕业后回到原公社任教，即"社来社去"，各级师范教育在面向工农、服务工农思想的指引下，涌现出很多好的典型。1964年，根据刘少奇同志"两种教育制度、两种劳动制度"指示和中央文件精神，各地积极试办和推广半耕半读师范，妥善安排教学与生产，提高教育质量。"文化大革命"开始之前，绝大多数师范院校以"为农村服务"为宗旨，培养了大批既能胜任农村教育工作又能参与农村经济文化建设的农村教师。

（二）"包下来"与吸纳失业知识分子

中华人民共和国成立初期，对这些知识分子进行新民主主义和社会主义教育的同时，吸纳他们到教育中来，为我国的建设贡献力量。从中华人民共和国成立开始，我国对旧有学校实行接管和改造。当时全国存在着大量的私学，民办教师在私学中充当重要的角色，这样就有了对旧社会的教育工作者采取"包下来"的办法，让他们继续从事教育工作，其中也包括很多在农村学校或私塾任教的知识分子。另外，为解决当时城乡中小学特别是农村中小学师资短缺的问题，教育部还下令吸收和动员城乡失业知识分子和家庭知识妇女接受培训，举办短期师资训练班，以补充教师队伍。1952年，教育部在中小学教育行政会议上曾提出"训练三十万失业知识分子补充师资队伍"。①

（三）鼓励人民群众办教育，补充大量民办小学教师

中华人民共和国成立后，我国对旧有学校实行接管和改造，全国存在着大量的私学，民办教师在私学中充当重要的角色。据统计，1949年全国的中小学民办教师为13.3万人，其中，中学民办教师为2.8万人，占中学教师总体的42.4%，小学民办教师为10.5万人，占小学教师总体的12.6%。②民办教师是农村中小学师资补充的主要形式，除极少数在农村初中任教外，绝大多数集中在农村小学。中华人民共和国成立初期国家财力有限，仅靠政府的力量无法办好基础教育，因此，教育部提出"发动群众出钱出力办学"，并提倡建立民办小学。1951年，全国小学民办教师数量增加到42.5万人，占全国民办教师总体的34.8%。

1949—1952年，我国政府提出"发动群众出钱出力办学"等政策，尤其提倡小学民办，民办学校在短期内得到了迅速发展，民办教师相应增加，出现了我国民办教师发展历史上的第一个高峰。但民办学校创办的同时由于缺乏计划和指导，出现了一系列的问题，如创建混乱等。因此，1953年开始在全国范围内对民办中小学进行整顿，经整顿，大批的民办中小学被转接为公办，民办教师的数量有所下降，小学民办教师的数量下降到4.3万人，中学民办教师的数量下降到0.8万人。③总体来看，1949—1951年，我国民办教师队伍发展较快；从1952年开始下降，1953—1956年发展起伏不大，呈现出比较稳定的趋势。这与我国政府对民办教师政策的调整有直接关系。

1956—1966年是我国民办教师的跌宕发展时期，1956—1959年是快速发展的时期。根据1956年加速发展小学教育、多快好省地超额完成各项教育指标的

---

① 史小禹.建国后我国农村义务教育师资发展研究[D].长春：东北师范大学，2009.
② 教育部计划财务司编.中国教育成就（1949—1983）[G].北京：人民教育出版社，1984：201-219.
③ 王献玲.中国民办教师始末[M].北京：知识产权出版社，2008：40.

方针，1957年，教育部提出了小学教育的发展必须打破国家包下来的政策，在城市提倡街道、机关、厂矿企业办学，在农村提倡群众集体办学。因此，我国中小学学校数量增多，师资紧缺现象出现。1958年，又出现了教育发展狂热的局面，各地纷纷办学，出现了"村村有初小""乡乡有中学""县县办大学"的局面。随着农村学校数量的膨胀，民办教师也开始急剧增加。1962年，我国又进一步提出了精简教职工队伍的措施，使得民办教师的数量开始有所下降。1961—1963年是我国民办教师队伍的调整和压缩时期。但在1965—1967年，我国的小学教育再次出现了迅速发展的势头，群众办学数量不断增加，师资紧缺问题再度凸显。

（四）引导知识青年下乡，充实农村教师队伍

1949年后，一些知识青年开始到农村工作。从1957年开始，各地农村举办的半农半读学校数量逐年增加，明显地加快了农村教育的发展步伐。1965年3月26日至4月23日，教育部召开了第一次全国农村半农半读教育会议，对当时的农村教育和半农半读学校进行了规范。会议指出，培养农村半农半读的新型教师，主要实行就地取材、能者为师的原则，动员一批城市知识青年上山下乡，一边劳动，一边教书。全日制学校也可以抽调一些教师予以支援，还可以聘请基层干部、技术人员、有经验的老农担任兼职教师或辅导员。有条件的地方还可以举办半农半读师范学校，并采取业余进修、函授、开办短训班等形式，为半农半读学校培训教师。这种以思想和劳动教育改造为宗旨的师资管理方式促使一批城市知识青年快速补充到农村教师队伍当中。尽管知识青年下乡运动存在很多问题和争议，但是其在客观上推动了农村社会、农村教育的发展。知青的到来，为农村学校补充了大量师资，给偏僻、落后的农村带来了活力。知青教师在改变当地人们的思想观念、提升知识文化素质、促进农村教育质量提升等方面发挥了很大作用。

三、有益的经验

关于农村教师补充的问题，其根本保障在于制度，制度是进行一切活动的前提。其中，农村教师培养制度是农村教师补充制度的关键。要对农村教师培养制度的相关主体进行相应调整和安排，以系统的思维来谋划农村教师补充显得尤为重要。

（一）尽一切可能吸纳有识之士加入农村教师队伍

农村的环境与条件以及学生生源相比城市有很多落后之处，这是师范毕业生不愿到农村任教的主要原因。因此，国家应尽一切可能保障教师福利待遇，使农村教师工作更具吸引力，让更多的优秀教师及师范毕业生加入农村教师队伍。

（二）应把农村教师培养制度纳入农村公共服务制度体系中

面对我国城乡二元结构的社会实际，农村教师还不具有与其他职业甚至城镇教师同等的职业竞争力。为此，应着力强化政府及公共财政的主导功能，将农村教师培养制度纳入农村公共服务制度体系中。

（三）国家单独开展专门面向农村的师范教育

为培养高质量的农村教师，国家应在源头上单独培养农村教师，即发展面向农村的师范教育。大范围招收有意愿去农村任教的师范生，制定奖励政策，并有针对性地对他们进行培养。

第四节　改革开放后的农村教师补充政策

一、改革开放后的教育背景

1978 年，党的十一届三中全会召开，中国开始实行对内改革、对外开放的政策。对内改革首先从农村开始，农村发生了翻天覆地的变化。实行改革开放后，大量农村人口涌入城镇，新的建制镇和设市城市崛起，中国的城镇化进程进入快速发展阶段，城镇常住人口在数量上超过农村常住人口。我国的教育事业也获得长足发展，教师队伍建设越来越受到重视。从 1985 年起，政府规定每年 9 月 10 日为教师节。1985 年，《中共中央关于教育体制改革的决定》提出必须对现有的教师进行认真的培训和考核。次年，《中华人民共和国义务教育法》颁布，对教师的任用资格、薪酬保障做了明文规定。1993 年 10 月，《中华人民共和国教师法》颁布。该法对教师的权利与义务、资格与任用、培养与培训等进行了严格规定，如取得小学教师资格，应当具备中等师范学校毕业及其以上学历；取得初级中学教师，初级职业学校文化、专业课教师资格，应当具备高等师范专科学校或者其他大学专科毕业及其以上学历；教师的平均工资水平应当不低于或者高于国家公务员的平均工资水平，并逐步提高；建立正常晋级增薪制度等。由此，国内师资建设逐步走上了法制化发展的道路。

二、改革开放后的农村教师补充策略

改革开放初期，城乡二元结构导致政府城乡教育投入的不均衡，农村教师队伍出现数量不足、整体质量不高等问题。改革开放40年来，我国主要从以下几个方面实施农村教师队伍补充策略。

（一）以外部刺激吸引更多教师投身农村教育事业

改革开放以来，为了保障农村教育事业稳步发展，党和政府出台了一系列保障教师待遇的政策与法规，试图通过有效的外部刺激，激发教师投身农村事业。这些外部刺激大致分为三类：货币工薪、非货币类福利、职称与进修。

对农村教师以及民办教师实施政策性货币工薪补偿，是目前普遍使用的一种吸引教师或高校师范生到农村一线从教的策略。如1981年10月，国务院转发教育部《关于增加中、小学民办教师补助费的办法》；1981年11月，教育部出台《关于调整中、小学教职工工资中若干具体政策问题的处理意见》等。

非货币类福利待遇大致包括保险、培训、带薪假、住房、交通辅助以及教师子女上学等。民办或私立性农村中小学对教师的非货币类福利待遇极为重视，例如，在本校就读的教师子女免除学杂费；无论单身与否，都安排教师公寓；在城镇居住的教师，可配备通勤车辆，安排中午午休宿舍等。但相比于私立或民办农村学校，公立农村学校在非货币类福利的补助上关注过少。

对于许多高教学水平的教师来说，货币类及福利类的刺激已经远远不能满足其心理需求，因此，教育部又寻求出新对策，即以职称与教师进修为出发点，吸引更多以自身专业发展为目的的教师的目光。最具有代表性的就是"特级教师岗"的设定。起初，"特级教师岗"仅是一些教育发达地区校际的教师流动，仅三年逐步演变为，以农村义务教育的各个学区为单位设定特级教师岗位，面向县域内中小学教师公开竞聘。

(二)顶岗支教

顶岗支教是指师范专业的大学生在学校的组织与领导下,在完成相关专业学习与教育教学技能培训后,到落后地区农村中小学进行时间较长、全职顶岗、扶贫支教的教学实践活动。①

回顾顶岗支教的发展历程,最早做出探索的是东北师范大学。早在20世纪80年代,东北师范大学秉承"为基础教育服务"的办学理念,在白山市、抚松县等地进行农村基础教育综合改革研究。其主要内容就是深入农村学校开展教改实验,向部分农村学校输送应届毕业生顶岗实习,派遣青年教师到农村接受锻炼,而顶岗的中小学校长、教师脱产赴东北师范大学接受免费培训。②1997年忻州师范学院制定实施的"411"工程明确规定,每年组织部分师范生进行时长一个学期的支教活动。而后,2001年,西南师范大学(现为西南大学)根据以往教育改革试验的相关经验,联合香港救助儿童基金会,以课题的形式开展了"融师范生实习改革与农村师资更新工程于一体"的"小松树"计划。继而,师范生顶岗支教逐步在各高校中推广开来。2007年7月教育部下发的《关于大力推进师范生实习支教的意见》指出,高师院校要因地制宜地组织高年级师范生到中小学进行不少于一学期的教育实习,要将师范生实习支教与加强农村教师队伍建设紧密结合,并加强对实习支教师范生的全程指导和跟踪管理。③至此,顶岗支教以政策、制度的形式得以强化。

(三)高校毕业生到农村服务项目("三支一扶")

"三支一扶"工作是指我国大学生在毕业后到农村基层从事支农、支教、支医和扶贫的工作。2006年,人事部等八部委联合下发了《关于组织开展高校毕业生到农村基层从事支教、支农、支医和扶贫工作的通知》。同年4月,《2006年高校毕业生"三支一扶"计划实施方案》启动,通过组织高校毕业生到农村学校支教,来加强农村教师队伍的补充与发展。④

自2003年团中央、教育部等四部委发起"大学生志愿服务西部计划"开

---

① 索淑艳,张丽艳.我国顶岗支教研究综述[J].唐山师范学院学报,2010,(2):127-130.
② 邬志辉.中国农村教育评论2013[M].北京:北京师范大学出版社,2013:17.
③ 教育部.教育部关于大力推进师范生实习支教的意见[EB/OL].http://www.moe.gov.cn/publicfiles/business/htmlfiles/moe/s7011/201212/xxgk_145953.html [2007-07-05].
④ 于克晓."三支一扶"的历史考察和比较[J].黎明职业大学学报,2011,(4):67-70.

始,各省(自治区、直辖市)相继开展了应届大学毕业生志愿服务西部的项目。高校主要组织了支教团或者高校团委的西部计划,完成支教服务的志愿者一般继续读研或是获得与研究生相应的资格。支教服务时间一般是 1~2 年。在职教师支教是近年来各省市为了缩小城乡教学质量上的差距而开展的支教活动,主要是通过各地教育局实施。有些地方还进行了硬性规定,如广东规定教师要晋升高级教师必须要先下乡支教[①];2004 年,湖北省教育厅启动了"农村教师资助行动计划",每年选拔一批优秀大学应届毕业生到农村乡镇任教,以政府出面购买阶段性服务的方式解决农村中学教师短缺问题。

对于参加支教的志愿者,国家会给予一定的优惠政策,如保留档案和户口在当地、记工龄、考研和考公务员享受优先录取,还可以参加各种评奖,这样便于调动志愿者的积极性。此外,政府组织的支教会为志愿者提供一些保障,西部计划的志愿者有交通补助和每个月 600 元的生活补助,在职教师不仅能获取原来学校的工资而且也能享受支教学校的待遇。

(四)农村教师"特岗计划"

为了促进城市与农村义务教育的公平、均衡发展,进一步提高农村教师队伍整体素质,教育部决定在农村义务教育阶段学校实施"特岗计划",即通过公开招聘高等院校的毕业生自愿到西部"两基"攻坚县以下农村义务教育阶段学校担任教师,以此来解决农村教师总体数量不足和结构不合理等问题。

继 2006 年 5 月 15 日教育部发出《关于实施农村义务教育阶段学校教师特设岗位计划的通知》,进行初步尝试和探索实践取得了良好效果之后,"特岗计划"在新的历史发展时期得到了全面实施和深入推广。2008 年,教育部发布《关于做好 2008 年农村义务教育阶段学校教师特设岗位计划工作的通知》,在总结了前两年"特岗计划"实施经验的基础上,对 2008 年的工作计划进行了安排。2009 年,教育部再次发出《关于继续组织实施"农村义务教育阶段学校教师特设岗位计划"的通知》,提出 2009 年继续实施"特岗计划",并将实施范围扩大到中西部地区国家扶贫开发工作重点县。[②]

为了进一步提高农村学校教师素质和能力,吸引"特岗计划"服务期满人员继续从事农村教育工作,2009 年,教育部在《关于做好 2010 年"农村学校教育硕士师资培养计划"实施工作的通知》中提出,各地要将实施"农村学校教育硕

---

① 张景华,吴春燕. 广东:想做高级教师先下乡 [N]. 光明日报,2006-09-12(2).
② 何东昌. 中华人民共和国重要教育文献(2003—2008)[G]. 北京:新世界出版社,2010:1064.

士师资培养计划"与"特岗计划"紧密结合起来。①

此后,教育部相继出台一系列有关政策保障农村义务教育阶段学校"特岗计划"的顺利实施,如 2012 年发布的《教育部办公厅 财政部办公厅关于做好 2012 年农村义务教育阶段学校教师特设岗位计划有关实施工作的通知》,同年发布的《教育部办公厅关于做好 2012 年特岗教师在职攻读教育硕士工作的通知》。

(五)大学生志愿服务西部计划

我国自 2003 年起实施"大学生志愿服务西部计划"中的基础教育专项行动。"大学生志愿服务西部"是指大学毕业生选择到西部地区发展,在基层担任志愿者,根据自己的专业水平、能力促进西部地区的经济社会发展。"大学生志愿服务西部计划"项目虽然是国家实施的导向型政策,但并不属于行政命令方式,而是作为一项志愿服务事业,其根本前提是"志愿"。②国家提供相关优惠保障政策,吸引高校毕业生前来应征,通过公开、自愿原则选拔志愿者,对其进行一系列考试考核培训后,安排其到西部贫困地区从事 1~2 年的基础教育、农技和扶贫、卫生以及青年中心建设和管理等方面的志愿服务,为西部地区发展提供更多人才支持。

西部教育受到政府重视的同时,一些非政府组织和青年团体也开始关注这一问题。这些组织的影响不断扩大,目前在全国有较大影响的有"麦田计划""希望之光""心守家园""格桑花""多背一公斤""贵州人"等。据统计,全国大概有 300 多万家这类组织。③

(六)师范生免费教育政策

2007 年,温家宝总理在十届全国人大五次会议上所做的《政府工作报告》提出,在教育部直属的六所师范大学中开展师范生免费教育试点。

2007 年 1 月,《教育部 2007 年工作要点》提出,要开展师范生免费教育试点④,这是最早的官方信息。同年 5 月 9 日,《教育部直属师范大学师范生免费教育实施办法(试行)》颁布,决定从 2007 年秋季入学的新生开始,在北京师范大

---

① 教育部.教育部关于做好 2010 年"农村学校教育硕士师资培养计划"实施工作的通知[EB/OL]. http://www.moe.gov.cn/publicfiles/business/htmlfiles/moe/s7011/201212/xxgk_145946.html [2015-06-05].
② 卢丽莉.我国"大学生志愿服务西部计划"的支教研究[D].南京:南京工业大学,2012.
③ 张洪财,肖娟.西部支教中的政府性行为与非政府性行为[J].成都大学学报(教育科学版),2007,(8):63-65.
④ 中国教育年鉴编辑部.中国教育年鉴 2008[G].北京:人民教育出版社,2008:104.

学、华东师范大学、东北师范大学、华中师范大学、陕西师范大学及西南大学实施师范生免费教育。免费师范生享有以下优惠政策：在校期间，免除学费和宿费；由省级教育行政部门负责落实免费师范毕业生的教育岗位，确保任教有编有岗；允许在职攻读教育硕士，通过论文答辩且考核合格者可获得学位证书和毕业证。当然，师范生在享受这些优惠政策的同时，还要在毕业之后履行相应的义务，即录取为免费师范生者，入学前与学校和生源所在地省级教育行政部门签订协议，承诺毕业后从事中小学教育10年以上。

该办法同时也对部属师范大学寄予厚望，要求精心制订免费师范生培养方案，安排名师授课，建立导师制度，加强理论与实践教学的联系，切实贯彻师范生在校期间到中小学实习半年的制度，从而造就优秀的教师乃至教育家。[①]

三、有益的经验

（一）"泛道德性"教师培育与"法令性"规范制约并行

就目前的农村教师福利机制来看，城乡学校之间的经济环境、社会环境相差不大的地区，城乡教师的福利待遇相差也不大，不会引起过多的矛盾与问题。但较为偏僻的山区或高原地区的农村教师仍然没有较高的、额外的经济补偿，这可能导致现有教师从教积极性不高，甚至导致优秀教师流失，也难吸引高校毕业生和城镇教师及时补充。因此，政府既要在经济福利上为农村教师谋求更大的利益，也要对城镇教师和高校师范生进行"泛道德性"培育，使得"为农村教育事业奋斗"成为教师个体发展的内部驱动力。与此同时，也不能偏废法律法规的制约功能，国家要通过立法确定教师，尤其是免费师范生的权利及义务，并在职称评定和薪资待遇上予以倾斜；既要求与引导高校师范生毕业后实行"反哺型支教"，又应满足农村教师的生活需求。

（二）加大局部城乡轮岗制

目前，我国各地区的绝大多数地区存在着择校问题，而择校问题的本质是家长和学生在选择教师，选择的是名师。为了解决这一问题，许多地区实行学区式就学。虽然择校问题有所缓解，但偏远地区的农村学生只能选择在相对办学条件较差、师资力量不强的学校学习，因此，这就迫切地需要区域内的城乡教师轮岗

---

① 何东昌.中华人民共和国重要教育文献（2003—2008）[G].北京：新世界出版社，2010：1364.

制度来缓解这一矛盾。局部的轮岗制度可以打破城乡教育两极分化的格局，建立校际双向流动既可以使城镇中优秀的教师和校长有更多机会到农村服务，也可以使农村教师到相对优越的城镇学校进行学习与接受培训。但值得注意的是，在执行轮岗制度时，轮岗时间的确定、奖惩条件的确立、编制是否调动等问题都要根据当地的实际情况而定，不可一概而论。

（三）形成"模块组合式"师范生免费教育制度

2007年以来，我国开始实行师范生免费教育制度，规定免费师范生入学前就要签订协议，须从教中小学10年，到农村义务教育学校支教2年，并给予"两免一补"待遇。这一方面解决了地区间的师资不平衡现状，另一方面促进教师的专业发展。这一举措向农村教师整体注入了最新鲜的血液，使得整个农村教师补充机制更加完善。

从我国的免费师范教育发展来看，服务年限与地区要求始终和享受免费相互依存。但这些条件并不是固定搭配的，例如，1912年，由南京临时政府实行的免费师范教育政策，就根据学生类别不同，规定服务年限为2～6年。学生不仅可以选择是否读免费师范，也可以选择更多的优惠政策和义务年限组合，例如，两年"两免一补"服务期5年，支教1年；四年"两免一补"支教5年等。①

（四）开设更多的教师职称岗位

在农村各学区开设的"特级教师岗"吸引了一批城市中教学成绩优秀但职称评定激烈的教师和校长走进农村学校，这使得农村学校整体的师资力量和农村教师的个人教学水平都有显著提高，也使得社会各界对农村教育重拾信心。类比于"特级教师岗"，农村各学区的中小学可以开设更多的教师职称岗位，如"高级教师岗""中学一级教师岗"等，制定严格的考核机制，考核成功的教师要定期组织示范课，确定适合的服务年限，并要求在岗享受职称待遇，未达到服务年限回到城镇的教师，离岗时撤销待遇，并返还期间超额享受的薪金，但不记录到诚信档案；达到年限后可选择继续在农村执教，也可选择回到城镇，回到城镇的教师仍将享受特殊岗位的职称待遇。

历史的考察与梳理不仅有助于我们深入认识农村义务教育教师补充问题，还有利于我们从历史里吸取理论和实践智慧。对以上四个时期农村教师补充政策的历史考察，可以为我们完善现在的农村教师队伍建设相关政策带来广泛的启示。

---

① 刘海滨，陈雷，杨奕，等. 首届免费师范生就业状况报告［C］. 北京：北京师范大学出版社，2013：231-251.

第三章

农村教师补充政策的国际比较

  农村义务教育教师补充困难是一个具有国际共性的问题。我们选择对美国、俄罗斯、韩国、印度的农村教师补充机制进行研究。其中，美国是发达国家的代表；俄罗斯与中国同属于金砖五国成员，在经济、政治和教育制度的传统上具有相似性；印度与中国同属于人口大国；韩国与中国同处于东亚地区。对这些国家农村义务教育教师问题的研究，将对解决我国农村义务教育教师补充问题提供启示。

第一节 美国农村教师补充政策

美国作为一个教育强国，农村教育问题同样是政府关注的重点。美国农村义务教育教师短缺及补充问题已成为许多州需要面对与解决的重要问题，主要表现为教师数量不足、老龄化严重、流失大、队伍不稳定等。

一、美国农村教师的短缺困境

在美国，与其他职业相比，教师面临工资待遇偏低、缺乏社会尊重等问题，这些导致教师岗位吸引力低下，大学毕业生选择从教的人数很少，行业外人员选择进入教师行业的人数也是寥寥无几。教师队伍难以吸引到优秀人才，致使全美范围内师资短缺且素质偏低，这种情况在美国农村尤其突出。而"不让一个孩子掉队"法案对于教师素质要求的提高导致许多不合格教师被清退，加剧了农村地区义务教育教师的短缺。

（一）教师老龄化严重，某些科目教师严重不足

很多美国学校面临教师老龄化的问题。调查表明，在2003—2013年有大量教师达到退休年龄，而许多农村地区由于经济发展、人口流动大等导致适龄入学人数增加。[①]另外，农村教师素质偏低不能满足高质量教学要求。有研究人员对全美范围内农村学区负责人的网上调查显示，很多中学教师（占所调查学区教师总数的9%）被学区领导认定为不符合高素质教师要求，小学更是难以吸引和挽

---

① Jimerson L. The Competitive Disadvantage: Teacher Compensation in Rural America [R]. Washington: Rural School and Community Trust, 2003: 8-10, 18.

留优秀教师。①某些科目的教师严重缺乏。许多农村学校尤其缺乏数学、科学及特殊教育等学科的教师，导致许多教师跨学科任教，并存在着大量顶岗教师。相关调查表明，某些州的农村学校中有高达49%的科学教师要教授四门科目，并且一些农村地区的教师还需要在同一班级教授不同层次的学生（如特殊教育学生和非英语母语的学生）。②许多地区推行的小班化教学也加剧了农村学校师资短缺问题。

（二）工作条件差，缺乏吸引力

美国许多农村学校的建筑因年久失修而破损，相关调查表明，51.7%的农村学校至少有一幢建筑物不符合标准；54%的学校至少有一项环境指标不达标，如能源（39%）、室内空气质量（18%）或通风状况（24%）等。③学校其他器材设施也不能完全达标。农村条件艰苦，社会生活缺乏。而农村学校往往位于边远地区，人口稀少，经济、文化不发达，教师住房简陋，社区娱乐设施少。由于交通不便、信息闭塞，农村学校的教师处于地理和社会的孤立状态，得不到足够的支持。许多科目在其所在学校或者地区只有一名或者寥寥几名教师，教师缺少与本学科同事交流的机会。

（三）工资偏低，工作满意度不高

美国农村教师工资偏低，表现在以下三个方面。首先，总体来说，教师待遇普遍低于其他行业。相对于接受同等水平教育的新教师来说，从事销售业的大学毕业生工资要较其高出35%，从事商业管理的要较其高出43%，而从事工程设计的要较其高出多达68%。因此，吸引大学毕业生进入教育行业的障碍之一是相对于其他行业教育行业的低工资待遇。④其次，从全美范围看，农村教师的工资普遍低于城市地区教师。据统计，44个州的非农村教师的平均工资比农村地区的教师工资高，美国非农村地区教师的平均工资比农村地区教师的平均工资高出13.4%。④另外吉布斯（Gibbs）的调查发现，对于初任教师，城市工资水平要比农村高21%；对于具有硕士学位或具有20年以上教龄的教师而言，其工资水平

---

① Schwarrtzbech T D, Prince C D. How Are Rural Districts Meeting the Teacher Quality Requirements of No Child Left Behind？[R]. Charleston: Applalchia Educational Laboratory, 2003: 11.
② 白治堂,方彤. 美国中部地区教师教育急购农村师资问题的解决策略[J]. 外国教育研究, 2009, (4): 83.
③ 田静,王凌. 美国农村高素质师资短缺的原因及对策[J]. 基础教育参考, 2004, (5): 12-15.
④ Jimerson L. The Competitive Disadvantage: Teacher Compensation in Rural America [R]. Washington: Rural School and Community Trust, 2003: 8-10, 18.

要比农村教师高出 35%。①最后，州际与州内城乡教师工资差距也较大。一般来说，教师工资偏低的都是农业州，而教师工资高的是工业州。并且在许多州内，仍然存在巨大的区域间教师工资差异。尽管初任教师工资差距有所减小，但教师的最高工资的差距却在扩大。如伊利诺伊州农村教师的最高工资为 46 623 美元/年，而非农村地区教师最高工资却达 81 384 美元/年②，由此可见差异之大。

（四）教师压力过大，课程资源匮乏

由于许多美国农村学校位于偏远地区，规模较小，师资短缺，学校的教师不得不教授两门或更多的学科；有些教师要给多个年级上课。其学科领域的多样性和年级的跨度，使农村教师面临巨大的课程压力，经常超负荷工作。为了应对教师少的难题，学校管理者可能会合并课堂进行教学，导致班额过大，从而增加了教师教学压力。并且政府在农村课程与教科书开发方面投入有限，导致农村课程资源匮乏，从而加大了教师组织课程的难度。③

（五）流动率高，教师队伍不稳定

有学者指出，美国农村教师短缺更多的不是因为进入人员少，而是因为大量农村教师离开其所在岗位。相关数据表明，有 1/3 的新教师在其工作前三年内离开教育领域，有一半新教师在前五年内离开，农村教师的流失率更高。④此外，农村学校办学条件差，缺乏必要的资源及强有力的专业团队支持，教师的地理与社会隔离等都成为阻碍教师留任的原因，农村教师大量流失到条件更好的地区的学校。

（六）培训体系不完善，对农村教师关注不足

高等教育机构有义务为农村教育提供服务，包括研究农村教育并为农村教师提供培训等。然而，美国高等教育并没有对于农村教师的需求做出针对性回应，即使位于农村地区的大学（或学院）也忽视了这一领域。并且教师培训项目对此

---

① Gibbs R M. The challenge ahead for rural schools [J]. Forum for Applied Research and Public Policy, 2000, 1 (15): 82-87.

② Jimerson L. The Competitive Disadvantage: Teacher Compensation in Rural America [R]. Washington: Rural School and Community Trust, 2003: 8-10, 18.

③ 李祖祥. 美国农村教师职后教育的新动向 [J]. 外国教育研究, 2010, (1): 85-88.

④ McClure C, Reeves C. Rural Teacher Recruitment Retention Review of the Research and Practice Literature [R]. Charleston: Appalachia Educational Laboratory, 2004: 5.

领域也缺乏足够的关注。财政拨款主要面向城市教师培训，导致农村教师培训项目、经费等严重不足。同时由于农村学校经费有限，其自身很难组织针对薄弱学科教师的相应培训。

二、美国农村教师的补充策略

针对以上问题，美国政府部门、教育及相关研究机构、学者进行了多方面、长时间、广地域的探索，形成了多样化农村义务教育教师补充策略，主要有以下几个方面。

（一）通过提升学校自身水平增强对优秀教师的吸引力

美国诸多学者通过相应的研究实践从以下五个方面探讨了通过提升学校整体水平来促进教师招募与补充的策略。

1）创设良好的学校环境。对此，劳（Lowe）指出，在教师招募与保留中应当考虑的最关键因素是学校必须能够提供吸引教师的高质量的教学环境，没有人愿意在教学环境不好的学校中工作。[1]

2）优先建立一个社区基础。学校领导者应当通过持续的努力争取社区民众的广泛支持。当学校的教师与社区其他成员通过学校联系到一起时，这有助于培养一种共同的教学愿景，从而有可能使作为社区成员的教师更积极地投入到工作中去。塞尔吉奥瓦尼认为这可能是改善学校的最有效方式。[2]

3）为新教师提供可信的指导。研究表明新教师离职率较高，因此应当通过为其提供必要的指导以使其适应新学校及社区环境，同时为新教师制定一个专业发展计划，通过具有良好素质的导师进行指导等方式，促进新教师的适应与成长。这样不仅有利于新教师适应学校的文化和理念，发展其教学技能和知识基础，同时有利于新教师树立自信心。[2]这样的项目有"克利夫兰教育方案"等。

4）投资发展高素质员工。劳（Lowe）指出，这一策略包括：①为员工发展

---

[1] Lowe J M. Rural education: Attracting and retaining teachers in small schools [J]. The Rural Educator, 2006, 27, (2): 28-32.

[2] 转引自：Lowe J M. Rural education: Attracting and retaining teachers in small schools [J]. The Rural Educator, 2006, 27 (2): 28-32.

提供更多资源；②创造教学、合作和学科指向的专业发展机会；③为教师专业发展、课程规划与合作提供额外时间；④为教师提供更长时间、不间断的培训机会；⑤组织夏季项目以便于教师在智力上"充电"；⑥组织基于教学改善和缩小学生差距的评估规划等。①

5）为教师提供经济激励。它包括：①增加工资和奖金，并且该措施应当被用于教师在学区的整个任期内；②为教师提供住房等的（免息）贷款；③为新教师代偿贷款；④为新教师提供住房等。豪恩（Horn）建议为候选人的面试与交通提供所需费用。②

另外，还要为新教师提供学校或社区的初入职帮助。劳（Lowe）指出，为使新教师能够更好地适应学校与社区，学校行政人员可以在签订聘任协议之后通过定期与新教师联系，为他们提供学校的最新信息，并为他们来学校报到提供搬运行李、安排住房等多方面帮助。①

（二）通过学校或所在社区自己培养教师，并鼓励退休教师重返课堂

农村学校可以对学校教学辅助人员或者社区中在教学方面有天赋的人员进行培训，使之获得教师资格。同时还可以对退休教师进行返聘，使之重返课堂等。

对学校的教学辅助人员进行培训，使其具备教师资格。2009年颁布的《美国恢复与改造法案》指出，教学辅助人员的专业知识、与学生在一起过的经验、对于学校、社区的兴趣及能够成为当地模范的能力成为学校的巨大资源。②

培养有天赋和意愿的社区人员，使其获得教师资格。麦克考（McCaw）等指出，可以使社区内的学校外部人员参与进来，通过使其参加一定的培训，让其具备教师资格，从而担任教学工作。③霍利（Howlley）也指出"在一些更小的学校

---

① 转引自：Lowe J M. Rural education: Attracting and retaining teachers in small schools [J]. The Rural Educator, 2006, 27 (2): 28-32.

② Harmon H L. Attracting and Retaining Teachers in Rural Areas [DB/OL]. http://www.eric.ed.gov/ERICWebPortal/search/detailmini.jsp?_nfpb=true&_&ERICExtSearch_SearchValue_0=ED455081&ERICExtSearch_SearchType_0=no&accno=ED455081 [2011-03-14].

③ McCaw D S, Freeman R, Philhower S. Teacher shortages in rural America and suggestions for solution [J]. Rural Research Report, 2002, 13 (8): 1-7.

和地区，招募的教师最先来源于当地人群，学校工作对于他们有很大吸引力"。①佐治亚州、北卡罗来纳州和东南教学中心的项目都证明了开发当地有天赋的人员对于扩大教师来源的重要作用。

鼓励退休教师重返课堂。社区内可能存在着非常优秀并且渴望回到课堂中去的退休教师。劳（Lowe）认为，应当鼓励退休教师重返课堂，担任部分教学任务。美国许多州允许退休的教育人员至少担任正常在职教师一半的教学工作，甚至是全部任务。②退休教师回归课堂有助于减轻教师短缺的压力，增加教学计划的多样性，并提高教学质量。

（三）依靠某些激励措施、特定计划或者项目招募教师

美国联邦政府、许多州和地区都依托一定的项目资助采取了大量措施，以鼓励大学毕业生或吸引教师到农村中小学从事教学工作。主要有以下两个方面。

1）国家或州等提供经济激励措施。2009年颁布的《美国恢复与再投资法案》指出，国家或州要提供多方面激励以吸引教师到农村地区工作，包括提供住房、住房补贴、提供定居补助、提供贷款、代偿贷款或者收入税收减免等。③大量研究指出，各州应当把更大的注意力集中于那些难以招聘到教师的岗位上去，即贫困地区、边远地区学校或者难以招聘到教师的科目。④

2）特定计划或者项目。例如，北达科他州的特殊教育教师严重不足，导致一名教师要担任多个学校的教学工作；他们经常需要花很多时间从一个学校到另一个学校，从而不能及时处理学校里面残疾学生遇到的各种问题。为了应对这种情况，北达科他州大学为特殊教育教师调整了教师培训项目，最终使每个小学都能够拥有一名特殊教育教师，从而使特殊需要学生都能够获得更好、更及时的服务。④

---

① 转引自：Harmon H L. Attracting and retaining teachers in rural areas［DB/OL］. http//www.eric.ed.gov/ERICWebPortal/search/detailmini.jsp?_nfpb=true&_&ERICExtSearch_SearchValue_0=ED455081&ERICExtSearch_SearchType_0=no&accno=ED455081［2011-03-14］.
② Lowe J M. Rural education：Attracting and retaining teachers in small schools［J］. The Rural Educator，2006，27（2）：28-32.
③ The American Recovery and Reinvestment Act：Opportunities and Strategies to Advance Teacher Effectiveness，Part2［DB/OL］. http://www.tqsource.org/publications/December2009Update.pdf［2011-04-06］.
④ McClure C，Reeves C. Rural Teacher Recruitment Retention Review of the Research and Practice Literature［R］. Charleston：Appalachia Educational Laboratory，2004：5.

（四）寻求所在社区、州、其他地区和大学在政策等多方面的支持

农村学校还要积极寻求所在社区、大学和州相关部门在政策等方面的支持，以形成合力，同时与其他地区或机构的努力相互补充与协调，包括以下三个方面。

1）寻求学校所在社区和州的支持。威尔金森（Wilkins）指出，学校可以寻求社区的帮助以解决与教师雇用相关的问题，如配偶工作、安置费和住房等。[①]

2）寻求其他地区的支持与合作。劳（Lowe）认为，学校与其他农村学区合作能够优化招聘效果并压缩已经紧张的预算；促进与其他地区教师培训机构的合作；为学校提供最新信息，以便鼓励有潜质的教师研究学区提供的重要课题；进一步展示学校的特点等。[②]

3）寻求大学的支持与合作。哈斯（Haas）主张教育培训项目要对农村学校教师培训提供额外的关注。[③]吉莫森（Jimerson）指出，大学应当鼓励实习教师（实习生）去农村实习，并且为与农村教师补充方面的研究提供支持。[④]美国佐治亚州、北达科他州、亚利桑那州以及弗吉尼亚州都存在农村学校与社区学院或者大学的合作项目。

（五）应用多样化且适当的招聘策略

农村学校或学区在招聘新教师过程中应当采用多样化且适当的招聘策略，包括以下四个方面。

1）开发一种市场战略。劳（Lowe）指出，学区应当开发一种描绘学区、社区和周围区域积极因素的市场战略。学校可以通过一个设计良好的网站提升其公共关系，展示学校及社区的文化氛围。有效的网站为新的潜在雇员提供了大量富于趣味性和有意义的信息，可能在招募与保留高质量教职员工的活动中成为一个强有力的工具。[②]例如，阿拉斯加州已经为空缺职位和候选人的简历投递建立了

---

① Wilkins M. A Study of the Recruitment of Teachers in a Rural School Division in Southeastern Virginia [D]. Virginia：Virginia Polytechnic Institute and State University，1998.

② Lowe J M. Rural education：Attracting and retaining teachers in small schools [J]. The Rural Educator，2006，27（2）：28-32.

③ 转引自：Harmon H L. Attracting and Retaining Teachers in Rural Areas [DB/OL]. http://www.eric.ed.gov/ERICWebPortal/search/detailmini.jsp?_nfpb=true&_&ERICExtSearch_SearchValue_0=ED455081&ERICExtSearch_SearchType_0=no&accno=ED455081 [2001-03-02/2011-3-14].

④ Jimerson L. The Competitive Disadvantage：Teacher Compensation in Rural America [R]. Washington：Rural School and Community Trust，2003：8-10，18.

全州范围的数据中心。

2）选择合适的候选人。斯通（Stone）的研究表明，大部分成功的候选人来自拥有相似背景的地区，因此，他建议管理者把具有农村背景、特征或者有一定农村经历从而能够顺利完成向农村生活转变的候选人作为目标对象，因为绝大部分新教师选择回家乡教学。①

3）利用好作为招聘人员的教职员工。劳（Lowe）认为，现有教师员工可能在未来成为地区招募计划中最重要的拥护者。学校可以派他们参加学术性会议、教师定期会议和其他活动，教师在这些会议或者活动中可以介绍、推销自己所在学校的过人之处，积极参与到学校的新教师招聘活动中来。②此外，学校应当对外出招聘人员进行必要的培训，使之掌握必要的招聘技巧及推销所在学校的能力。

4）利用学校及地区优势进行广泛宣传。海尔格（Helge）和马尔斯（Marrs）指出，学校可以通过宣传自身优势吸引教师候选人：①强调农村学校及其社区的质量，它能够强化内部动机并满足教师的社会、自尊和自我实现的需要；②用当地文化标准下的生活方式、兴趣和态度等吸引人才；③个人化"焦点问题"的应用，例如，通过把在农村生活作为逃离城市问题的途径来为农村生活做广告。③

总之，针对农村教师短缺的现状，美国许多州和地区提出了诸多策略以补充农村特定地区及特定学科的教师不足。大量研究表明，农村教师补充策略必须具有很强的针对性，"一刀切"的补充策略并不能产生理想的效果。④

三、美国农村教师补充策略对我国的启示

我国是一个农业大国，农村地区及农村学龄人口占有很大比例。然而部分农

---

① 转引自：McCaw D S, Freeman R, Philhower S. Teacher shortages in rural America and suggestions for solution [J]. Rural Research Report, 2002, 13 (8): 1-7.
② Lowe J M. Rural education: Attracting and retaining teachers in small schools [J]. The Rural Educator, 2006, 27 (2): 28-32.
③ 转引自：Harmon H L. Attracting and Retaining Teachers in Rural Areas [DB/OL]. http://www.eric.ed.gov/ERICWebPortal/search/detailmini.jsp?_nfpb=true&_&ERICExtSearch_SearchValue_0=ED455081&ERICExtSearch_SearchType_0=no&accno=ED455081 [2011-03-14].
④ McClure C, Reeves C. Rural Teacher Recruitment Retention Review of the Research and Practice Literature [R]. Charleston: Appalachia Educational Laboratory, 2004: 5.

村地区经济发展落后，生活环境恶劣，学校办学条件差，教师待遇低，导致农村教师尤其是优秀教师普遍缺乏，部分地区的学校甚至由一名教师负责所有年级的教学任务。农村教师补充与农村教师素质提升是我们在未来一段时期内需要面对与解决的重大课题。而美国以往的农村教师补充策略能够为我国农村教师补充及农村教师在职培训等提供很好的启示。

（一）农村教师补充是一个系统问题，需要全面统筹

农村教师补充以及流失严重并非由于某一个原因，因此，必须全面、系统改善农村学校及社区的工作、生活状况及待遇水平，这样才能吸引更多的优秀教师到农村学校去工作并长期留下来。这就需要全盘统筹，各级政府、乡村、学校及各种教育与培训机构要通力合作；国家与地方间的政策应当相互协调避免相互冲突；各地区间相互合作以实现互补互利；城乡学校间合作，以实现共赢；农村学校应加强与政府、乡村的合作，为教师解决住房等生活问题，并使民众了解甚或参与到学校的决策与发展中来。

（二）加大国家政策对农村教育的倾斜力度，提高农村教师待遇，改善其工作生活条件

虽然我国在政策方面对于中西部及农村地区的教育有一定的倾斜，但从现实来看，农村教师待遇、生活状况及在职培训等相对于城市地区仍然非常落后。由于我国教师工资主要由政府财政负担，因此应当持续、大幅度增加农村教育经费投入，提高农村教师待遇，改善农村教师工作环境与生活状况，缩小城乡教师工资差异。尤其对于贫困、边远地区学校或者难以招聘到教师的学校，政府更应当通过提供特殊岗位津贴、住房、住房补贴或代偿贷款等吸引优秀教师到当地工作。

（三）拓宽教师来源及教师培训渠道，严格教师准入，促进教师专业发展

以往我国教师培养及教师职后培训等工作主要由师范院校承担，教师教育渠道单一，这在某种程度上限制了综合性大学毕业生及社会上其他职业人员进入教育领域、服务于教育事业。因此，政府应当在政策各方面拓宽教师来源，鼓励综合性大学毕业生及其他人员进入教育领域；促进综合性大学参与教师培养、培训，拓宽教师来源；通过规范、明确的教师聘任制度，促进教师专业发展与水平提高；对农村学校教师进行有针对性的培训，提升其专业技能，促进其专业素质的提升。

（四）农村教师补充及培训方案应加强针对性

以往我国教师补充及培训多采取"一刀切"的方式，对于各地区、学校及学科间的差异考虑不够，导致一些学校难以招聘到所需要的教师。同时，一些符合资格的毕业生却难以就业。而且，教师职后培训体系对农村地区照顾不够，对地区差异考虑不足，导致培训效果不尽人意。各级教育部门及学校应因时、因地区、因学校甚至因学科制定相应策略，为农村教师提供专门的培训机会与经费支持，设计针对农村教师的专业发展项目，使对农村教师的补充及培训工作具有很强的针对性。

（五）改善农村学校环境提升农村学校吸引力

我国以往的农村教师补充策略主要从宏观着手，对于从学校层面改善农村教师的招募与保留关注不够。实际上，只有提升农村学校的整体水平才能吸引并留住优秀教师。应当提升学校整体水平以吸引优秀教师或者毕业生到学校工作，包括提升学校的文化与管理方式、学校的软硬件设施；通过有针对性的培训提升在职教师的素质与专业能力；提供安全且条理化的氛围，为教师开展正常的教育教学提供强有力的保障；按时、足额发放教师工资与奖金；培养教师专业团队，增进教师间交流与合作等。

第二节　俄罗斯农村教师补充政策

俄罗斯地广人稀，农村地域广阔，人口分布极其松散，在大量的小规模学校背景下，农村教师队伍则面临老龄化严重、流失大等问题，这些问题的成因包括农村教师工资待遇低、工作量大、学校资源少、条件艰苦等诸多方面，这些原因共同造成了俄罗斯农村教师的补充困境。

一、俄罗斯农村教师的短缺困境

（一）年轻教师少

俄罗斯由于年轻教师加入少、保留难等问题的存在，扎根在农村的教师大多年龄偏大。资料显示，85.3%的教师年龄为31~51岁，年龄为51~55岁的教师占14.1%，30岁以下教师在农村教师队伍中的比例很低，仅占0.6%①，这一问题势必会影响到农村学校的教学质量。

（二）条件艰苦，教师流失严重

俄罗斯农村学校地域偏远，交通十分不便利，生活条件艰苦，校舍陈旧，教学设施老化，这些都导致农村教师大量流失。2005年末农村教育固定资产的折旧率上升到44.2%。2001—2002学年，69.4%的国立和市政全日制的教学楼有自来水，而农村学校这一数字仅达到57.7%。关于室内下水管设备，国立和市政学校为56.1%，农村学校仅达到40.3%。在西伯利亚和远东地区，冬季气温降到零下40度以下，这两个地区的农村学校中只有48.7%和40.7%的学校拥有室内自来水，33%和35.8%有室内下水设备②。对于这一现象，经费不足是一个重要成因。20世纪90年代初，俄罗斯年均教育经费大大下降，只占财政预算的7.4%~7.6%，最好的年份也未超过8%。③很多年轻的教师经过短短几年的农村生活后，会想方设法离开农村，宁愿改行也要回到城市生活中去。实际上，一些师范院校毕业生工作2~3年就会离开农村④。

（三）工资偏低，限制教师补充和保留

俄罗斯农村教师的收入相比城市教师而言较低。据调查，俄罗斯农村教师入不敷出的接近半数。一份对俄罗斯农村教师收入的调查统计显示，农村教师中，收入基本够维持生活和难以收支平衡的比例持平（48%:48%）；只有4%的农村

---

① Sillaste G G. The rural teaching community：Way of life and ways of adapting [J]. Russian Education and Society，2004，(1)：22-39.
② Berdashkevich A，Vlasov V. Prospects of the development of the rural schools [J]. Russian Education and Society，2010，52（11）：59-71.
③ 刘振天. 俄罗斯普通学校财政危机及改革前景 [J]. 比较教育研究，1994，（6）：46-48.
④ Sinagatullin I M. Expectant times：Rural education in Russia [J]. Educational Review，2001，(1)：37-44.

教师认为自己的家庭生活水平达到了非常理想的状态。①这份调查得出了农村教师家庭收入来源构成,并对各成分的百分比做了排名,如表 3.1 所示。

表 3.1 俄罗斯农村教师的家庭收入主要来源②

排名收入的种类	所占百分比/%
1. 个人薪酬	94.1
2. 妻子或丈夫的薪酬	58.8
3. 孩子的社会津贴	19.5
4. 父母的养老金	16.2
5. 自家农产品的销售金额	15.7
6. 家庭成员各种兼职收入	7.2
7. 成年子女的收入	5.1
8. 校外教学工作的收入	2.6
9. 补课费	1.1

从表 3.1 中可以看到,与城市教师相比,虽然一部分(15.7%)农村教师能够从农业生产中获得额外收入,但很少有农村教师通过补课获得收入,而这两项在城市教师收入中的比重是很大的。农村教师的第二收入来源有限,实际上也使农村教师工资的多少对教师生活的影响更加突出。

(四)工作量大,教学质量堪忧

俄罗斯农村学校教师数量不足,导致在职教师工作量非常大,影响到教学质量。通常一个教师要同时教一年级到四年级的学生,许多教师教两门、三门或更多科目。③很多小学班主任要同时教授语文和数学两门学科,还要同时照顾学生的生活问题、解决学生的心理问题,这就造成了农村学校的教师职业小综合的特点。一些农村教师在下班之后还要为学生批改作业。除了繁重的教学任务以外,农村教师还要经常面对较多的学生辍学问题,为此还要经常对学生进行家访。工作量之大可想而知。

---

① Sillaste G G. The rural teaching community: Way of life and ways of adapting [J]. Russian Education and Society,2004,(4):25-26.
② Sillaste G G. The rural teaching community: Way of life and ways of adapting [J]. Russian Education and Society,2004,(4):25-26.
③ Gur'ianova M P. A typology of the rural schools of Russia [J]. Russian Education and Society,2006,(4):58-74.

二、俄罗斯农村教师补充策略

(一)专设农村教师教育机构

俄罗斯有专门为农村学校培养教师的教育机构,其培养教师的主体是20所师范大学和78所师范学院,同时也依托一些综合性大学培养师资。其中,专门培养农村教师的有位于巴尔瑙尔、比斯克、斯摩棱斯克、乌里扬诺夫斯克的州(共和国)师范大学,伊尔库茨克州大学,以及位于阿尔扎马斯、布良斯克、耶拉布加、奥雷尔、水和斯捷尔利塔马克的州(共和国)师范学院。[①]这些大学会专门针对农村教育特点为学生开设相应的课程,这些课程能满足农村学校的需要,培养出来的学生对农村教育工作具有适应性。

(二)为教师发展提供有力的法律保障

进入21世纪以后,俄罗斯为了保证教师的发展,颁布了一系列关于教师教育的法规、政策。比较有代表性的有《2010年前俄罗斯教育现代化构想》《2010年教育优先发展构想》《俄罗斯农村学校的结构改革构想》《俄罗斯国家教育标准(第二版)》《2005—2010年国家振兴和发展农村纲要》《2015—2025年俄罗斯联邦儿童教育发展战略》《俄罗斯中长期教育发展纲要(2009—2012年)》等,几乎每一项政策、法规都涉及农村教师问题,这些政策法规为农村教师的发展提供了法律保障。

(三)增加高等师范院校招生的数量

随着俄罗斯经济不断改善和好转,国家大量扩招师范院校学生。并且在这些考生中提高了农村考生的比例,这种做法的目的是希望农村学生毕业后能够回到家乡任教,为农村教育事业做出贡献。在俄罗斯农村教师大量流失的大环境下,大量扩招师范院校学生可以暂时弥补师资的空缺,也可以为农村学校补充一些年轻的师资,为农村教育注入一些新鲜的血液。据有关资料显示,"俄罗斯大多数地区的师范院校都招收了高比例的农村学校学生,目前教师培养规模已经超出了国家各类型教育机构所需总量的70%"。[②]增加高等师范院校招生数量这一政策可以有效地补充农村教师的数量,为农村教育发展提供了有效的保障。

---

① Sinagatullin L M. Expectant times: Rural education in Russia [J]. Educational Review, 2001, (1): 37-44.

② 孟繁红. 俄罗斯中小学教师培训过程中存在的问题与策略 [J]. 黑龙江教育学院学报, 2006, (5): 55-57.

（四）提高教师的工资待遇

据了解，早在 2002 年，"为稳定教师队伍，遏制教师转行现象的蔓延，俄罗斯教育部决定为本国中小学教师增加工资，有些地区的教师工资涨幅将达到 100%"。[①] 提高教师工资待遇也就间接提高了教师的生活水平，提高了教师的社会地位，使得教师能够更有尊严地生活。提高农村教师的工资待遇，提高农村教师的生活水平，提高农村教师的社会地位，可以让更多的教师愿意去农村任教，也能让他们更加安心地投入到农村教育教学工作中，不用再为生计而奔波。

（五）为教师提供现代化的教学设施

2000 年，俄罗斯提出"农村中小学建立统一的教育信息环境"的教育新概念，2001 年 12 月，俄罗斯政府颁布了《重组农村地区教育网的纲要》，对调动不同级（州一级和区一级）政府部门的管理积极性而言，该纲要是一份重要的、规范化的和有计划、有步骤的文件。这一纲要的目标是"贯彻社会教育计划，调动各方面的积极性；它是一份为与教育政策的其他主体——家长、社会组织的代表、企业主、商业机构和大众新闻媒体的代表等，建立伙伴关系确定综合服务的文件"。[②] 同年，俄罗斯政府采用社会招募和公开竞标的方式为农村学校配置计算机，俄罗斯用于农村信息化的预算内、预算外资金总额达 22.6 亿卢布[③]。到 2001 年底，97% 的农村中小学实现了计算机化，2/5 的农村中小学安装了 7.6 万多台计算机与设备，并且已经在教学中使用。到 2003 年初，俄罗斯农村中小学的计算机供应已经全部完成，每一所农村学校配置了 2~3 台计算机。2005 年，从每百名学生仅有 2.8 台电脑增加到 2007 年每百名学生拥有 5 台电脑。2006—2007 年，能使用网络的学校总计 52 322 所，其中 36 682 所是农村学校。2005 年"电子俄罗斯"计划的出台，开拓了国家教育电子网络化的发展道路。2006 年，随着《国民教育优先发展方案》的实施，俄罗斯利用联邦资金购买了 5113 套教学和试听设备以及 3785 辆校车。另外，国家还为农村学校建设了体育场、课外活动室及自然科学实验室等设备。这些现代化教学设施为农村教师教学带来了巨大的便利条件。

（六）建立人性化的教师评价制度

俄罗斯许多农村家长因外出打工无暇关注孩子的学习，甚至将孩子带到城市

[①] 伊凡.俄罗斯中小学教师将获加薪[N].中国教育报，2002-01-26（4）.
[②] 乌云特娜.当前俄罗斯农村教育的发展与走向[J].外国教育研究，2011，(11)：22-25.
[③] 1 俄罗斯卢布≈0.11 人民币（2019 年 8 月 16 日汇率）.

的学校去上学，使得农村学校生源质量下降。因此，农村教师想在教学中取得好的成绩越来越困难，事业发展空间也十分受限，这样的情况进一步使得农村教师失去对教学的热情。单纯以量化排名的教学成绩来评定教师会使得农村教师和城市教师相比处于劣势的地位，俄罗斯将教师评价与教师工资挂钩，并在农村教师的评价制度设置上更加注重质性评价，注重建立人性化的教师评价制度，这些一方面极大地增加了农村教师教学积极性和主动性，另一方面也为农村教师事业发展提供了较大的空间。

三、对我国的启示

我国农村经济相对落后、学校条件较差、教师的稳定性较差，从教师的专业成长来看，初任教师从经验积累到教学熟练一般是3～5年，很多新教师往往在具有一定教学经验后放弃继续留在农村，选择去城市发展。目前，我们农村多数地方在教师招聘管理上都注意采用限制教师流动的措施，寄希望于由此实现教师的长期稳定，这样的方式虽然暂时解决了教师流失的问题，但是长远来看，终究不是有效的解决办法。俄罗斯针对农村教师大量流失问题所采取的教师补充策略对我们具有一定的借鉴意义。

（一）设有专门为农村学校培养教师的教育机构

俄罗斯十分重视对农村教师的培养，专门指定了10所师范院校和一所综合性大学培养农村教师。这样的专门化教育机构设置的课程会考虑到农村教育所独有的特点，培养出来的教师更能适应农村学校的教育模式，对农村教师的稳定性有很大的帮助。相比之下，我国目前还缺少这种专门针对农村教师入职前以及入职后的培养机构。2006年我国出台了"特岗计划"，目前这项政策已经开始成为农村中小学教师补充的主要方式。但是特岗教师也存在一些没有得到根本解决的问题，例如，三年服务期满后教师的工资将由县财政来承担，这将会给县财政增加很大的经济负担；在大学生就业难的大背景下，很大一部分的高校毕业生报考特岗教师是为了暂时缓解就业压力，因其中大部分的高校毕业生缺少对农村社会以及农村教育的了解，没有经历过相关的培训，其稳定性、敬业性仍然有待考察。2007年，国务院决定在教育部直属师范大学实行师范生免费教育政策，在读期间，免费师范生无需交学费和住宿费，并且由国家提供生活补贴。这项政策要求到城镇工作的免费师范生应先到农村地区学校任教服务2年。从中可以看出国家对农村教育的重视,但是还缺少一些实质性调整,因此,我们建议我国尽快设立培养农村教师的专门教育机构。

(二)切实提高农村教师工资待遇

俄罗斯早在 2002 年决定就为全国的中小学教师提高工资,并且涨幅很大,有的地区教师工资涨幅达到 100%,农村教师工资待遇也大幅度提高。相比于城市教师,我国农村中小学教师的工资依然较低。为了我国农村教育的发展,应该切实提高农村教师工资待遇。

(三)改变单纯以量化排名的教学成绩评定教学的方式

我国教师实施绩效工资以来,很多县开始使用量化排名的教学成绩评定教师的绩效,这使得偏远农村教师在收入减少的同时,也对自己的能力产生了质疑,失去对工作的热忱。农村生源差,且人数也呈现越来越少的趋势,这使得农村教师在教学成绩上长期处于劣势的地位。因此,要改变单纯以量化排名的教学成绩评定教学的方式,有必要设置更加人性化的教师评价方式。

第三节 韩国农村教师补充政策

在韩国工业化和城镇化的进程中,农民离乡进城现象严重,人口的迁移对农村社会造成威胁,韩国的农村逐渐被社会边缘化了。韩国农村地区人口占总人口的比例从 1960 年的 67.6%下降到 2005 年的 18.5%。到 2017 年,农村人口在总人口中所占比例为 4.9%,比上一年又下降了 0.1 %。[1]农村社会的急剧变化引发了许多农村教育问题。农村学龄人口减少、农村教师短缺以及教育力低下等问题导致小规模学校不断增加。为了改善农村教育状况,充实农村教师队伍,韩国政

---

[1] Youn-Kee I. Issues and tasks of rural education in Korea [J]. Journal of Educational Administration,2007,25(4):568.

府制定并实施了一系列农村教师补充政策。

一、韩国农村教师短缺困境

韩国农村学校面临教师短缺、优秀教师严重流失、教师老龄化现象等问题，城乡教师结构失衡、城乡教育差距逐渐扩大。

（一）教师短缺现象严重

随着韩国缩减学校班容量等相关政策的出台与实施，韩国农村学校班级数量在增加，对农村教师的需求与日俱增。而韩国农村教师短缺、农村学校很难招募新教师和留住原教师等问题更加突出。据统计，农村学校教师从1992年的91 971名减少到2001年的44 980名，缩减幅度达51.09%，且农村中小学教师数量都在逐年降低，农村小学教师降低幅度最大，达53.58%。此外，农村优秀教师大量流入城市，严重影响了农村教师整体水平和教育质量。[①]

（二）老龄化问题突出

据韩国农林部2004年的调查显示，与城市相比，韩国农村40～59岁年龄段教师所占比例要高一些，而20～39岁年龄段的教师比例相对较低，比城市低8%。韩国教师年龄结构的不均衡、农村教师年龄的日趋老化，直接降低了韩国农村教师的整体素质。[①]

（三）城乡教师结构失衡

韩国农村教师数量短缺，老龄化问题突出，致使农村教师整体素质降低，出现了城乡教师队伍失衡现象。有研究显示，韩国农村地区缺少经验丰富的合格教师；与城市相比，韩国农村地区的社会经济地位明显降低，农村教育竞争力显著减弱，严重制约了农村教学质量的提高。由此，城乡师资差距、城乡教师结构队伍失衡和学生学业水平差距带来的教育不公平和教育不均衡发展问题给韩国提出了严峻挑战，迫切要求韩国政府制订相关政策支持农村教育发展。

---

① Youn-Kee I. Issues and Tasks of Rotational Teacher System Between Urban and Rural Schools in Korea//城乡教育一体化与教育制度创新——2011年农村教育国际学术研讨会论文集［C］. 长春：东北师范大学，2011：23-24.

二、韩国农村教师补充策略

韩国自 20 世纪 70 年代开始实行城乡教师轮岗制度，这在促进城乡教育均衡发展上发挥了重要作用。同时，韩国于 1963 年颁布的《国家教育公务员法》在经历几次改革之后，确立了教育人事管理的基本准则，对教育行政机关的工作人员、学校行政领导和教职工的选拔、任用、调配、考核、流动、退休和退职等事项做出规划和决策，进行政策指导和组织实施。①韩国的教育公务员制度严格教师资格准入，统一管辖和调配教师，为城乡教师的合理流动提供了前提条件。作为一项核心的农村教育政策，韩国城乡教师轮岗制度的很多做法值得我们学习和借鉴。下面从四个方面来分析和讨论制度的内容。

（一）流动对象的规定

自 1969 年开始，韩国就制定人事管理政策，致力于使各学校的教育得到同步发展，至少也要保持各学校的教师素质和学校领导水平均等。②这项政策涵盖了学校管理的三个重要元素：校长的领导、教师的专业教学和学校资源的均衡配置（包括经济资源的配置）。韩国城乡教师轮岗制度作为一项重要的人事管理制度，流动的对象主要有中小学校长、校监（相当于中国的教导主任）和中小学教师。

为平衡各学校间校长的领导，轮岗制度规定了校长的工作年限。在韩国公立学校工作的校长，一般在同一所学校的工作预定周期是 4 年。工作 4 年之后，校长将被安排轮换到另一所学校工作。此项制度只限于在公立学校工作的校长，私立学校可以自主管理本校校长的工作年限。③

同时，为平衡各学校间的教师专业教学，韩国也规定了中小学教师的工作年限。一般而言，韩国中小学教师在同一所公立学校的工作年限为 4～5 年。对于包含偏远农村地区的道行政区，教师在城市工作的时间可以是 8 年或 10 年，之

---

① 谢彦红，朴连淑. 韩国中小学教师人事管理制度及其对我国的启示 [J]. 教学与管理，2006，(6)：77-80.

② Sam-chul P. Effects of School Location on the Shaping of School Organization on Culture in Korea// ISFIRE: Improving Equity in Rural Education [C]. UNE, Armidale NSW, Australia：2009 SiMERR National Centre，2009：189.

③ Sam-chul P. Effects of School Location on the Shaping of School Organization on Culture in Korea// ISFIRE: Improving Equity in Rural Education [C]. UNE, Armidale NSW, Australia：2009 SiMERR National Centre，2009：189.

后，他们将流动到农村学校工作 3～4 年。①

此外，韩国政府也规定了不流动的教师：对于有体育竞赛、科学教育、英才教育等办学特色的学校，具有特长并有工作实绩、校长要求留任的教师可以提出申请，经道教育厅教育长批准可暂不流动；夫妻双方都是教育公务员，其中一方已经在艰苦地区工作，其配偶可以不流动；父母、配偶、子女或自己精神、身体有残疾的教师也可申请不流动。②

（二）流动地域的规定

韩国根据各地区的城市化水平，将所有学校的人事管理行政区划分为五级区域，分别为 I 区域、II 区域、III 区域、IV 区域和 V 区域，I 区域是城市化水平最高、教师最愿意竞争岗位的地区，V 区域是城市化水平最低、教师竞争岗位最不激烈的地区。③

教师的流动将根据教师在相同的人事管理行政区和同一所学校工作的时间和工作表现来定。通常，教师在同一所公立学校的教学工作年限是 5 年。I 区域的教师教学工作年限不超过 8 年；II 区域的教师工作年限可以是 10 年。I 区域和 II 区域的流动教师可以轮换到 III 区域或更低区域。当教师从 I 区域和 II 区域轮换到 IV 区域和 V 区域时，他们再回到 I 区域和 II 区域的工作年限为 3 年；当他们轮换到 III 区域时，他们回到 I 区域和 II 区域的工作年限为 2 年。④

从制度对流动地区的划分可知，韩国教师的轮岗体系不仅限于城乡学校间教师的轮换，也包括相同城市的学校间、不同城市的学校间和相同农村地区不同学校间的轮换。1962 年，韩国《教育公务员任用令》第 13 条第 3 项明确指出：为防止任用者或任用提请者所属教育公务员在同一职位或地域上长期出勤而产生倦

---

① Sam-chul P. Effects of School Location on the Shaping of School Organization on Culture in Korea//ISFIRE: Improving Equity in Rural Education [C]. UNE, Armidale NSW, Australia: 2009 SiMERR National Centre, 2009: 189.
② 薛正斌, 刘新科. 日韩中小学教师管理与流动对中国的启示 [J]. 宁夏社会科学, 2009, (2): 143-147.
③ Youn-Kee I. Issues and Tasks of Rotational Teacher System Between Urban and Rural Schools in Korea//城乡教育一体化与教育制度创新——2011 年农村教育国际学术研讨会论文集 [C]. 长春: 东北师范大学, 2011: 23-24.
④ Youn-Kee I. Issues and Tasks of Rotational Teacher System Between Urban and Rural Schools in Korea//城乡教育一体化与教育制度创新——2011 年农村教育国际学术研讨会论文集 [C]. 长春: 东北师范大学, 2011: 23-24.

息，通过实施人事交流计划，可以有效率地履行教师的义务。①

（三）制度实施的保障措施

韩国轮岗制度的实施过程规范，公开透明度高，保证了教师流动的公平。首先，要流动的中小学校长、校监和教师提出申请材料，包括个人的教育背景、工作成果、个人信息和流动意向等。每位教师可以向道教育厅提出4所自己希望流动去的学校。然后，道教育厅主要根据教师流动分，同时考虑其居住地和个人意愿决定教师流动的学校。校长和校监流动到哪所学校不是根据流动划分，而是由道教育厅根据他们的教育经历、工作实绩、居住地、教育需要和个人意愿等方面决定的。②

为了促进城乡教师轮岗制度的实施，韩国政府还制定了有关流动教师待遇，特别是偏远贫困地区教师待遇的政策。1967年，政府颁布了《岛屿、偏僻地区教育振兴法》，给岛屿、偏僻地区的教师提供优先研修的机会，并支付其研修所需经费；给流动到岛屿、偏僻地区学校工作的教师支付岛屿、偏僻地区津贴。③

为激励教师流动到农村地区执教，韩国还实行了加分晋升制度，给流动到农村的教师晋升加分。根据农村地区不同的贫困程度和偏远程度，农村学校将获得不同的教师晋升分值。此项制度在韩国教师激烈的升职竞争中，成为颇具吸引力的行为驱动器，激励了更多的优秀教师申请到农村学校竞争上岗。作为一项经济利益鼓励措施，加分晋升制度很受韩国教师的欢迎和支持。在某种程度上，加分晋升制度的施行缓解了农村优秀教师数量不足的问题。

（四）实施效果与未来任务

韩国城乡教师轮岗制度的施行，对于农村教育的发展起了关键作用，同时实施过程中也产生了一些问题，需要在未来得以补充和完善。

1. 成效显著

从农村学校的立场来看，韩国的城乡教师轮岗制度与相应的激励措施相互补充，共同促进了教师的合理流动。城乡教师轮岗制度是一个人事管理系统，它强

---

① 谢彦红，朴连淑. 韩国中小学教师人事管理制度及其对我国的启示 [J]. 教学与管理, 2006, (6): 77-80.
② 薛正斌，刘新科. 日韩中小学教师管理与流动对中国的启示 [J]. 宁夏社会科学, 2009, (2): 143-147.
③ 王怀宇，张静. 看国外怎样谋划义务教育阶段教育平等 [N]. 中国教育学报, 2006-03-21 (3).

制要求每位教师工作一定时间之后,必须在城市学校和农村学校之间进行轮岗;农村教师的晋升加分制度和特殊待遇措施则是通过鼓励的方式,激发教师自愿到农村任教,为农村学校吸纳更多的优秀教师。很显然,这些制度和措施的实施对于稳定农村教师队伍、改善薄弱学校教育环境、均衡校际和区域间师资差异起了重要作用,尤其在提高农村教师素质和农村教育质量上发挥了巨大作用,进而加快了韩国实现教育公平和教育均衡发展的步伐。在韩国,城乡教师轮岗制度和加分晋升制度被认为是发展未来农村学校必不可少的两项教育制度。

2. 问题凸显

有研究指出,制度在落实的过程中,忽视了为农村学校培养能够识别农村区域文化且适合农村教育的教师,从而阻碍了农村教育的自主发展。①研究者认为,部分教师将轮岗制度安排的农村学校工作视为临时工作,甚至借用城乡轮岗的机会到农村工作,仅仅是为了升职,而并没有认真投入农村教育教学工作中,使得那些对农村工作满腔热忱的教师反而不能到农村学校工作。①据韩国对3214所农村中小学的调查统计,37.5%的教师认为城乡轮岗制度让他们流动到农村工作,25.9%的教师是农村新任教师,15.1%的教师是因农村教师加分晋升制度而到农村支教以便获得加分升职,6.0%的教师是因为其他原因,只有15.5%的教师之所以在农村工作是因为他们喜欢农村学校。①可见,韩国城乡教师轮换制度在实施过程中出现了不少问题,同时也说明了城乡教师轮换工作的复杂性。

3. 未来任务

面临实施中出现的一些问题和争议,韩国政府需要采取措施以保障城乡轮岗制度的高效实施。从提高农村师资水平角度来看,建议实行专门针对农村教师的许可证制度②和农村教师特殊招聘制度③。农村教师是发展农村学校的中坚力量,农村教师的特殊培训、许可和特殊招聘制度可以确保为农村创建适合农村学校的专业教师队伍,从而才能提升农村的师资水平和教育质量。

---

① Youn-Kee I. Towards new directions for Korean rural education policy//ISFIRE:Improving Equity in Rural Education [C]. UNE,Armidale NSW,Australia:2009 SiMERR National Centre,2009:19.

② Woong J J,et al. Study on development of rural education [C]. Rural Education Development Council,2002:61.

③ Youn Kee I. Enactment and application of rural school teacher qualification standard [J]. Korea Teachers' Education Research,2005,22(3):42.

此外，韩国农村学校大多规模较小，没有足够的人力资源服务于当地社区，致使学校的某些学科教师数量不足，也没有专业的健康咨询教师。韩国政府可以尝试在农村地区引进"教育福利工作系统"试点。①在农村地区的中心学校安排教育福利工作者，让他们为农村学生的课外活动和学校住宿生活提供帮助。作为农村学生的咨询者和社会学习者，教育福利工作者需要了解农村学校和农村学生，具备活动设计和操作能力以及咨询能力。

三、对我国的启示

目前，我国基础教育发展不均衡问题也越发突出，主要表现在三个方面：区域之间发展不均衡；同一区域内城乡发展不均衡；同一区域校际发展不均衡。②2003 年《国务院关于进一步加强农村教育工作的决定》的公布，标志着我国教师城乡交流制度的正式启动，该决定明确提出要建立城镇中小学教师到农村任教服务期制度。而韩国实行的城乡教师轮岗制度以及围绕制度实施而展开的各项研究对我国的城乡教师流动具有重要启示意义。

（一）严格教师资格准入，保障轮岗的有效实施

目前，我国教师资格不达标现象仍然存在，尤其是在基础教育落后的偏远贫困地区，教师整体素质偏低，影响了农村教育质量。韩国对教师的资格准入非常严格，不仅规定了教师的本科学历和严格的资格检验与考核，而且获得初步资格的教师在未通过国家的应征考试之前不得从事教育工作，从而尽可能地避免不合格教师的出现。③在此基础上，韩国各道和市的教育机构根据各区域或学校的需求和标准选拔适宜的教师，并安排他们在区域或学校间轮岗工作。韩国的这一做法值得我们深思和借鉴。第一，我国应严把教师资格准入这一关，遵照教师职业许可制度的要求，逐渐清退不合格教师，为专任教师的流动提供空间。第二，应增强教师流动的针对性，根据各地区的具体情况，选拔和配备适宜教师进行对口

---

① Youn-Kee I. Issues and Tasks of Rotational Teacher System Between Urban and Rural Schools in Korea//城乡教育一体化与教育制度创新——2011 年农村教育国际学术研讨会论文集［C］.长春：东北师范大学，2011：25.
② 朱家存.论我国基础教育发展不均衡的成因［J］.全球教育展望，2004，（2）：20-23.
③ 谢彦红，朴连淑.韩国中小学教师人事管理制度及其对我国的启示［J］.教学与管理，2006，（16）：77-80.

支援，如帮助贫困地区培养师资、遴选优秀教师到农村学校讲学等，从而提高城乡教师轮岗工作开展的实效性。

（二）制订教师流动政策，保证轮岗的制度化

从现实情况来看，我国的城乡教师轮岗制度主要以城镇教师支援农村教育为主，是一种支教式的城乡教师交流。这样的教师流动不仅操作程序不规范，缺乏统一的轮岗范围和标准界定明确的教师流动政策和法规，而且管理机制也不够完善，流动的主观随意性很大。韩国城乡教师轮岗制度的操作程序规范性与有序性兼具，公平与效率兼顾，值得我们借鉴：第一，我国的教师人事管理单位可以划定所在区域的轮岗范围和标准，建立区域轮岗机制；第二，还可以根据教师在贫困地区的工作经验考核教师工作业绩，规定教师在贫困地区必需的工作年限和工作经验，使得教师轮岗制度化，实现教育均衡发展。

（三）地域分级管理，促进教师分层流动

从现状来看，我国的教师流动是一种单向的、逆向的流动，即从偏远落后地区流向经济发达地区，从条件薄弱学校流向资源丰富的重点学校，从农村学校流向城市学校，从而造成了教师队伍的流动性失衡，不利于教育资源均衡配置。韩国的城乡教师轮岗制度划分了所有的行政区域，根据不同区域的城市化水平规定教师可以流动的工作年限，同时，也规定了不同类别教师在不同学校的工作时间，实现了区域间、校际和城乡间教师的有序流动。相应的，我国教师的轮换流动应该是多向的，既有区域间的，也有校际和城乡间的。另外，我国也可以实行区域分级管理，制定区域流动机制，划分区域偏僻地区等级，规定不同偏远地区的轮岗工作年限，并给予不同级别的偏远地区补贴。同时，考虑到教师类别不同和水平不同，可以开展教师的分层流动和对口支援，促进轮岗的顺利开展，实现师资均衡配置。

（四）缩小校际待遇差距，减低轮岗实施阻力

当前，我国不同学校教师的待遇差距很大，重点学校教师的总收入远远高于同一区域普通学校和农村学校中相同级别教师的总收入。这种不均衡的校际待遇差距严重挫伤了非重点学校教师工作的积极性，影响了这些学校教师队伍的稳定性，成为实施教师定期流动的最大障碍。韩国的教师管理实行的是教育公务员制，韩国学校不同人员持与自己岗位相匹配的资格证上岗，享有相应资格待遇，没有学校和地域间差异，这为教师的轮岗提供了前提条件。我国应缩小校际

教师待遇差距，可以设立专项基金，给普通学校、薄弱学校教师提供补贴，实现重点学校和普通学校、城市学校和农村学校教师同工同酬，减小轮岗的实施阻力。

（五）建立特殊津贴制度，激励教师自愿轮岗

韩国无论是将教师纳入公务员体系，还是实行城乡教师轮岗制度，都是为了解决教育资源分配不均问题，并由此来实现城乡教师资源共享。我国幅员辽阔，经济社会发展不平衡，不同地域教师的各种福利待遇差别很大，即便将教师变为公务员，城乡教师待遇差距问题仍无法得到根本解决。国家应建立特殊流动津贴制度，在确保教师待遇和收入的基础上，为流动到农村工作的教师提供额外津贴。此外，借鉴韩国实行的农村教师晋升加分制度，我国也可以适当增加农村学校晋级评优的名额比例，或给以适当升职加分，激励教师自愿到农村任教，进而加强我国落后地区的师资建设，促进城乡师资的均衡发展。

第四节　印度农村教师补充政策

印度自20世纪80年代加大初等教育普及工作以来，经过30多年的努力，农村初等教育普及工作取得了显著成效。在印度农村初等教育学校中，初小（1~5年级）和高小（6~8年级）在校学生总人数达到152 821 235人，占全体学生人数的76.7%。农村初等教育学校数量达到1 214 296所，占全部学校总数的85.9%。①印度农村初等教育受教育对象数量的增加和学校规模的不断扩大，对农村师资补充提出了要求。为此，印度政府采取了一系列师资补充与稳定政策和措施，并取得了一定的成效。

---

① Mehta A C. Elementary Education in Rural India Where do We Stand? Analytical tables 2011-2012 [EB/OL]. http://www.dise.in/Downloads/Publications/Publications%202011-12/Elementary%20Education%20in%20Rural%20India.pdf [2012-11-12].

本书依据印度国家教育规划与管理大学（National University of Educational Planning and Administration）发布的《印度农村初等教育：我们站在哪里？2011—2012年度分析》等重要文献，发现印度农村初等教育教师短缺存在以下几方面的问题。一是教师数量不足。印度农村存在大量小规模学校，平均生师比却和城市相差不多，存在大量学科教师缺乏现象。据统计，在印度农村学校，有39.75%的学校教师人数不足三人。①二是比例失调。68.57%地区的男教师多于女教师，17.1%地区的男教师人数是女教师人数的两倍以上，女性教师少。①另外，学科教师和特殊文化背景教师缺乏。除了存在"一师多学科、多年级"的情况外，印度某些种姓教师配置不足。三是专业水平不高。教师专业发展受限是主因。印度农村学校高学历教师不在少数，但教师的专业发展不足。很多农村教师存在教学方式单一的问题。据统计，有50%的课堂教学以教师板书、口头宣讲、让学生做书面作业、提问、检查书面作业等传统课堂教学活动为主，而以学生为中心的课堂教学活动比较少。②四是教师队伍不稳定。其主要表现在教师向城市的流动性大、合同教师频繁更替和缺勤问题突出三个方面。

一、印度农村初等教育教师短缺困境

（一）非标准化学校教学，教师压力大、保留难

多学科和多年级教学增加了教师的工作量和工作难度。在印度农村，人口分布广，小规模学校比较多。2004—2011年，印度农村初等学校中，小规模学校（学生数不超过100人）从426 472所增加到698 120所，增长比例达到了61.98%。在一些小规模学校，由于教师数量少，一个教师要同时教授几门课程或者同时承担几个年级的教学工作，进行复式教学。印度农村初等教育两个年级的课堂教学调查显示，有一半以上的课堂存在复式教学现象，甚至有的地区复式教学的班级比例超过了80%。③学科内容的复杂性以及年级教学的跨越性无

---

① Mehta A C. Elementary Education in Rural India Where do We Stand? Analytical tables 2011-2012 [EB/OL]. http://www.dise.in/Downloads/Publications/Publications%202011-12/Elementary%20Education%20in%20Rural%20India.pdf [2012-11-21].

② Bhattacharjea S, Wadhwa W, Banerji R. Inside Primary Schools: A study of teaching and learning in rural India [EB/OL]. http://images2.asercentre.org/.../tl_study_print_ready_version_oct_7_2011.pdf [2012-12-20].

③ Pratham. Annual Status of Education Report（Rural）2011 [EB/OL]. http://pratham.org/images/Aser-2011-report.pdf [2012-10-21].

疑给教师的备课、教学材料的准备、课堂教学的组织与管理等方面带来了巨大压力。

大班额教学增加了教师的工作负担。据统计，目前印度农村初等教育学校的平均班额为 30 人，从班级规模来看比较理想。但仍有 28.6%的地区的班额超过全国均值水平，甚至有些地区的平均班额达到了 78 人。[①]大班额教学意味着教师要面对更多的受教育对象开展教育教学工作，无疑增加了教师的工作负担。

（二）工作环境艰苦，难以吸引和留住教师

印度农村教师的工作环境非常艰苦，主要表现在以下两个方面。

第一，印度教师工作条件差。一般农村学校地处偏远，交通不便，教师上下班乘车困难且交通费用高，基本的住宿条件无法得到保障，这些大大降低了教师选择在农村任教的意愿。由于传统文化的束缚，女性一般会选择离家较近的地方工作，再加上住宿环境的限制，女性的人身安全无法得到保障，她们选择在农村任教的意愿更低。

第二，印度学校基础设施匮乏。据统计，农村学校中，1.52%的学校没有校舍，45.71%的学校没有围墙，45.63%的学校没有运动场，48.41%的学校没有图书馆，83.85%的学校没有计算机，6.04%的学校没有饮用水，16.45%的学校没有女厕所，58.42%的学校没有通电，20.93%的学校教室需要不同程度的修缮。[①]恶劣的工作环境使教师对农村教师岗位望而却步，即便选择了这一岗位，也很难长期留任，这必将影响教师队伍的稳定。

（三）激励措施不足，降低了教师职业发展的动力

印度教师薪酬制度不合理。一方面，教师薪酬差距大，同工不同酬，合同教师薪酬低。一般而言，合同教师薪酬是正式教师薪酬的 35%，印度第六届薪酬委员会提出提高正式教师工资的建议，印度合同教师薪酬水平有可能降到正式教师薪酬水平的 25%。[②]另一方面，教师的薪酬主要与学历挂钩，与所学专业和所教的课程有关。[③]教师实际的工作表现一般不纳到教师薪酬评价体系中。

教师职务晋升机会少。农村大多数教师在教学岗位工作多年后直接退休，大

---

① Mehta A C. Elementary Education in Rural India Where do We Stand? Analytical tables 2011-2012 [EB/OL]. http://www.dise.in/Downloads/Publications/Publications%202011-12/Elementary%20Education%20in%20Rural%20India.pdf [2012-11-12].

② Atherton P, Kingdon G. The relative effectiveness of regular and 'para' teachers in India [EB/OL]. http://www.isid.ac.in/~pu/conference/dec_09_conf/Papers/PaulAtherton.pdf [2012-12-18].

③ 杨洪.印度教师的地位 [J].贵州教育学院学报（社会科学版），2002，(5)：20-23.

部分教师没有晋升机会。由于传统文化观念对女性社会角色规范的制约及缺乏女性领导者的积极示范作用，女教师晋升的机会少之又少，她们中成为校长或教育管理者的人有限。①同时，晋升标准资历化、政治化、受裙带关系影响，忽视教师实际的工作表现。②

（四）培训体系不完善，影响了教师专业素质的发展

印度农村教师在职培训机会少。据统计，印度农村教师中只有38.38%的教师有接受在职培训的机会。在被调查的35个地区中，有26个地区教师接受在职培训的比例低于50%，有些地区教师接受在职培训的比例甚至不到10%。③

培训内容远离农村教师实际工作情境。据统计，只有6.2%的农村教师表示培训内容与教师专业发展有极大的相关性。④特别是农村教师需要经常面对多语言、多种文化背景、多年级、多年龄、多学科教学的实践困境，他们急需获得适切性的帮助与指导。而传统的师资培训主要是国家统一规定的学科知识和教学技术的培训，忽视了对农村教师特殊需要的关注。

培训者素质不高。由于缺乏初等教育工作的实践经验，培训者缺乏专业的培训知识与技术，缺乏对初等教育教师及其教学的正确认识，再加上缺乏到农村学校培训的意愿，由他们提供的培训，其培训质量可想而知。

二、印度农村初等教育教师补充的策略

面对农村初等教育教师发展的困境，印度一直不断探索多样化教师补充策略，具体措施如下。

---

① Jackle K. The Impact of Women Teacher on Girls' Education-Advocacy Brief [R]. Bangkok: UNESCO Bangkok, 2006: 5.
② Narayan K, Mooij J. Solutions to teacher absenteeism in rural government primary schools in India: A comparison of management approaches [J]. The open Education Journal, 2010, (3): 63-71.
③ Mehta A C. Elementary Education in Rural India Where do We Stand? Analytical tables 2011-2012 [EB/OL]. http://www.dise.in/Downloads/Publications/Publications%202011-12/Elementary%20Education%20in%20Rural%20India.pdf [2012-11-12].
④ 于海英, 秦玉友. 印度农村初等教育教师在职培训政策研究 [J]. 外国中小学教育, 2011, (12): 40-43.

(一)科学统筹,合理配置教师资源

建立区域教育信息数据库。具体而言,区域教育信息数据库涵盖以下信息:第一,建立超编和缺编学校数据库;第二,建立岗位空缺数据库;第三,建立学科教师空缺数据库;第四,建立女教师及其他类型教师数据库等。①以此作为教师资源配置和调动的重要依据。

合理配置教师数量。首先,印度政府详细规定了初等教育的生师比。如1~5年级班级规模在60人以内的学校,应该配备2名教师;班级规模为61~90人的学校,应该配备3名教师;班级规模为91~120人的学校,应该配备4名教师;班级规模为121~200人的学校,应配备5名教师;班级规模超过200人的学校,生师比应低于40∶1;6~8年级的生师比应维持在25∶1。②其次,取消单师学校,保证每所学校至少有2名教师。如提出"改变单师学校的情况,为只有1位教师的学校增派1名教师,并尽可能保证其中1人是女教师"。③最后,规定每个班级至少有一名教师。①

合理调整师资结构。①补充女教师。如提出"针对单师以及跨年级教学的情况,补充教师,其中2/3新雇佣的教师为女教师"。④②补充特殊身份教师。如招聘"表列种姓"身份的教师,同时鼓励受过教育并有美好发展前途的"表列部落"的年轻人参与培训,从事部落地区的教学工作。⑤

(二)改善工作环境,吸纳更多教师投身教学工作

加大对基础设施的投入。印度普及基础教育计划(Sarva Shiksha Abhiyan,SSA)提出,从2010年起,每年给基础教育学校划拨三类经费:①学校维修经

---

① Ministry of Human Resource and Development. Sarva Shiksha Abhiyan: Framework for implementation based on the Right of Children to Free and Compulsory Education Act 2009 [R]. New Delhi: Government of India, 2011: 5, 36, 71, 75.

② Ministry of Law and Justice. The Right of Children to Free and Compulsory Education Bill, 2009 [Z]. New Delhi: Government of India, 2009: 12, 13.

③ 张乐天. 发展中国家农村教育补偿政策实施状况及其比较——中国、印度、马来西亚、尼泊尔四国案例分析 [J]. 比较教育研究, 2006, (11): 50-54.

④ Planning Commission. Eleventh Five Year Plan2007-2012 [Z]. New Delhi: Oxford University, 2008: 10. 11. 20. 83.

⑤ Singh S A. National Policy on Education (with modifications undertaken in 1992) [EB/OL]. http://www.ncert.nic.in/oth_anoun/npe86.pdf [2013-03-14].

费,用于学校校舍、厕所、围墙、运动场等的维修。根据学校班级数量的多少,每所学校每年可获得 5000~10 000 卢比①不等;②学校发展经费,用于学校黑板、桌椅、坐垫、粉笔、登记簿和其他办公设备的购买。初小学校每年可获得 5000 卢比,高小学校每年可获得 7000 卢比,小学学校可获得 5000~7000 卢比;③教师学习材料经费,用于购买教学挂图与教具等。每名教师每年可获得 500 卢比。②

提出基础设施建设的基本标准。其包括办公室、商店和校长室;独立的男女生厕所;安全足够的饮水设备;运动场;学校要有围墙或防护栏。此外,每个学校应该有一所能够提供报纸、期刊、各科教学用书以及故事书的图书馆,每个班级都要有教师学习材料。③

为教师提供住房或者工作补贴。如提出为部落和偏远地区教师提供住房④,为教师提供生活补贴、山区补贴以及住房补贴,以此激发教师到农村,特别是到偏远农村地区任教。⑤

(三)完善培训体系,加强教师专业水平的建设

实行教师任职资格标准化。2010 年 8 月,印度颁布了《教师任职最低资格标准》(Minimum Qualification for Appointment as a Teacher),依据这一标准,印度政府计划用五年的时间,通过在职培训计划,培训所有未接受过任何培训的初等教育教师,提升其专业水平,使全体在职教师符合任职资格规定。⑥

加强培训内容的针对性。①设置统一而灵活的培训内容。2009 年 10 月,印度颁布了新一轮的《教师教育国家课程框架》(National Curriculum Framework for

---

① 1 印度卢比≈0.10 人民币(2019 年 8 月 21 日汇率)。

② Accountability Initiative Centre for Policy Research. PAISA2011-Do Schools Get Their Money?[EB/OL]. http://images2.asercentre.org/homepage/tl_study_print_ready_version_oct_7_2011.pdf[2013-3-13].

③ Ministry of Law and Justice. The Right of Children to Free and Compulsory Education Bill, 2009[Z]. New Delhi:Government of India, 2009:12, 13.

④ Planning Commission. Eleventh Five Year Plan2007-2012[Z]. New Delhi:Oxford University, 2008:10, 11, 20, 83.

⑤ Fagernas S, Pelkonen P. Getting Teachers to Remote Locations:Skills Versus Preferences[EB/OL]. http://www.isid.ac.in/~pu/conference/dec_10_conf/Papers/SonjaFagernas.pdf[2013-02-22].

⑥ Ministry of Human Resource and Development. Sarva Shiksha Abhiyan:Framework for implementation based on the Right of Children to Free and Compulsory Education Act 2009[R]. New Delhi:Government of India, 2011:5, 36, 71, 75.

Teacher Education，NCFTE）。该框架在统一规定教师培训内容的同时，要求地方教师培训机构根据培训对象、培训目标的不同，确定具有层级化和差异性的培训内容。②了解教师需求，每年更新培训内容，研究开发教师培训资料，特别是关于学生发展、学生知识、社区知识和最新教学方法的资料。[①]③建立情境指导模式。2007—2011年，印度拉贾斯坦邦巴兰地区建立了"基于学校现场"的教师教育指导模式，培训者深入农村学校及教师课堂实际，进行现场教学诊断，在倾听教师意见的基础上，为教师提供教学处方。[②]④提供特殊培训。如具有"表列种姓""表列部落"身份的学生有着社会背景、语言、文化表现上的差异，这就需要对教师进行特殊培训，包括语言培训、文化敏感性培训以及教学方法培训等。[①]

加强对培训者的选拔与培训。第一，选拔培训者时，侧重对候选人教学背景和品质的关注。如印度古吉拉特邦提出放宽招募标准，以吸引资历虽差但热情的年轻人进入地区教育培训学院职位。[③]第二，加强对培训者的培训，如为他们提供在职进修课程、奖学金资助计划等。[④]

（四）探索多元途径，扩大和稳定教师队伍

首先，吸纳相关人员，拓宽师资队伍。印度政府从当地选拔知识青年，充实教师队伍。地方知识青年来源于当地村庄或社区，懂得地方语言，因此，他们在促进社区与学校沟通以及促进学校有序运转方面具有独特的优势。[⑤]另外，对于某些教师数量急缺的学科，可以考虑返聘退休教师。由于退休教师有多年的工作经历，他们不需培训可以直接上岗，能够迅速补充学科教师岗位的空缺。[⑥]其

---

① Ministry of Human Resource and Development. Sarva Shiksha Abhiyan：Framework for implementation based on the Right of Children to Free and Compulsory Education Act 2009［R］. New Delhi：Government of India，2011：5，36，71，75.

② Saigal A. Demonstrating a situated learning approach for in-service teacher education in rural India：The quality eduation programme in Rajasthan［J］. Teaching and Teacher Education，2012，（28）：1009-1017.

③ 于海英，秦玉友. 印度农村初等教育教师在职培训政策研究［J］. 外国中小学教育，2011，（12）：40-43.

④ Planning Commission. Eleventh Five Year Plan2007-2012［Z］. New Delhi：Oxford University，2008：10，11，20，83.

⑤ R. Govinda. Y. Josephine. Para Teachers in India：A Review［R］. New Delhi：UNESCO，2004. 19.

⑥ Planning Commission. Eleventh Five Year Plan2007-2012［Z］. New Delhi：Oxford University，2008：10，11，20，83.

次，采取有效激励措施，稳定教师队伍。为了留住优秀合同教师在农村任教，印度政府一方面努力提高合同教师薪酬，另一方面建立优秀合同教师转正制度。如2007年，查谟-克什米尔邦将合同教师薪酬提高到正式教师薪酬的68%。[①]古吉拉特邦、中央邦和拉贾斯坦邦合同规定，对于代课满3~8年的优秀合同教师可以直接将其纳入正式教师队伍。[②]最后，建立基于工作表现的教师评价体系。如印度拉贾斯坦邦的乌代布尔市在27个月的持续试验过程中所采取的薪酬奖励措施在激励教师工作投入度方面效果是显著的，使教师缺席率从44%下降到27%，学生的测验成绩也得到了提高。[③]

三、对我国的启示

印度与我国同属亚洲发展中的大国，国情和教育有诸多相似之处。在师资补充方面，印度的许多做法值得我们学习和借鉴。

（一）建立区域教育信息数据库，科学配置师资

首先，在全国范围内，应建立区域教育信息数据库，涵盖农村师资数量、结构、岗位空缺以及教师调动与离职等相关信息，为科学配置师资提供依据。其次，在教师资源配置方面，应综合考量生师比、师校比和班师比多个因素。除了考虑生师比之外，印度政府从政策上还规定每所学校至少要有2名教师，每个班级至少要有1名教师。对师校比的规定，印度充分考虑到了农村单师学校教学的弊端，能够有效抑制因学校唯一一名教师缺勤导致课堂教学无法正常开展问题的发生，能够减少教师工作中的孤独感，为教师提供同伴支持，能够增加学生与教师互动的机会以及帮助学生获得更多的教学信息资源。对班师比的规定有利于教师更好地投入课堂教学质量提升的工作中。目前，我国在教师资源配置方面主要依据生师比。但由于我国农村学校布局分散，小规模学校比较多，如果仅以生师比作为教师资源配置依据，无法满足农村学生学习与发展的实际需要。最后，印

[①] Kingdon G G. Sipahimalani-rao V. Para-Teachers in India: Status and Impact [J]. Economic&Political Weekly, 2010, (12): 59-67.

[②] 孙来勤，秦玉友. 印度代课教师：概况、争议及趋向 [J]. 外国教育研究，2011，(6): 71-75.

[③] Narayan K, Mooij J. Solutions to teacher absenteeism in rural government primary schools in India: A comparison of management approaches [J]. The Open Education Journal, 2010, (3): 63-71.

度政府重视发挥女教师在教育中的作用，多次通过教育立法的方式，给予女教师优先发展的权力，以期增加女教师在教师队伍中的数量，这将为我国农村教师队伍女教师不足问题的解决提供重要的经验和依据。

（二）创设良好工作环境，激发教师工作热情

农村教育岗位对优秀人才是否具有现实的吸引力，使他们愿意来，并且能够长期在农村任教，很重要的一个方面在于农村教师工作环境的整体面貌。首先，应加强农村学校基础设施建设。我国应继续推进农村学校标准化建设，尽快促使农村学校基础设施达标，保证每一所农村学校具备完成正常教学所应拥有的教室、运动场、图书室、办公室、水、电、教学仪器、教学用书等基本条件。其次，加快农村教师住房条件的改善。目前，我国多数农村教师既无建房的宅基地，又不能享受城镇职工经济适用房或廉租房等房改优惠政策，其住房条件无法得到保障。[1]为此，国家应着手加强农村教师住房建设，使教师安居乐教。最后，还要考虑为教师提供住房补贴、交通补贴、偏远地区补贴等，以留住更多优秀教师在农村任教。

（三）加强在职培训，提高培训指导的适切性

首先，增加农村教师培训机会。目前我国农村教师参加各类培训的机会均少于城市教师，且针对农村教师的培训多以专项骨干教师培训为主。[2]我们还要积极探索并建立针对全体农村教师的常规化、连续性和稳定性的培训支持体制。其次，培训中要正确处理培训的普及性与特殊性的关系。相对于印度而言，我国教育部于2011年10月颁布并开始实施《教师教育课程标准（试行）》，然而如何在确保教师培训基本质量的同时，更好地满足农村教师的发展需要，还需要进一步尝试与探索。最后，建立情境培训指导模式。我国的师资培训方式以集中讲座式为主，讲座式统一、僵化的培训方式降低了教师参与培训的意愿，培训的效果也不明显。为此，探索出地方化和具有情境依存性的教师培训模式是提高农村教师培训质量的关键。此外，从组织者来源上看，目前我国主持集中培训的大多是专家学者，他们中有的人对中小学教育教学实践不够了解，无法针对教师日常教学

---

[1] 王智超. 农村中小学教师队伍建设困境与对策研究[J]. 东北师大学报（哲学社会科学版），2009，(4)：83-89.

[2] 陈向明，王志明. 义务教育阶段教师培训调查：现状、问题与建议[J]. 开放教育研究，2013，(4)：11-19.

面临的困难提供有针对性的帮助。①从专业素质来看,如果培训机会少,培训内容针对性不强,会限制参与培训人员素质的提高。为此,一方面,应吸纳优秀中小学教师进入师资培训者队伍;另一方面,应加强对培训者的培训,切实提高培训者素质。

(四)拓宽师资来源,稳定教师队伍

应吸纳地方知识青年进入教师队伍。我国正在实行师范生免费教育政策,特别为那些愿意致力于地方农村教育事业的农村贫困学生免费提供接受高等教育的机会,在一定程度上缓解了农村师资补充困难及师资质量不高的问题。

另外,聘请部分身体健康并且愿意为农村教育服务的退休教师到校任教,能够缓解学科教师紧缺的压力。

在拓宽师资来源的同时,还要采取有效激励措施来稳定教师队伍。我国从2009年1月1日起实施义务教育教师绩效工资制度,并且建立了相对合理的绩效考核内容,但还存在政策落实迟缓、部分地区绩效工资低水平兑现以及各地绩效工资标准差距大等问题。②为此,我国要加快相关配套支持机制的建立与完善,以此更好地推动教师绩效工资政策的落实。

要构建人性化的合同教师使用机制。对于合同教师的使用,我国与印度的做法不同。印度主要采取鼓励和支持政策,并进行地方性试点,提高合同教师薪酬或建立优秀合同教师转正制度。而我国主要采取"一刀切"模式,要求在短期内清退全部合同教师。实际上,合同教师的使用能够在一定程度上缓解农村师资短缺的现状,"一刀切"模式忽视了合同教师存在的现实基础。印度的做法为我国构建人性化的合同教师使用机制提供了经验。

---

① 陈向明,王志明.义务教育阶段教师培训调查:现状、问题与建议[J].开放教育研究,2013,(4):11-19.
② 庞丽娟,韩小雨,谢云丽,等.完善机制落实义务教育教师绩效工资政策[J].教育研究,2010,(4):40-44.

第四章

我国农村教师补充现状的调查分析

　　了解农村义务教育教师基本情况、剖析农村义务教育教师补充的现状是开展农村义务教育教师补充相关理论研究和政策制定的基础，同时也是本书的重要依据和基本内容。调研分析方法可以为农村义务教育教师补充问题的现状描述、规律挖掘、模型建构和对策提出提供扎实的数据支撑和现实依据。在此，我们选择对特岗教师、免费师范生、农村教师流动三个主题进行调研，通过对这三个主题的分析，来扫描我国农村教师补充的现状，探讨农村义务教育教师补充存在的问题与改善策略。

第一节　特岗教师调查报告

我国正处在教育改革和发展的关键时期。在这个时期，农村教育所占的地位举足轻重。提高农村义务教育质量不仅是社会公平正义的要求，更是提升国家综合竞争力的需要。提高教育质量的关键在于教师，促进教育公平的前提是师资。[①]师资问题是制约当前我国农村教育发展的一大瓶颈。我国农村教育发展能否满足人民群众日益增长的对高质量教育的需求，关键在于能否建成一支高质量的农村教师队伍。当前，我国农村学校面临着教师队伍总体质量不高、大量教师单向流出、优质师资补充不利等诸多问题，严重制约着我国农村教育事业的发展。

农村教育问题、农村教师问题是世界范围内的共性问题。世界上很多国家和地区，尤其是发展中国家都普遍面临着农村教师岗位吸引力不足、农村学校教师数量短缺等问题。为了吸引和留住农村教师，很多国家在增加工资、提高福利、发放补贴、优先进修、加速晋级等方面制定了相应的政策和制度。我国为了加强农村教师队伍建设，为农村学校补充高质量的师资，于 2006 年启动了"特岗计划"。"特岗计划"招聘高校毕业生到中西部农村地区任教，这对于充实农村学校师资力量、加强农村教师队伍建设、引导和促进高校毕业生就业等都具有重要意义。

一、"特岗计划"的产生背景

（一）我国进行人才强国建设对农村教育发展提出了更高要求

人才是社会文明进步、人民富裕幸福、国家繁荣昌盛的重要推动力量。我国

[①]　管培俊. 我国教师队伍建设的历程与展望 [J]. 北京教育学院学报，2010，(1)：4-8.

一向重视人才建设，2010年颁布的《国家中长期人才发展规划纲要（2010—2020年）》明确指出："必须大力提高国民素质，在继续发挥我国人力资源优势的同时，加快形成我国人才竞争比较优势，逐步实现由人力资源大国向人才强国的转变。"①教育是影响人才培养质量的关键因素，是进行人才强国建设的重要基石。我国要实现从人力资源大国向人才强国转变，就必须要关注教育，重视教育，发展教育。

我国幅员辽阔，各地区经济和社会发展存在一定差异，不同地区之间、城乡之间的教育质量也存在着不同程度的差异。现阶段，农村地区仍是我国社会发展的薄弱地区，农村地区教育水平整体偏低。中国人口众多，超过半数人生活在农村，一半以上的学龄儿童也在农村。农村教育是农村的希望。农村教育发展了，农民素质提高了，就会形成巨大的人力资源优势；相反，如果农村教育跟不上，众多的人口就会成为发展的巨大阻力。②农村教育对于我国经济和社会发展具有基础性、先导性和全局性的重要作用。只有大力发展我国农村教育，提升农村教育质量，提高农村人口的综合素质，形成巨大的人力资源优势，才能促进我国人才强国目标的实现，加快我国现代化的步伐。大力发展农村教育事业是我国从人力资源大国向人才强国转变的必然要求，是我国实现社会进步、民族复兴的必然选择。

（二）农村教师队伍现状无法充分满足农村教育发展需要

百年大计，教育为本。教育大计，教师为本。教师是教育事业发展的基础，是提高教育质量的关键。在教育事业发展过程中，教师队伍建设总是处于最核心的地位。我们无论怎样强调教学质量，亦即教师质量的重要性都不会过分。③我国教育现代化的重点在于农村，难点也在于农村，解决农村教育问题的关键是农村教师。④加强农村教师队伍建设是我国推动农村教育事业发展的重中之重。因此，《国务院关于加强教师队伍建设的意见》指出，中小学教师队伍建设要以农村教师为重点，采取倾斜政策，切实增强农村教师职业吸引力，激励更多优秀人

---

① 国家中长期人才发展规划纲要（2010—2020年）[EB/OL]. http://www.gov.cn/jrzg/2010-06/06/content_1621777.htm [2010-06-06].
② 温家宝. 一定要把农村教育办得更好 [N]. 人民日报, 2011-09-09（2）.
③ 联合国教科文组织. 教育——财富蕴藏中 [M]. 联合国教科文组织总部中文科译. 北京：教育科学出版社, 1996：139.
④ 袁贵仁. 解决农村教育问题的关键是农村教师 [EB/OL]. http://news.xinhuanet.com/edu/2012-09/06/c_112988862.htm [2012-09-06].

才到农村从教。《国家中长期教育改革和发展规划纲要（2010—2020年）》也指出，要创新农村教师补充机制，完善制度政策，吸引更多优秀人才从教。

当前，我国农村教师队伍建设存在着师资结构不合理、骨干教师流失严重、优质师资补充不利等诸多问题。例如，一些学校男女教师比例悬殊，甚至有的学校几十名教师中只有一名男教师；一些学校严重缺乏音乐、体育、美术等学科的专任教师，这些学科的课程经常由其他学科教师兼任；一些农村学校面临着骨干教师流失严重的问题，这些优质师资流出农村学校后，很难得到及时、有效补充。据对我国中部某省的调查，2001—2005年流失的教师占教师总数的6%，且流失数量呈逐年上升趋势，流失教师中，65%是骨干教师，还有学校的中层领导、学科带头人等。另外，受财政、编制等因素影响，部分地方存在比较严重的"有编不补""有编难补""无编可补"情况，毕业生下不去，合格教师进不来，连续多年不补充或者不按照正常渠道补充新教师。①总之，当前我国农村教师队伍结构还不尽合理，农村教师队伍整体素质还有待提高，农村教师的职业吸引力还有待提升。我国农村教育发展迫切需要一支数量充足、质量合格的农村教师队伍。

（三）我国农村教师队伍建设的新举措——"特岗计划"的启动实施

为了提高农村教育质量，加强农村教师队伍建设，国家推出了一系列补充农村教师的新措施。这些措施主要有"大学生志愿服务西部计划""农村学校教育硕士师资培养计划""师范生免费教育政策"等。2006年推出的"特岗计划"也属于这类政策，是这些举措中非常重要的一项政策。"特岗计划"的政策设计以合同管理的方式绕开了编制障碍，由中央财政直接资助，并采取先进后出的办法，克服了地方财政、编制紧张等困难。"特岗计划"的政策设计正好针对农村教师队伍的突出问题，抓住了关键因素。由中央财政支持，公开招聘录用高校毕业生到农村学校从教，解决了农村教师紧缺而高校毕业生不愿意去或去不了、合格教师补充不上的两难困境，一举打通了合格人才进入农村学校的通道。①这一重大举措对改变广大农村特别是偏远乡村落后的教育现状具有十分重要的意义和作用，成为义务教育均衡发展的新举措，也是促进教育公平的新支点。②"特岗计划"作为我国农村教师队伍建设的一项新举措，是我国农村教师补充机制的一种创新，对我国农村教育发展具有重大意义。

---

① 邬跃，赵建军.对农村教师特岗计划的几点认识[J].中国民族教育，2009，(Z1)：20-21.
② 高润青."特岗计划"：促进教育公平的新支点[J].教育研究与实验，2011，(6)：12-16.

二、调研目的、对象及工具

(一)调研目的

"特岗计划"的实施对于充实和壮大我国农村义务教育阶段学校师资队伍力量、促进我国农村教育发展具有非常积极的推动作用。特岗教师的工作、生活状况以及他们聘任期满后的去向等问题都受到了大家的广泛关注。为了了解特岗教师的工作与生活现状,总结"特岗计划"实施的成功经验,分析其中的不足与问题,更好地推动和优化"特岗计划"的实施,笔者所在团队——东北师范大学农村教育研究院曾于2012年10—11月开展了为期2周的实地调研。具体来看,这次调查主要关注以下几个方面。

1) 实施"特岗计划"最重要的目的之一就是为了改善农村教师队伍的结构困境,充实农村学校的师资力量。因此,调研关注特岗教师给当地的学校和学生带来了哪些变化、特岗教师的到来对于加强农村教师队伍建设的效果如何等问题。

2) 特岗教师队伍的整体状况。谁来当特岗教师?特岗教师的年龄结构、性别结构、学科结构是什么样的?对这些问题的考察不仅是为了对特岗教师队伍的整体情况有一个基本的了解,还可以为分析特岗教师的工作、学习与流动意愿等问题提供背景和依据。

3) 特岗教师的工作适应与发展。特岗教师大部分是刚从高校毕业的大学生,角色的转换、工作地点的转移对他们的影响如何?特岗教师能否适应、胜任农村学校的教学工作?特岗教师对自己的工作是否满意?特岗教师的专业发展情况如何?这些问题不仅关系着农村学校的教育教学质量,也关系着特岗教师的工作状态与未来发展。

4) 特岗教师的工资与福利情况。特岗教师的工资水平如何,能否及时发放,能否满足日常生活需要?特岗教师能否享受必要的福利待遇?这些问题是都是影响特岗教师生活与工作的关键因素,也是特岗教师和社会各界普遍关注的重要问题。

5) 特岗教师的日常生活状态。任何一项涉及人的政策都需要把人放在现实的、具体的生活视野中加以审视,"特岗计划"也不例外。为特岗教师提供基本的、有保障的物质生活条件支持,是他们更好地从事特岗工作的必要条件。住房、交通、婚恋等问题都是影响特岗教师日常生活状态的重要因素。

6) 特岗教师的稳定与流动情况。"特岗计划"是一种农村教师补充机制,特岗教师的稳定与流动直接关系到补充的效果。特岗教师对于转正时间和转正标准有什么样的认识和期待？特岗教师在聘任期满后会选择什么样的去向？这些都是最终影响和制约"特岗计划"实施成效的重要问题。

（二）调研对象

"特岗计划"是针对我国中西部地区的农村义务教育政策，因此，本次调研选择的地点分布在我国中西部的农村地区。在调研省份的选取上主要考虑进入"特岗计划"实施范围的时间、地理区位及地形、经济发展水平、人口民族情况等因素。为了提高样本的代表性，我们选取调研省份时兼顾了不同年份进入"特岗计划"实施范围的地区、中部地区和西部地区、高原地区和平原地区、经济较发达地区和欠发达地区、少数民族地区和非少数民族地区。根据样本抽取原则，我们选取了6个省份作为调研地区。在调研所选取的省份之中，我们各选取了一个与该省份平均发展水平相当的县作为调研样本县；在所调研的县内，分别抽取城关镇、乡镇、村屯的若干小学和初中作为调研样本学校。在学校地点的选择上，我们尽量涵盖交通状况非常好、交通状况一般和交通状况非常差的学校；在学校规模的选择上，尽量涵盖大规模学校、中等规模学校和小规模学校；在学校整体质量选择上，尽量涵盖优质学校、一般学校和薄弱学校。

本次调研采集到的特岗教师样本共有176个，其中，完全中学教师样本17个、初级中学61个、九年一贯制学校15个、中心小学58个、村小25个。本次调研采取的是实地调查方式，虽然走访了大量学校，但是每所学校内的特岗教师数量相对较少，因此样本容量比较小。在实地调查的过程中，除了对特岗教师进行问卷调查和深入访谈之外，我们也尽量与当地教育局、学校、学生进行广泛交流，尽可能全面、深入地了解特岗教师相关情况，为相关问题的分析提供有力支撑。为了对特岗教师有更加全面的认识，我们对聘任期满后转正的特岗教师也进行了调查。特岗教师入职时间及任教学校分布情况如表4.1所示。

表4.1 特岗教师入职时间及任教学校分布情况统计表　　　　（单位：人）

类别	1年	2年	3年	4年	5年	6年	合计
完全中学	1	8	5	3	0	0	17
初级中学	5	10	19	27	0	0	61
九年一贯制学校	6	7	1	1	0	0	15
中心小学	13	20	10	13	1	1	58
村小	6	7	6	4	2	0	25
合计	31	52	41	48	3	1	176

（三）调研工具

在调研准备期间，研究团队在对"特岗计划"实施以来的研究文献进行梳理分析的基础上，参考、借鉴了其他关于农村教师问题的研究成果，对"特岗教师"问题进行了系统的理论思考。根据相关的文献综述和理论准备，我们初步设计了一套调研工具。在听取相关专家的建议后，我们对调研工具做了修订和完善。2012 年 7 月，研究团队赴某县对特岗教师问题进行了试调研，向当地农村中小学校长和特岗教师等了解相关具体情况。根据校长和教师反映的情况、问题和提出的建议，我们与相关专家学者反复讨论，对调研工具做了进一步的修订和完善，形成了最终的调研工具。

调研工具主要包括调查表、调查问卷、访谈提纲等。其中，调查表为学校调查表，问卷包括校长问卷和教师问卷，访谈提纲包括对教育局负责人、校长的访谈和对特岗教师的访谈提纲。为了能够尽量全面深入地来审视特岗教师相关问题，做到静态分析和动态分析相结合、局部分析和整体分析相结合，在调研过程中，我们还搜集了与特岗教师相关的政策、文件、数据等资料。

三、"特岗教师"相关问题的调查与分析

本书根据实地调查结果，对"特岗计划"的实施现状加以描述，对特岗教师的队伍概况、入岗动机、工作状态、生活状况、工资福利、未来去向等问题进行分析。

（一）特岗教师队伍概况

"特岗计划"的问题主要就是特岗教师的问题，特岗教师队伍的质量直接关系到"特岗计划"的实施效果。因此，我们有必要对特岗教师队伍的一般概况加以考察，深化对特岗教师群体的了解和认识，为进一步优化农村教师队伍结构、提升农村教师队伍质量提供依据。

1. 特岗教师队伍的自然情况

（1）特岗教师队伍中女教师所占比例明显高于男教师

教师性别结构是呈现和说明男、女教师数量差异及其功能关系、影响教育教学活动开展及其质量效率的潜在因素，也是影响学生人格成长及身心健康发展的

重要内容。①特岗教师队伍的性别结构是反映特岗教师群体自然情况的重要维度之一，也是衡量特岗教师队伍结构质量的重要指标。通过对所选样本学校特岗教师的性别情况进行统计与分析，我们发现，男、女特岗教师分别占特岗教师样本总数的 35.6%和 64.4%（图 4.1）。可以看出，特岗教师队伍中女教师所占的比例比较高，女特岗教师人数明显多于男特岗教师人数。在调查中我们也发现，很多学校的女特岗教师人数较多，而男特岗教师人数相对较少。例如，某小学 3 年中共引进 16 名特岗教师，其中只有 2 名男教师，比例悬殊。总之，在特岗教师队伍中，教师性别比例差距过大是一个普遍现象，特岗教师队伍的性别比例结构还需要得到进一步优化。

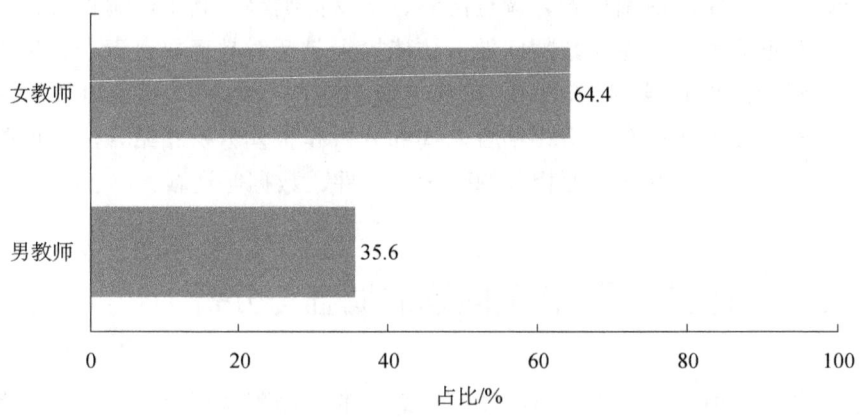

图 4.1　特岗教师队伍性别比例

（2）特岗教师的年龄主要分布在 25 周岁左右，基本呈正态分布

教师的年龄分布也是衡量教师队伍结构的重要指标，是影响教师队伍整体质量的重要因素。"特岗计划"从 2006 年开始实施，招聘对象是高校毕业生，并且要求年龄在 30 周岁以下。因此，特岗教师队伍的年龄特征不同于一般教师队伍的年龄特征。调查显示，特岗教师的年龄大都集中在 25 周岁左右，基本呈正态分布（图 4.2）。这样一支年轻的特岗教师队伍，为农村教师队伍注入了新鲜的血液，为农村学校带来了无限的生机和活力。

（3）特岗教师的民族构成以汉族为主，呈现地域分布差异

我国是一个多民族国家，很多民族都有自己的语言和文字，在招聘特岗教师时也应考虑到教师的民族情况。调查显示，特岗教师中，汉族和少数民族的比例

---

① 王安全.中小学合理性教师性别结构及其形成［J］.教育学术月刊，2012，（9）：59-61.

分别为 69.5% 和 30.5%（图 4.3）。这样的比例与我国全部人口中汉族和少数民族的比例差异较大，这是因为 6 个调研样本县中有 1 个少数民族县。

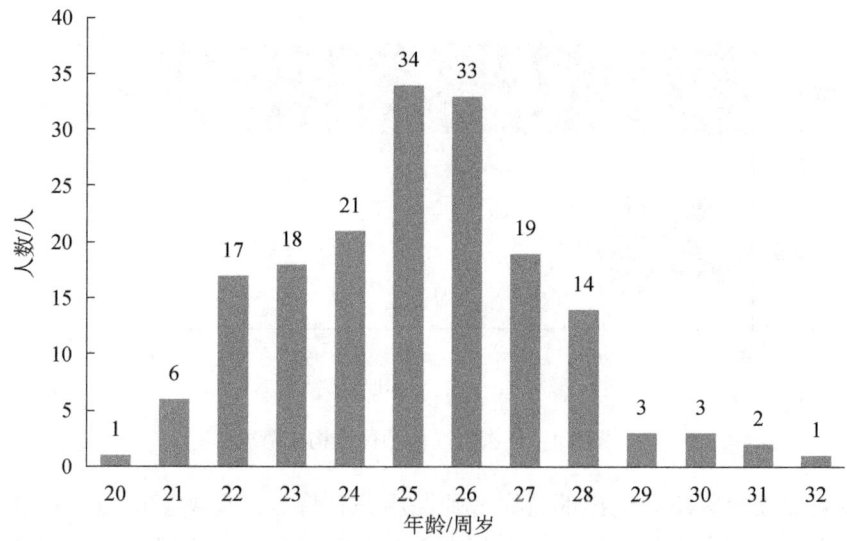

图 4.2　特岗教师年龄分布情况

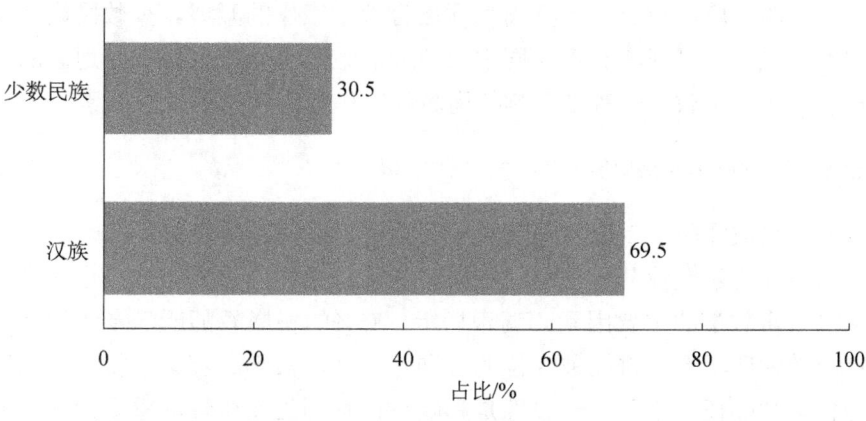

图 4.3　特岗教师民族构成情况

我国人口的民族分布呈现出明显的地区聚居性，这在少数民族地区表现得尤为明显。因此，对人口民族情况的分析要放在当地人口民族分布的大背景中加以考察。为了对特岗教师民族情况的分析更有针对性，我们以一个少数民族自治县 D 县为例，对当地人口的民族情况和特岗教师的民族情况做一个对比。D 县是我国的一个少数民族自治县，少数民族人口占该县总人口的 99% 以上。调查发现，该县的特岗教师中,少数民族所占的比例为79.3%(图4.4)。可见,D县的特岗教师大部分是少数民族,与D县人口民族特征有很大一致性。

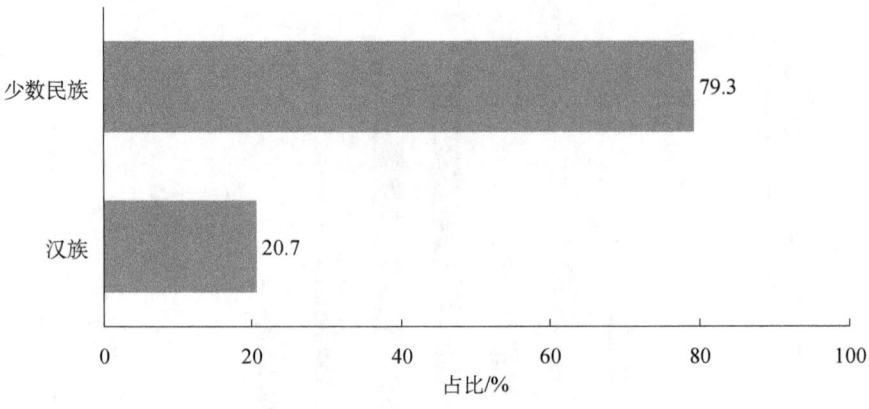

图4.4　D县特岗教师民族构成情况

少数民族地区所呈现出的特岗教师民族分布特点,反映了该地区对本民族教师或者有着相同宗教信仰的特岗教师有着较强的吸引力。本民族地区或者相同宗教信仰地区的社会文化有着很大的一致性,相似的社会文化背景既有利于特岗教师日常生活的适应,也有利于特岗教师教育教学工作的开展。少数民族特岗教师愿意回到本民族地区或者有着相同宗教信仰的地区工作,说明一个地区的民族特点、社会文化、宗教信仰等是影响特岗教师工作地点选择的重要因素。

2. 特岗教师的学业背景

(1)特岗教师所学专业以师范类专业为主,以基础学科居多

特岗教师所学专业分布是反映特岗教师队伍结构的重要指标,也是影响特岗教师从事日常教学的重要因素。调查显示,85%的特岗教师所学专业为师范类专业。特岗教师所学专业排在前3位的分别是中文、数学、英语。特岗教师所学的专业与特岗教师任教学科的一致性是影响特岗教师工作质量的重要因素,直接关系到他们胜任教学工作的程度,后面会继续加以讨论和分析。

(2)特岗教师大部分为本科学历

"特岗计划"对招聘特岗教师的学历有一定要求:以高等师范院校和其他全日制普通高校应届本科毕业生为主,可招少量应届师范类专业专科毕业生。在调查的特岗教师中,没有研究生学历的教师,本科学历和专科学历的教师分别占61.6%和38.4%。虽然总体上表现为本科毕业生占比高于专科毕业生,但是

本科毕业生占比仍然不是很高。调查还发现，特岗教师的学历层次分布存在着学段差异。例如，初中特岗教师队伍中本科学历与专科学历之比为19.3∶1；中心小学特岗教师队伍中本科学历与专科学历之比为0.57∶1，村小特岗教师队伍中本科学历与专科学历之比为0.79∶1。总体来看，本科学历的初中特岗教师比例明显高于小学特岗教师，专科学历的小学特岗教师比例明显高于初中特岗教师。

（3）特岗教师的毕业院校以普通本科院校为主

调查显示，大部分特岗教师毕业于省属本科院校和专科院校，分别占65.5%和29.4%。可见，特岗教师队伍的构成以普通本科院校毕业生为主，以专科院校毕业生为辅，鲜有"985工程"高校等重点大学毕业生。特岗教师毕业院校的分布特点反映了特岗教师岗位对于我国重点大学的毕业生缺乏吸引力，暂时还不能吸引这些学校毕业的人才来农村学校任教。

3. 特岗教师的家庭特征

（1）大多数特岗教师来自农村

特岗教师的生源地反映了特岗教师的生活经历，会对他们生活与工作的适应产生很大影响。有研究指出，为了培养能够长期在农村任教的教师，可以将特岗教师招聘和大学生生源地筛选结合起来。①我们的调查显示，37.9%的特岗教师的生源地为村屯，30.5%的特岗教师的生源地为乡镇。从这个结果中可以看出，超过2/3特岗教师的生源地为农村。

（2）大多数特岗教师来自生源地所在省

任教学校与家乡的最小行政区划关系在一定程度上能反映教师离家远近。调查显示，11.3%的特岗教师工作学校与家乡的最小行政区划关系为同一个乡镇，30.5%的特岗教师工作学校与家乡的最小行政区划关系为同一个县（县级市/区），26.0%的特岗教师工作学校与家乡的最小行政区划关系为同一个地级市内，28.2%的特岗教师工作学校与家乡的最小行政区划关系为同一个省（图4.5）。可见九成多的特岗教师都来自教师生源地所在省内，特岗教师来源也具有本地化的特征。

---

① 王敏.利益的博弈：理性视角下的"特岗计划"[J].现代教育管理，2011，（1）：83-85.

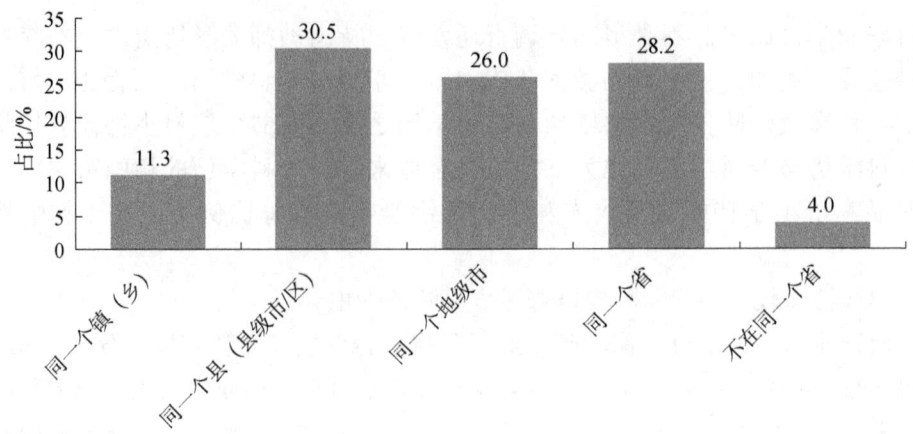

图 4.5 生源地与任教学校行政区划关系

（3）特岗教师家庭经济情况总体一般

特岗教师的家庭经济情况是反映特岗教师状况的一个非常重要的背景性因素，对其工作的选择与转换都会产生一定的影响。特岗教师往往都是刚从学校毕业开始参加工作，并且大部分特岗教师没有结婚成家。因此，我们通过调查特岗教师父母的家庭经济情况来了解特岗教师的家庭经济情况。调查发现，74.6%的特岗教师家庭经济情况在其家乡处于一般的水平，12.4%的特岗教师的家庭经济情况较不好，9.0%的特岗教师的家庭经济情况很不好，4.0%的特岗教师的家庭经济情况较好（图4.6）。可见，特岗教师家庭经济情况总体上处于一般水平。

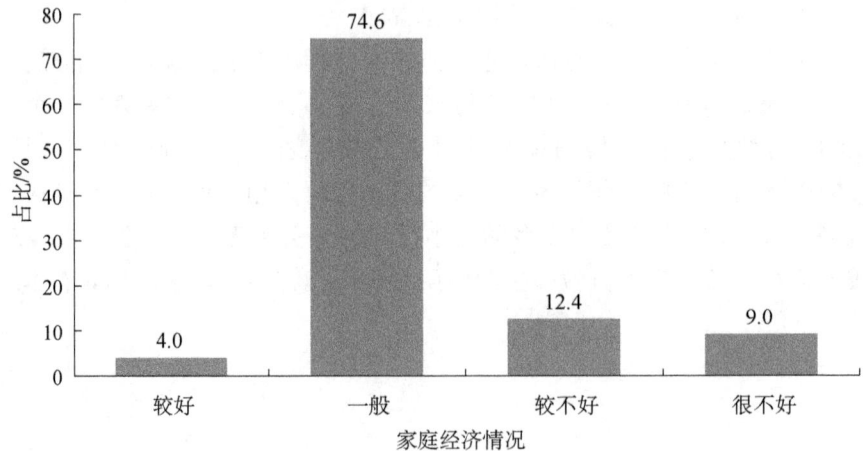

图 4.6 特岗教师的家庭经济情况

（二）特岗教师的入岗动机

特岗教师的入岗动机是指个体考取农村教师特设岗位计划的动机。特岗教师的入岗动机不仅关系到特岗教师的生活和工作状态，还关系到他们职业发展的方向和速度，也关系到他们服务期满后的去留选择。考察特岗教师的入岗动机，有助于明确"特岗计划"政策的吸引力所在，有助于了解特岗教师关心的问题，也有助于分析影响特岗教师生活和工作满意程度的主要因素以及去留选择的深层次原因等。

1. 工作的稳定性是吸引特岗教师的最主要原因

根据研究设计，我们把特岗教师的入岗动机分为"找一份稳定工作""为了支援农村教育""通过这种方式转为正式教师""工作地点离家近""离男（女）朋友更近""没有找到其他满意工作""先工作再寻找其他机会""家里人的要求"、"锻炼提高自己"以及"其他"等几个方面。题目为多选题，统计不同动机出现的频次。统计分析发现，人们选择做特岗教师最主要的四个原因依次为"找一份稳定工作""为了支援农村教育""锻炼提高自己""通过这种方式转为正式教师"。具体分布如表 4.2 所示。

表 4.2 特岗教师入岗动机频次分布

入岗动机	n	百分比/%	个案百分比/%
找一份稳定工作	78	27.9	44.3
为了支援农村教育	75	26.8	42.6
锻炼提高自己	40	14.3	22.7
通过这种方式转为正式教师	22	7.9	12.5
工作地点离家近	17	6.1	9.7
先工作再寻找其他机会	16	5.7	9.1
家里人的要求	14	5.0	8.0
没有找到其他满意工作	7	2.5	4.0
其他	6	2.1	3.4
离男（女）朋友更近	5	1.8	2.8

2. 女特岗教师比男特岗教师更注重工作的稳定性和工作地点离家的远近

特岗教师作为一个群体虽然有很多共同点，但是群体内部也存在着一定的差异性。因此，不同特岗教师的入岗动机也可能存在差异。在分别对不同性别特岗教师的入岗动机进行分析以后我们发现，男特岗教师的入岗动机排在前四位的分别是"为了支援农村教育""找一份稳定工作""锻炼提高自己""通过这种方式转为正式教师";女特岗教师的入岗动机排在前四位的分别是"找一份稳定工作""为了支援农村教育""锻炼提高自己""工作地点离家近"。其中,女特岗教师比男特岗教师更注重"工作地点离家近"这个因素。

(三)特岗教师的任教学科及工作量

1. 特岗教师的任教学科以语文等基础科目居多

任教学科是反映特岗教师工作状态的重要方面,也在一定程度上反映了农村学校的课程开设情况。调查显示,特岗教师任教最多的学科从高到低依次为语文、数学、外语、思想品德、政治、体育、音乐、美术、科学。

2. 部分特岗教师存在所教非所学、所教非所报的现象

有研究发现,有些学校的教师不配套,数学、外语、物理、地理、音乐、美术等学科教师不足,一个专业毕业生教两个不相关学科的现象在一些学校十分普遍。[1]我们的调查也发现了类似的问题,调查发现存在着一名特岗教师任教多门学科的现象,平均每位特岗教师任教1.9门学科。其中,平均每位村小特岗教师任教4门学科。特岗教师兼任多门学科的现象其实就是顶替其他教师上课,顶替的结果是使一些学历合格的教师在兼教的科目上变成了不合格教师。[2]我们的调查还显示,有30.6%的教师认为自己的任教学科与报考特岗教师时的学科不一致。

我们针对校长的调查显示,8.3%的校长认为分配的特岗教师的学科与学校所需学科的匹配程度非常好,44.6%的校长认为分配的特岗教师的学科与学校所需学科的匹配程度较好,35.3%的校长认为分配的特岗教师的学科与学校所需学科的匹配程度一般,9.3%的校长认为分配的特岗教师的学科与学校所需学科的匹配程度不太好,2.5%的校长认为分配的特岗教师的学科与学校所需学科的匹配程度非常不好。可见,特岗教师的所学学科与实际需求还存在着一定的结构性矛盾。

3. 部分特岗教师的工作负担偏重

任教学科、课节数、任教年级数量反映了教师的劳动强度,是衡量教师工作

---

[1] 张秀陶,郑晓婷. 农村特岗教师政策的问题及改进[J]. 湖北函授大学学报,2011,(8):77-78.
[2] 于伟,张力跃,李伯玲. 我国欠发达地区农村教师队伍建设中的结构性困境与破解[J]. 教育研究,2007,(3):30-36.

负担的重要指标。我们对特岗教师每周的课节数进行统计分析,结果发现,20.9%的特岗教师每周课节数在 20 节以上。具体情况见图 4.7。

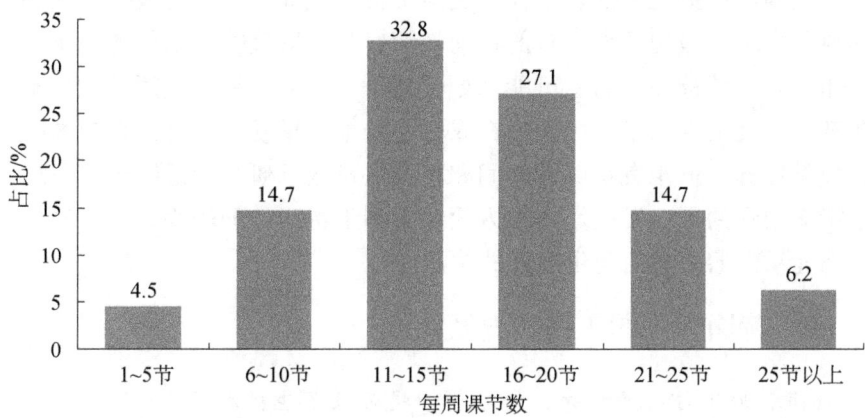

图 4.7　特岗教师每周的课节数情况

任教年级数量也是影响教师工作负担的重要因素。在每周课节数一定的情况下,教师任教的年级越多,其工作负担就越重。为了全面反映特岗教师的日常工作负担,我们对特岗教师任教年级的数量进行了统计分析,结果发现,其中 61.0%的特岗教师任教一个年级,26.0%的特岗教师任教 2 个年级,13.0%的特岗教师任教年级数超过 3 个(图 4.8)。综合对特岗教师每周课节数及任教年级数量的分析,可以看出部分特岗教师的日常工作负担偏重。

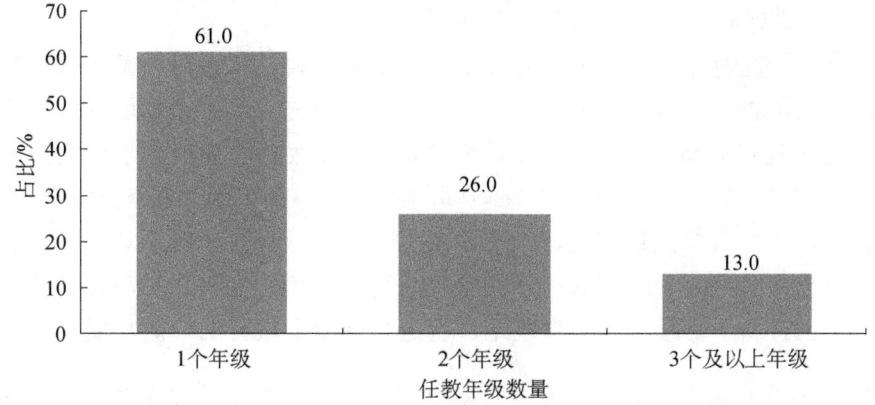

图 4.8　特岗教师任教年级数量

由于我国农村地区学校师资相对匮乏,农村教师都承担着较重的教学任务。

特岗教师的到来虽然使农村学校师资匮乏的状况有一定改善，但是他们仍然要承担较多的教学任务。有些学校认为，特岗教师都是大学毕业生，个人能力和综合素质都比较强，便把更多的教学任务交给了特岗教师。于是出现了特岗教师任教多个学科和多个年级的现象。有的特岗教师肩负着繁重的教学任务，承担着非常大的工作压力，精神和体力上可能都处于超负荷状态。特岗教师的工作量比较大虽然在某种程度上说明了特岗教师在农村学校很受重视，但是，特岗教师面临着繁重的教学任务，很难有足够的时间和精力从事教学研究和继续学习。这一方面不利于特岗教师的专业发展，另一方面也不利于特岗教师的稳定，容易使特岗教师产生不能承受的心理而萌生离开的想法。

（四）特岗教师的工作状况及感受

1. 特岗教师工作成效显著，给农村学校带来了生机和活力

"特岗计划"实施以来，大批高校毕业生成为特岗教师，奔赴全国20多个省（自治区、直辖市）的农村学校任教。2006—2012年，共有52.3万名特岗教师加入"特岗计划"。这些特岗教师分布在我国农村教育的第一线，逐渐成为农村教育的骨干力量。特岗教师来到农村学校工作，为我国农村教师队伍注入了大量新鲜血液。本次调查显示，93.8%的特岗教师认为自己给当地带来了活力和朝气。88.1%的特岗教师认为自己的到来提高了学生的学习成绩。特岗教师在当地学校的表现普遍较好，得到了校长和其他教师的好评。大部分校长认为特岗教师能够胜任教学工作。通过调研，我们了解到，在多媒体教学等方面甚至出现了"倒帮扶"现象，即新任的特岗教师帮助其他老教师。

从调研情况看，特岗教师的补充解决了部分学校、部分学科师资数量短缺的问题，优化了农村教师队伍的结构。特岗教师的补充有助于增加农村学校相关课程开设的数量和提高其质量。例如，69.3%的特岗教师认为来到学校之后，学校开设了国家规定的全部课程。特岗教师的到来也得到当地学校教师和学生的认可。总体来看，教育主管部门、学校等方面对特岗教师都比较满意。特岗教师到农村学校工作，有助于缓解农村学校的师资建设困境，提高农村教育质量，在一定程度上也有助于缩小城乡教育差距，促进我国城乡教育的均衡发展。

2. 大部分特岗教师能够胜任日常教学工作，但面临教学经验不足等问题

特岗教师能否胜任农村学校的教学工作是影响"特岗计划"实施效果的关键因素。本次调查表明，39.5%的校长认为特岗教师完全能胜任日常教学工作，

49.8%的校长认为特岗教师基本能胜任日常教学工作。从特岗教师对自己的评价来看，42.4%的特岗教师认为自己完全能胜任教学工作，54.2%的特岗教师认为自己基本能胜任教学工作。可见，校长和特岗教师自身对工作胜任能力的判断基本一致，大部分特岗教师能够胜任教学工作。

教学经验不足是特岗教师进行教学时遇到的最大困难。特岗教师基本上都是刚从高校毕业的大学生，普遍缺乏教学经验，教学基本功也有待加强，这成为其从事教学工作的困难之一。农村优秀生源的流失也给特岗教师的工作造成影响。由于城乡经济发展水平和教育资源分配存在差距，学校之间的综合条件、教学质量等方面也存在着差异。很多学生家长对农村教育信心不高，认为城市学校的教学质量比农村好，于是把子女送到城镇学校读书。因此，很多地区的农村学校存在着优秀生源流失的问题，部分特岗教师对学生的整体素质并不是很满意。

在一些地区，方言问题成为影响特岗教师适应的重要因素。在农村中小学校，尤其是较落后的地方，虽然有普及普通话的规定，但运用方言进行教学的情况仍然普遍存在。学生在教学的过程中，主要接触的是方言，习惯的是方言，运用的是方言。此种情况对于不会当地方言的特岗教师来说无疑是一个难题。在教学过程中，无论是知识讲授、课堂气氛调动、教学互动，还是师生交流，都会有一定的障碍，学生学起来吃力，教师教起来也很吃力，教学质量也受到影响。[①]部分特岗教师碰到的语言障碍，不仅会对教育教学质量产生很大影响，而且也会对特岗教师的日常交流产生影响，造成其生活上的不适应，很容易造成特岗教师的流失。

3. 大部分特岗教师工作感受良好，工作满意程度呈现出一定差异

特岗教师是一个新兴的教师群体，其工作感受状况也呈现出一些特点。本次调查显示，1.7%的特岗教师认为自己的工作很没有成就感，26.7%的特岗教师认为自己的工作不太有成就感，54.0%的特岗教师认为自己的工作比较有成就感，17.6%的特岗教师认为自己的工作非常有成就感。可以看出，大部分特岗教师对自己的工作有成就感，认为自己的价值得到了实现。

本次调查显示，6.8%的特岗教师对工作很不满意，19.3%的特岗教师对工作不太满意，53.4%的特岗教师对工作比较满意，20.5%的特岗教师对工作非常满意。可以看出，大部分特岗教师对工作持满意的态度。调查还显示，有超过一半的特岗教师会推荐朋友或同学报考特岗教师，这间接地说明了特岗教师对工作的

---

① 陆岸岸.农村特岗教师的困境探析[J].广西教育学院学报，2011，(3)：31-32.

满意程度较高。特岗教师对工作的满意程度也呈现出一些差异性特点：女特岗教师的工作满意程度高于男特岗教师；非师范类专业毕业的特岗教师的工作满意程度高于师范类专业毕业的特岗教师；专科学历的特岗教师的工作满意程度高于本科学历的特岗教师。

（五）特岗教师的培训情况

特岗教师的培训机会有待增加。教师的专业发展不仅需要职前学习，也需要在职的学习和培训。教师职后培训是农村义务教育教师专业发展的重要组成部分，也是建立教师终身学习体系的重要内容。[①]特岗教师主要是刚从高校毕业的学生，教学经验相对不足，教学能力还有很大的提高空间，培训对他们来说显得尤为重要。本次调查显示，2011年参加1次县级以上（包括县级）培训的特岗教师占32.2%，参加2次培训的特岗教师占25.4%，参加3次培训的特岗教师占21.5%，参加4次培训的特岗教师占4.0%，参加5次培训的特岗教师占2.8%。调查发现，大部分特岗教师参加培训的机会比较少。特岗教师进修学习、参加培训的愿望非常强烈，对自己的专业发展有更高的期待。特岗教师基本上是新手教师，相对而言缺乏教学经验，希望有更多的参加培训学习的机会，通过培训来促进自己业务素质的提高和专业能力的发展。

（六）特岗教师的工资

1. 特岗教师工资收入水平有较大差异

特岗教师的工资保障是"特岗计划"政策设计的重要方面，也是特岗教师非常关心的问题。本次调查发现，5.1%的特岗教师每月工资收入为501～1000元，12.0%的特岗教师每月工资收入为1001～1500元，48.6%的特岗教师每月工资收入为1501～2000元，33.1%的特岗教师每月工资收入为2001～2500元，0.6%的特岗教师每月工资收入为2501～3000元，0.6%的特岗教师每月工资收入为3001～3500元（图4.9）。可以看出，绝大部分的特岗教师每月的工资收入为1501～2500元。

在分析了特岗教师工资收入的绝对水平之后，我们再看一下特岗教师工资收入的相对水平，即特岗教师对自己工资收入与当地居民收入的比较情况。本次调

---

① 秦玉友. 农村义务教育质量研究——基于质量标准与底线标准[M]. 长春：吉林人民出版社，2011：99.

查显示,有1.2%的特岗教师认为自己的工资收入明显高于当地居民收入,12.7%的特岗教师认为自己的工资收入稍微高于当地居民收入,35.8%的特岗教师认为自己的工资收入与当地居民收入基本持平,19.1%的特岗教师认为自己的工资收入稍微低于当地居民收入,31.2%的特岗教师认为自己的工资收入明显低于当地居民收入(图4.10)。

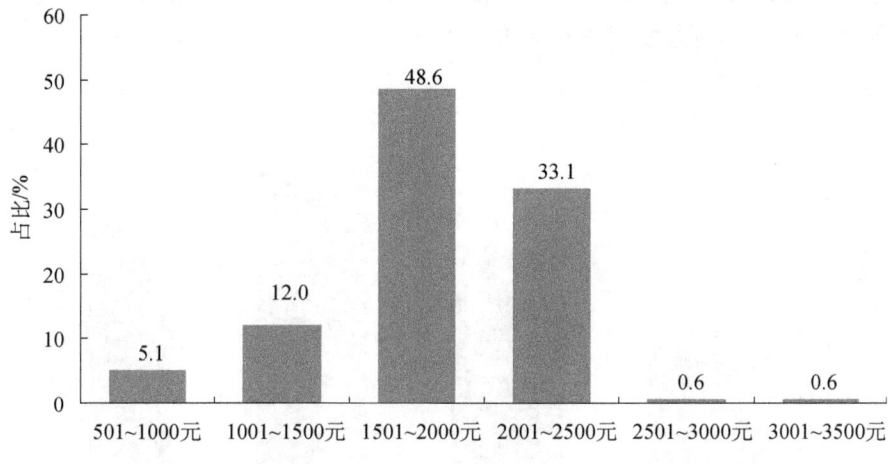

图4.9 特岗教师工资分布情况

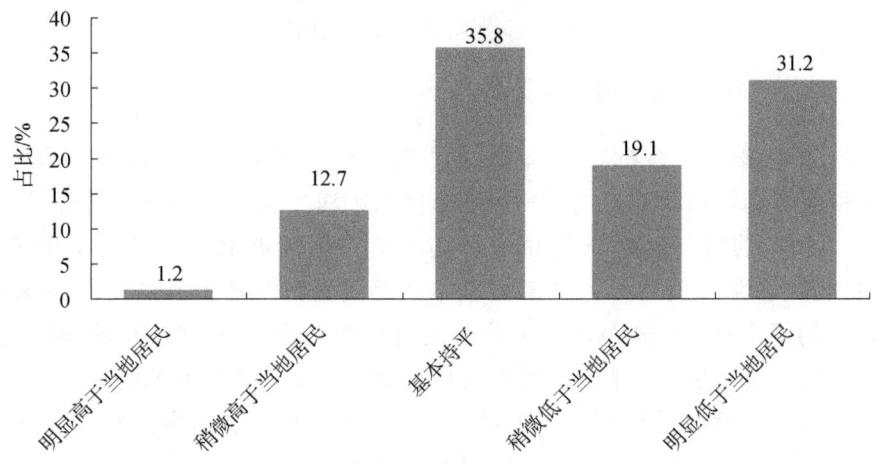

图4.10 特岗教师工资收入与当地居民收入对比情况

2. 特岗教师工资发放存在不及时的现象

在影响特岗教师对工资是否满意的因素中,除了工资收入的绝对水平和相对水平之外，工资是否能够及时发放也是不可忽略的因素。本次调查显示，27.3%的特岗教师认为工资完全能及时发放，33.5%的特岗教师认为工资基本能及时发放，25.0%的特岗教师认为工资不太能及时发放，14.2%的特岗教师认为工资完全不能及时发放（图4.11）。可见，特岗教师工资的发放存在不及时的现象。特岗教师的工资不能及时发放，一方面是因为特岗教师在刚工作时需要办理入职等相关手续，会造成前几个月的工资不能及时发放；另一方面是因为有的地区在特岗教师工资政策实施方面存在不完善之处。

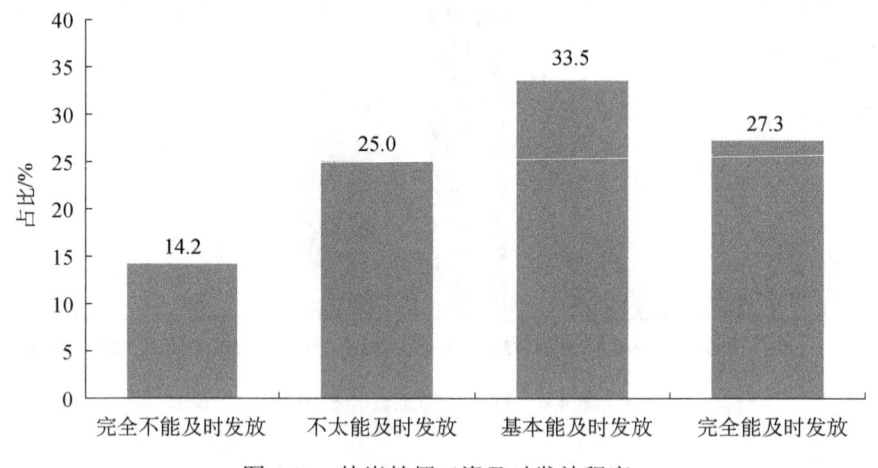

图4.11　特岗教师工资及时发放程度

3. 特岗教师面临较大经济压力

本次调查显示，34.6%的特岗教师认为自己目前最主要的压力来自经济负担。工资能否满足日常开支需要是影响特岗教师对工资满意程度的重要因素。调查显示，7.4%的特岗教师认为每个月的工资完全能够满足日常开支的需要，40.0%的特岗教师认为每个月的工资基本能够满足日常开支的需要，26.9%的特岗教师认为每个月的工资基本不太能满足日常开支的需要，25.7%的特岗教师认为每个月的工资完全不能满足日常开支的需要。可见，近半数的特岗教师认为每个月的工资可以满足日常开支的需要。在调查中，很多教师也提到："工资没有涨，但是物价却不断上涨，所以有些时候工资不够花。"

4. 特岗教师工资的后续保障面临困难

特岗教师在三年聘任期内，其工资主要由中央财政拨付。当聘任期满后，特岗教师的工资支付主体由中央转入地方财政，转正的特岗教师的工资发放纳入当地财政统发范围,这会对贫困地区带来一定的财政压力。实施"特岗计划"的重要目的就是为了解决中西部农村地区,尤其是特殊困难地区的师资建设困境。相对而言,特殊贫困地区的师资建设困境更为艰难,更需要特岗教师的补充。然而,正是这些财政贫困地区面临着承担聘任期满后转正特岗教师工资的困难,县级财政面临很大压力。

(七)特岗教师的社会保险

社会保险主要包括养老保险、医疗保险、失业保险、工伤保险、生育保险等,是社会保障制度的一个最重要的组成部分。"特岗计划"对特岗教师工资等方面的说明比较多,对特岗教师社会保险等方面的说明却较少。因而,在实施的过程中各地方的差异比较大。有些地方学校为特岗教师缴纳了养老保险、医疗保险、失业保险、工伤保险、生育保险,有些地方学校为特岗教师缴纳了上述保险的几种或一种,有些地方学校完全没有为特岗教师缴纳保险。在调研中,一些教师提到:"对于身处外地任教的教师应该给予更大的照顾,教师的'五险一金'也应该由所在地区给解决。"

值得指出的是,有些地方出台了一些特岗教师管理办法,对特岗教师的医疗等方面做出了详细规定。例如,河北省就对特岗教师出现疾病的情况做出了规定。根据管理办法规定,在服务期间,特岗教师出现重大疾病,根据医院(二级甲等及二级甲等以上级别的医院)检查证明,经服务学校报设岗县教育行政部门批准,可暂停服务工作,根据医生建议积极进行治疗,治疗期间继续发放工资及补贴,并根据医疗保险有关规定办理保险理赔手续。治疗痊愈的,凭医院证明,经服务学校同意报设岗县教育主管部门批准,可返回服务岗位继续工作,服务时间不再延长。在三个月内无法治愈或治愈后不适宜继续工作的,凭医院证明,应解除服务协议,终止服务工作,停发工资及相关福利。[①]

(八)特岗教师的生活状况

特岗教师的生活状况,不仅关系到特岗教师个体的生活质量和满意程度,也关系到能否持续、有效地吸引更多优秀人才参与到"特岗计划"中来。本次调查显示,特岗教师认为生活中最大的困难分别是交通不方便、住宿条件不好、婚恋问题无法解决、气候不适应。可见,交通、住宿、婚恋等问题是特岗教师普遍关心的问题。

---

① 顾晓萍. 我省出台特岗教师管理办法优先安排特岗教师入编[N]. 石家庄日报, 2010-06-07(2).

1. 部分特岗教师上下班交通不方便

很多特岗教师任教学校与家的距离比较远，如果没有住在学校，那么每天上下班都要耗费很长的时间。特岗教师除了要付出一定的时间成本外，也要付出一定的物质成本，交通费成为很多特岗教师生活开支的重要组成部分。另外，特岗教师所任教学校的地理位置一般相对较为偏远，尤其是西部山区地形更为复杂，这给特岗教师带来了更大的不便。

2. 特岗教师的住宿条件有待改善

住宿问题是影响特岗教师生活状况的重要方面。本次调查显示，66.1%的特岗教师住在学校免费提供的住房中，16.9%的特岗教师住在家里或者亲戚家里，6.8%的特岗教师在校外自费租房，4.5%的特岗教师住校内优惠提供的住房，2.3%的特岗教师由学校补贴部分租金在校外租房（图4.12）。可见，大部分特岗教师是住在校内的。针对校长的调查问卷显示，73.9%的学校为特岗教师提供学校宿舍，3.0%的学校为特岗教师提供周转房，1.5%的学校为特岗教师提供廉租房，1.0%的学校为特岗教师提供住房补贴，0.5%的学校为特岗教师提供经济适用房。可以看出，大部分学校为特岗教师提供了学校宿舍，这与对特岗教师调查得出的结论基本一致。

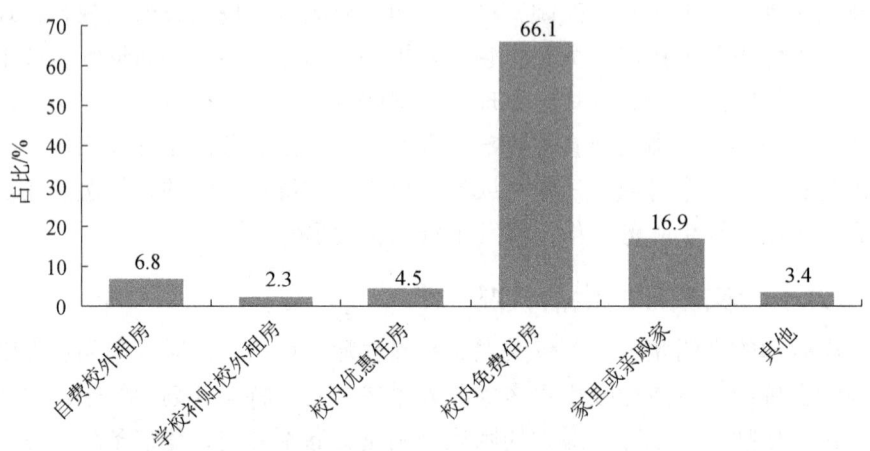

图4.12 特岗教师住宿情况

特岗教师住在学校提供的宿舍内，这虽然节省了特岗教师的住宿费用，但是，有些宿舍存在空间较小等问题，不能完全满足特岗教师的生活需要。在调研中，很多特岗教师期望住宿条件能得到进一步改善。另外，调研发现，部分学校要求特岗教师必须住在学校。这无形当中加重了特岗教师的工作负担，也给特岗教师的日常生活造成一定影响。

3. 特岗教师的婚恋问题突出

"特岗计划"的招聘对象为年龄在30周岁以下的全日制普通高校毕业生，因此特岗教师群体呈现出明显的年龄特征：基本分布在20～32周岁。位于这个年龄区间的特岗教师正处于婚恋的高峰期，因此，特岗教师的婚恋问题显得格外重要。特岗教师的婚恋状况不仅会对特岗教师的个人生活产生影响，也会对特岗教师队伍的稳定与流动产生重要影响。本次调查发现，特岗教师中已婚和未婚的占比分别为35.6%和64.4%（图4.13），大部分特岗教师还没有结婚成家。

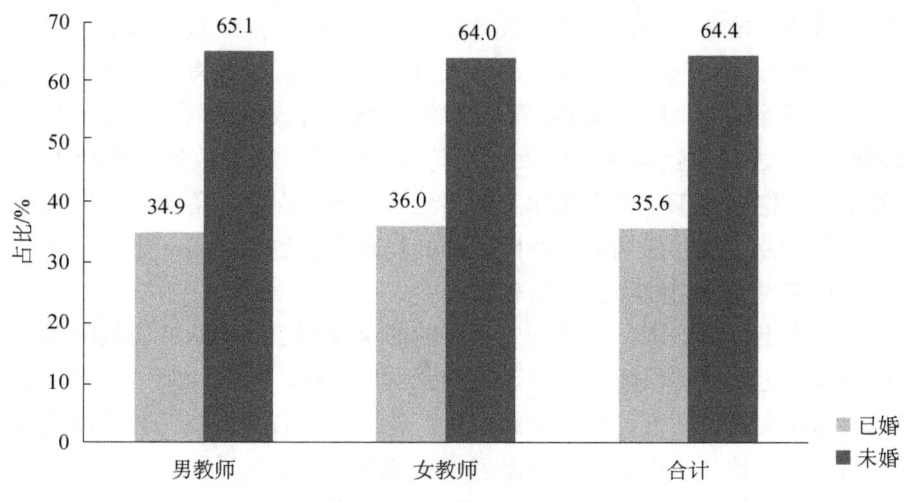

图4.13　特岗教师婚姻状况

特岗教师都是高校毕业生，以前基本在城市学习和生活。特岗教师来到农村学校后，生活的地点发生了变化，人际交往圈子相对较小，也会对他们的恋爱与婚姻产生很大影响。调查发现，特岗教师的婚恋问题不容乐观，14.8%的特岗教师担心自己的婚恋问题。由于特岗教师群体的特殊性，他们来到农村学校后，人际交往的范围相对狭小，人际交往范围基本在本校特岗教师和其他教师之间。而在特岗教师群体中，男女比例差异比较大，女教师人数明显多于男教师人数。一般来看，女教师希望嫁一个学历比较高、家庭条件等方面要强于自己的人，而这样的人在农村是很少的。相对而言，特岗教师之间有着相似的人生经历，共同语言相对比较多，更容易成为婚恋的对象。因此，在已经结婚的特岗教师中，其配偶很多也为特岗教师。调查显示,在已婚的特岗教师中,配偶也为特岗教师的占31.0%。总之,特岗教师的婚恋问题突出,尤其是女特岗教师的婚恋存在着"高不成、低不就"的现象,这成为影响特岗教师稳定与流动的重要因素。

(九) 特岗教师的编制与聘任期

1. 部分特岗教师对编制落实问题存在担忧

编制问题是影响特岗教师稳定与流动的核心问题,聘任期满后能否落实编制直接关系到特岗教师长期扎根于农村教育的决心。本次调查显示,特岗教师最关心聘任期满后的问题就是工资待遇和编制。聘任期满后的工资待遇和编制是紧密联系在一起的,因为"特岗计划"规定了特岗教师在聘任期满后,对考核合格、自愿留在本地学校的,经县级政府教育行政部门审核,县级政府人事行政部门批准,由县级教育行政部门办理事业单位人员聘用手续,按照有关规定办理落实编制、核定工资等手续,同时将其工资发放纳入当地财政负担范围,保证其享受当地教师同等待遇。也就是说,如果三年聘任期满后,特岗教师能够转入地方编制,就意味着他们的工作稳定性和工资得到了进一步保障。落实好特岗教师的编制问题,不仅会加强聘任期满后特岗教师的稳定性,也会产生一定的示范作用,有利于聘任期内的特岗教师安心从教。

有研究指出,虽然国家已经制定了相应的保障制度以消除特岗教师的后顾之忧,但国家制定的此项保障制度呈现出较强的原则性,即保障制度的产生基础相对理想。而在实施过程中,聘任期结束后,特岗教师若想留在任教学校成为一名具有编制的正式教师,需要通过一系列复杂的考查和审核过程。特岗教师转正需要多个行政部门的共同配合才能完成,当多方协调存在问题时,特岗教师的去留则存在较大的不确定性。①为了了解大家对这种不确定性的看法,我们调查了校长和特岗教师对聘任期满后落实编制的信心程度。本次调查显示,86.5%的校长认为只要在聘任期满后考核合格,并且特岗教师愿意继续留在本地任教,基本可以落实编制,也就是说校长对特岗教师在聘任期满后落实编制的信心程度比较高。调查中也发现,部分特岗教师对于自己在聘任期满后落实编制存在担忧,认为聘任期满后的编制落实有很大不确定性。

---

① 孙颖,陶玉婷.特岗计划的现实困境与破解思路 [J]. 中国教育学刊,2012,(7):14-16.

2. 部分特岗教师认为三年聘任期不合适

特岗教师对聘任期的看法是影响其对"特岗计划"满意度的重要因素，也是影响特岗教师去留选择的关键因素。调查显示，15.3%的特岗教师认为三年的特岗聘任期很不合适，29.0%的特岗教师认为三年的特岗聘任期不太合适，43.2%的特岗教师认为三年的特岗聘任期基本合适，12.5%的特岗教师认为三年的特岗聘任期非常合适（图4.14）。在访谈中，一些教师反映，特岗教师聘任期为三年过长，三年后不确定性太多，因而有些特岗教师选择离开。

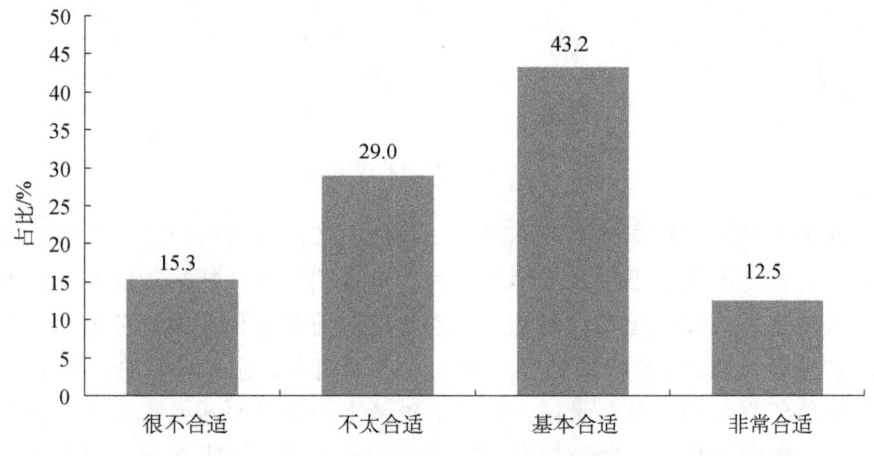

图4.14　特岗教师对三年聘任期的看法

（十）特岗教师的稳定与流动

实施"特岗计划"的目的是逐步解决农村师资总量不足和结构不合理等问题，提高农村教师队伍的整体素质，这就要求不仅要能吸引来特岗教师，也要做到能留得住特岗教师。因此，特岗教师的稳定与流动成为制约"特岗计划"实施成效的关键问题。

1. 特岗教师的未来去向

为了了解特岗教师的未来去向，我们调查了特岗教师在聘任期满后的打算。本次调查显示，71.5%的特岗教师打算继续留在本校任教，12.2%的特岗教师打算参加公务员考试或事业编制考试，6.5%的特岗教师打算调到当地其他学校工作，4.1%的特岗教师打算考研究生，3.3%的特岗教师打算回到家乡工作，具体分布见图4.15。可以看出，大部分特岗教师打算在聘任期满后继续留在本校任教。如果教育主管部门能对转正的时间和标准做出明确说明，学校等相关部门为特岗教师的生活和工作提供帮助和支持，打算留下来的特岗教师的比例会更高。

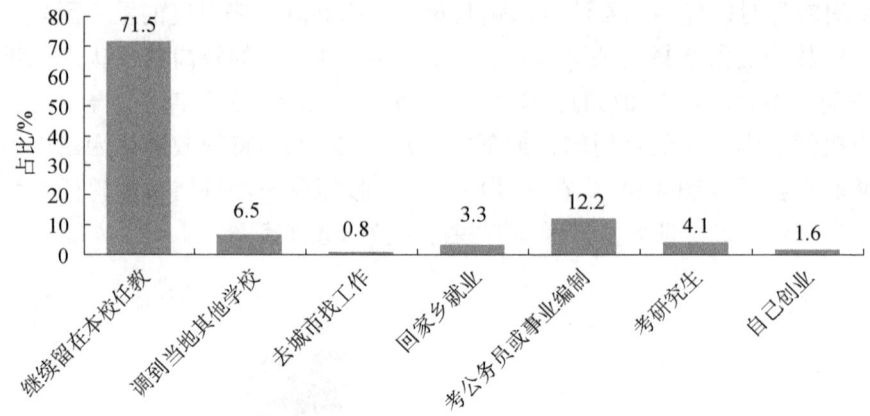

图 4.15 特岗教师的未来打算

本次调查发现，特岗教师离职最主要的原因依次为考公务员、考公职教师、婚恋问题、自主创业、不适应当地生活等。这说明，部分特岗教师对工作的稳定性、工资待遇等方面还是存在担忧或不满意，因而在聘任期内就考虑了离开。本次调研也发现，58.5%的特岗教师经常关注各种招考、求职的机会。很多特岗教师都参加每年举行的公务员考试，期望通过考上公务员来转换工作类型和工作地点。这样的现象不仅影响着特岗教师队伍的相对稳定，也影响着特岗教师日常工作的质量和效率。

本次调查发现，特岗教师更愿意回到自己家乡工作，83.9%的特岗教师认为如果条件允许更希望报考家乡的特岗教师。从社会学的角度来看，人是生活在一定社会网络之中的，人与人之间是通过相互依赖关系联系起来的。这些相互依赖关系包括血缘关系、朋友关系、同学关系、种族信仰关系等。一般来看，离家越近就意味着离这种社会网络关系的中心就越近。因而，很多人都倾向于在家乡附近工作和生活，特岗教师也不例外。从教学的角度来看，距离家乡越近的地方，语言等社会文化也越相近。在家乡附近工作，特岗教师可以很快适应当地的社会文化和教育传统，从而为教育工作提供一定的文化支持。因此，从这个角度上说，特岗教师也愿意回到家乡工作。一位教师这样认为："对于未考中本地的特岗教师，都希望在服务期满后尽可能回到本地。这样对特岗教师的家庭、自身有很大好处，可以减轻多方面的负担。"

2. 特岗教师的二次选择

在特岗教师三年聘任期内或者服务期满后，当地的教育主管部门拥有二次分配的权力，这样就存在特岗教师二次选择的问题。尽管一些农村薄弱学校吸引来了特岗教师，但是存在着留不住特岗教师的问题。在聘任期内或者服务期满后，部分特岗教师选择流动到其他条件相对较好的地区或学校。本次调查显示，13.5%的特岗教师参加过二次选择，即现任教学校不是自己成为特岗教师后第一年的任教学校。这些特岗教师的二次选择总体上呈现出了从村屯到乡镇、从乡镇到城镇的流动方向。对于特岗教师的二次选择，当地的校长也有难言之隐。在访谈中，一位校长这样说道："特岗教师的表现非常好，经过一段时间的适应和锻炼，成长非常快，能够较好地胜任教学工作了。一段时间过后，部分特岗教师就离开了，去了条件更好的学校。其实，学校非常希望他们能留下来，不希望他们走。但是，他们去了更好的学校我也能理解。我家也有孩子，谁不希望孩子有个更好的前程呢？"特岗教师的二次选择，一方面反映了特岗教师想要到条件更好或者其他条件更合适的学校工作的愿望；另一方面也反映了当地条件相对较好的学校也面临着师资紧缺的问题，也需要特岗教师的补充。在这样的情况下，一些农村基层学校俨然成为特岗教师的培训基地，培养、锻炼了特岗教师却留不住他们。

3. 特岗教师的退出

保证农村学校具有充足的、合格的教师队伍不仅需要教师补充机制的保障，也需要建立合理的教师退出机制。"特岗计划"的相关规定主要涉及的是补充机制，没有对特岗教师的退出机制做具体说明。有研究指出，特岗教师中途离岗，有些是有正当理由的，如考研、考公务员等，有的则没有任何正当理由，不打招呼就直接走人，这在一定程度上影响了农村学校的正常教学，影响了特岗教师队伍的稳定。[①]退出机制分为主动退出和强制退出两种。对于主动退出，即特岗教师自愿离开岗位的，应该有详细的相应政策规定，对退出条件等方面做出解释和说明。对于强制退出，即因为特岗教师不能胜任教学工作而离开学校的，相关教育主管部门和学校应该建立一套科学严谨的特岗教师日常工作考核机制。在确保公正、合理的前提下，对不能胜任工作的特岗教师应该强制让其退出。本次调查显示，55.2%的校长认为如果特岗教师不能胜任教学工作，学校进行强制退出是

---

① 涂苏琴，张翌鸣. 农村教师"特岗计划"的实施及优化对策——以江西省为例 [J]. 教育学术月刊，2011，(7)：80-82.

不容易的。这提示我们,在建立健全特岗教师吸引机制的同时,也要加强特岗教师退出机制建设。退出是为了更好地补充,特岗教师的补充与退出都要有法可依、有章可循。

四、优化策略与政策建议

(一)加大实施力度,把"特岗计划"建设成农村教师补充的长效机制

"特岗计划"实施以来取得的成效有目共睹。特岗教师的到来为农村学校补充了大批师资,优化了农村教师队伍结构,提升了农村教师队伍的整体素质。特岗教师的到来给当地学校带来了生机和活力,提高了农村教育质量,促进了农村义务教育的发展。当前,我国农村教育发展面临巨大挑战和机遇,农村教育质量还有待于进一步提升,农村教师队伍建设困境还需要进一步缓解。笔者建议延长"特岗计划"实施年限,扩大"特岗计划"实施范围,可以把农村教师问题突出的其他地区纳入"特岗计划"中来,可以将实施范围逐步扩大到省级扶贫开发工作重点县。"特岗计划"政策目标不是简单地为农村地区补充教师,关键是要通过改革,完善农村教师长效补充机制,补充一大批高素质教师,带动提高农村教师整体素质水平。[①]

随着"特岗计划"的实施,转入地方编制的特岗教师人数增加,贫困县的财政压力逐渐凸显。笔者建议中央加大财政转移支付力度,来缓解贫困地区的财政压力。特岗教师的工资保障要充分考虑中央财政和地方财政的分担问题,对于特别贫困的地区,中央可以延长特岗教师工资转移支付年限或者国家、省、市按比例分担,以缓解贫困地区的财政压力,促进"特岗计划"的实施。农村学前教育师资匮乏的现象也非常明显,笔者建议把"特岗计划"延伸到学前教育阶段。总之,农村教育的改革与发展是一个持续的过程,笔者建议把"特岗计划"建设成为农村教师补充的长效机制。

(二)优化特岗教师招聘结构,提高特岗教师整体质量

特岗教师的招聘是影响特岗教师队伍质量的重要变量,也是关系"特岗计划"实施效果的重要因素。合理的特岗教师招聘结构是改善农村教师队伍结构、

---

① 邬跃.教育政策分析——以农村学校教师特岗计划为例[J].教育理论与实践,2010,(1):28-30.

提高农村教育质量的前提和关键。特岗教师男女比例差距过大、教非所学等问题的解决，需要我们重新考虑特岗教师招聘结构的布局。特岗教师中男女教师比例差距过大，一方面与我国师范生招生的结构有关，另一方面与特岗教师岗位对男性毕业生吸引力不足有关。为了增加男性教师在特岗教师队伍中所占的比例，可以采取加强政策宣传、制定优惠政策等办法吸引更多的男性毕业生报考"特岗计划"。在招聘特岗教师时，要考虑到特岗教师所报考的专业和所学的专业是否一致、特岗教师所学的专业与农村学校所需的专业是否一致。只有当特岗教师的招聘学科结构与学校需求学科结构相匹配时，特岗教师的工作质量才会更高，才会更有利于农村教育质量的提升。在制订特岗教师招聘方案时，要充分考虑不同地区的学科需求情况，尤其是紧缺学科需求情况，做到因地制宜、有的放矢。少数民族地区的语言、饮食、习俗等方面也是影响特岗教师生活的重要因素，影响着他们的工作质量和留任意愿。在少数民族地区招聘特岗教师，可以适当放宽条件，同等条件下优先录用双语教师。

（三）加强特岗教师日常管理和培训，促进特岗教师专业发展

特岗教师在当地学校很受重视，被委以重任。大部分特岗教师也认为自己的价值得到了实现，有工作成就感。但是存在着部分特岗教师所教科目多、上课节数多、任教年级多的现象。这给特岗教师增加了额外的负担，也不利于教育教学质量的提升。因此，应该完善特岗教师日常管理制度，合理安排特岗教师的任教学科及工作量等。对于特岗教师教学任务繁重、超负荷工作的情况，学校首先应该根据这些教师在大学所学的专业，安排其讲授与其专业相一致的课程，减少其他科目的教学，使年轻的教师有时间与精力去研究其专业学科，在注重"量"的过程中，更加注重"质"的提高，让这些特岗教师的专业知识得到最大程度的发挥，争取创建出精品课程，使学生和教师都从中受益。[1]

特岗教师都是高校毕业生，专业起点和整体素质都比较高，然而其专业发展仍然存在着很大的提升空间。教育主管部门应当组织特岗教师接受职前培训和在职培训，提升特岗教师的教学能力。可以将省教育厅委托高校对特岗教师的集中培训和各县（市）教育局负责的单独培训相结合。集中培训有利于加强特岗教师之间的联系和交流，有利于共享培训的优质资源；地方开展的单独培训则主要体

---

[1] 罗佳，成云. 农村教师"特岗计划"存在的问题及其对策[J]. 徐州师范大学学报（教育科学版），2010，(4)：61-63.

现在对当地人文经济教育等发展情况的培训。[①]教育主管部门在分配教师培训名额时，要兼顾学科、专业类型等具体情况。为了使特岗教师的培训名额不被挤占、给特岗教师创造更多的学习机会，可以设立专门针对特岗教师的培训计划。学校应当为特岗教师的交流、研讨、互助创造条件。例如，可以实行"师徒结对"的方式，发挥老教师的"传、帮、带"作用，使特岗教师尽快适应教学工作，推动教学能力的发展。还可以开展教研活动，组织特岗教师和其他教师进行听课评课、交流研讨来提升特岗教师的专业水平。

（四）完善特岗教师工资福利制度，为特岗教师提供生活保障

特岗教师的工资收入是影响"特岗计划"吸引力的关键因素，也是影响特岗教师生活质量及去留意愿的重要因素。为了吸引和稳定特岗教师，必须严格执行特岗教师工资的相关规定，防止工资发放不及时现象的发生，逐步提高特岗教师工资水平。交通、住宿、社会保险等都是特岗教师特别关心的问题。特岗教师工作地点偏远、艰苦程度也各不相同，可以设立偏远艰苦地区岗位津贴、交通费用补助等，增加特殊地区、特殊岗位的吸引力。政府及学校要扩建特岗教师周转房，改造危房，多方面改善特岗教师的住房条件，使他们能够安心从教。在平时福利发放方面，对待特岗教师与其他教师要一视同仁。要将特岗教师的医疗保险、养老保险等纳入社会保障体系之中，为特岗教师的生活提供保障。

（五）继续创新"特岗计划"相关政策，吸引更多人才到农村任教

为了更好地促进"特岗计划"的实施，需要不断对"特岗计划"政策本身进行改进、完善和创新。"特岗计划"相关政策的设计，可以兼顾特岗教师个体需要和特岗计划整体需要，实现科学化和人性化的融合和统一。例如，家庭与家乡是影响特岗教师考虑报考和岗位选择的重要因素，也会对特岗教师在聘任期结束后的去向选择产生影响。"特岗计划"的政策设计可以在不影响其他方面的情况下考虑到家乡与家庭因素，这样非常有利于吸引与保留特岗教师，也有利于特岗教师安心从教。例如，可以尽可能地将夫妻双方均为特岗教师的两人安排在相距较近的地点工作。在特岗教师聘任期满后，交换特岗教师回到各自家乡工作也是一种比较好的办法。

[①] 彭佑兰，许树沛. 美国 TFA 计划及对我国"特岗计划"的启示 [J]. 教育发展研究，2010，(10)：69-73.

聘任期与编制问题是影响特岗教师去留选择的关键因素。特岗教师的聘任期为三年，在这三年里，特岗教师的身份处于临时教师与正式教师之间，聘任期满后充满着不确定性。很多教师担心聘任期结束后不能转正，这成为特岗教师不稳定的根源之一。因此，在特岗教师入职时，教育主管部门应该对特岗教师的转正标准和转正时间做出说明，使特岗教师明确了解转正的相关政策，增强特岗教师扎根于农村教育的信心。在三年聘任期结束后，教育主管部门要落实好"特岗计划"的相关政策，做好特岗教师的人事、工资等转接工作。除了国家从政策上加大对农村教育的扶持外，还需要地方齐心合力精心配合落实，这也是地方政府必须承担的责任。当地政府和学校既要严格执行中央的相关政策规定，也要尽可能地为特岗教师提供支持和帮助。从特岗教师的角度考虑问题，尽力解决其生活和工作中遇到的困难，促进特岗教师的生活适应和职业发展，使特岗教师留得下、干得好。这不仅有利于吸引更多的人才投身农村教育，还有利于激励更多的特岗教师扎根农村教育。"特岗计划"的政策创新和实施还可以对我国其他农村教师政策产生示范作用，有利于提高农村教师的职业吸引力，从而更好地促进农村教育的可持续发展。

第二节 公费师范教师调查报告

当前，我国正处在教育改革和发展的关键时期。接受良好教育成为人民群众的强烈期盼，深化教育改革成为全社会的共同心声。[①]在这样的背景下，占我国基础教育总量近八成的农村教育已经成为教育改革发展的重要议题。2007年，我国以推进教育公平为重点，着眼加强农村教师队伍建设，推出了师范生免费教育政策。师范生免费教育政策的出台，掀起了全社会对师范教育新一轮的关注。

---

① 国家中长期教育改革和发展规划纲要（2010—2020年）[EB/OL]. http://www.moe.gov.cn/srcsite/A01/s7048/201007/t20100729_171904.html [2018-09-30].

公费师范教师①是优秀师范毕业生的代表。从 2011 年开始，每年会有一大批公费师范教师走向教学工作岗位。关注公费师范教师群体，分析其中存在的问题与挑战，对于促进我国教育改革与发展具有重要意义。

一、师范生免费教育政策的背景

（一）提升农村教育质量成为社会公平的紧迫呼唤

改革开放以来，我国经济取得了突飞猛进的增长，在人民共享经济建设成果的同时，经济结构和社会结构之间的矛盾日益凸显，社会公平问题成为备受关注的焦点。教育公平问题已经成为社会公平的重要一维。在我国，之所以要把教育公平作为政府工作的重点之一，是因为教育的均衡发展与社会经济的均衡发展是相互作用的。我国地域广阔，人口基数大，这导致了经济建设中的城乡发展不均衡等问题；这种经济发展水平的差距加之人口的压力导致农村教育水平相对落后，而农村教育的落后造成了城乡青少年受教育程度不一，农村居民的文化程度又会反作用于农村的经济发展。因此，农村教育是农村的希望，农村教育发展了，农民素质提高了，农村的发展才有了根本保障。②

实现农村教育全面发展的首要任务是促进城乡教育均衡发展。教师资源是促进城乡教育均衡发展的重要方面，所以，促进教育均衡发展的重点在于优化农村教师结构、关注农村教师专业发展等。只有农村教师的整体素质提高了，农村教育的水平才能得到提升，农民的科学素养水平才能逐渐得到提高。只有农村教育得到发展，农民的利益得到根本保障，社会公平正义才能得以彰显，我国社会发展的整体步伐才能加快。

（二）农村学校师资是影响农村教育事业发展的关键所在

教师是教育大厦的基石，是教育系统中的关键要素。可以说，教师在教育事业的发展中起中流砥柱的作用。当前，我国农村学校面临着教师队伍总体质量不高、大量教师单向流出、优质师资补充不利等诸多问题，严重制约着我国农村教育事业的发展。现阶段，农村教师队伍结构不合理主要表现在教师性别比例失

---

① 注：国内学者对"师范生公费教育"与"师范生免费教育"均有使用，二者含义相同。在本书中，"公费"与"免费"可以通用，"公费师范毕业生"统称为"公费师范教师"。
② 温家宝.一定要把农村教育办得更好 [N].人民日报，2011-09-09（2）.

调、教师年龄偏大、学历层次较低、骨干教师流失、副科教师匮乏等。农村学校的吸引力不够，男教师往往选择去城市就业，这样就导致农村学校性别结构失衡现象出现恶性循环。此外，很多地区农村教师的年龄结构呈现老龄化趋势，年轻教师普遍较少。一些老教师的教学观念落后、教学方式单一、教学新颖性不足，这些都不利于农村学校教育质量的提高。另外，近些年来，一些农村学校的骨干教师流失现象也非常严重。农村教育师资水平是影响农村教育发展的关键所在。骨干教师流失使得农村教育的发展步履维艰。

（三）加强农村学校师资建设的重大措施——师范生免费教育

农村教育是我国现代化建设过程中不容忽视的地方，也是体现教育公平的重中之重。为了大力发展农村教育，国家在新世纪推出一系列补充农村教师的重大举措，如"特岗计划""硕师计划""师范生免费教育"等。其中，"师范生免费教育"的重新回归是一项意义非凡的举措。该政策的实行具有鲜明的时代价值和深远的历史意义。[1]

2007年，国务院颁布了《教育部直属师范大学师范生免费教育实施办法（试行）》。该办法明确规定，到城镇工作的免费师范毕业生，应先到农村义务教育学校任教服务两年。[2]公费师范教师接受了全面、正规的大学本科教育，拥有较高的教学素养和专业知识能力。他们进入农村学校工作将为农村教育注入新的活力，这对于加强农村教师队伍建设来说是一个重要的举措。

二、师范生免费教育政策的回归历程

（一）师范生免费教育政策的重新启动

我国的师范生免费教育已经有百余年的历史。从清朝末期开始，到民国时期，一直到中华人民共和国成立后，我国都实施过师范生免费教育政策。2000年6月，国家公布了《关于2000年高等学校招生收费工作若干意见的通知》。2000—2006年，各级师范教育处于收费状态。2007年，师范生免费教育政策重

---

[1] 史宁中，柳海民. 公费师范教育：兴邦强国的重要建议和国家设计 [J]. 教师教育研究，2008，(5)：3-6.
[2] 国务院办公厅. 国务院办公厅转发教育部等部门关于教育部直属师范大学师范生免费教育实施办法（试行）的通知 [EB/OL]. http://www.gov.cn/zwgk/2007-05/14/content_614039.htm [2018-09-30].

新启动,以国家六所部属师范院校为试点,由北京师范大学、华东师范大学、东北师范大学、华中师范大学、陕西师范大学、西南大学采用提前批次录取的方式在全国进行招生。

免费师范生在入学前与部属师范院校及生源所在地省级教育行政部门签订《师范生免费教育协议书》。该协议书明晰了三方的权利和义务。其中,免费师范生本人具有免缴纳学费和住宿费、领取生活补助费用、进行二次专业选择、申请免试攻读在职教育硕士专业学位等权利。同时也规定了其义务,如毕业后回生源省从事中小学教育十年以上、两年农村任教经历、不得报考脱产研究生等。此外,该协议书对违约也做了说明,违约人员除需归还已经享受到的公费教育费用之外,还需在规定时间内缴纳50%的违约金,逾期需支付滞纳金。

免费师范毕业生就业以"双向选择或者服从分配"为原则。就业工作由有关省级政府统筹,教育部、人力资源和社会保障部、中央机构编制委员会办公室、财政部等部门共同负责。各省市相关部门组织就业双选会,通过面试、试讲等环节择优录用免费师范毕业生。在就业过程中,国家鼓励毕业生到农村或中西部欠发达地区任教,以提高这些地区的师资队伍水平。

(二)师范生免费教育政策的发展嬗变

2010年5月18日,教育部、人力资源和社会保障部、中央机构编制委员会办公室、财政部共同印发《教育部直属师范大学免费师范毕业生就业实施办法》,该办法指出,由省级政府统筹,教育、人力资源和社会保障部、机构编制、财政部等部门组成工作小组,确保免费师范毕业生到中小学任教有编有岗,要求毕业生一般回生源省就业,特殊情况可以允许跨省就业。

2010年5月21日,教育部发布《教育部直属师范大学免费师范毕业生在职攻读教育硕士专业学位实施办法(暂行)》的通知。从2012年起,六所部属师范院校招收免费师范毕业生为教育硕士专业学位研究生,任教满一学期的公费师范教师均可免试申请攻读教育硕士学位。公费师范教师研究生采取在职学习方式,学习年限一般为2~3年,实行学分制。

2012年,教育部、财政部、人力资源和会保障部、中央机构编制委员会办公室颁布了《关于完善和推进师范生免费教育的意见》,强调以下几点:①科学制定免费师范生招生计划;②健全免费师范生录取和退出机制;③完善师范生免费教育经费保障机制;④推进教师教育改革创新;⑤进一步改进免费师范生就业办法;⑥支持免费师范毕业生专业发展;⑦逐步在全国推广师范生免费教育政策；⑧建立健全跨部门工作机制。2012年9月，教育部决定将逐步在全国推广师范生免费教育政策，鼓励地方师范院校培养适合本省（自治区、直辖市）的免费师范生，拓宽补充农村教师的渠道。①

为进一步推动免费师范毕业生就业，2014年，教育部发布《教育部办公厅关于做好2015届教育部直属师范大学免费师范毕业生就业工作的通知》，通知要求：①及时收集公布岗位信息；②积极组织双选活动；③提升就业信息服务质量；④切实加强履约管理；⑤严格规范跨省就业；⑥开展生动有效的就业教育。

三、调研目的、对象及工具

（一）调研目的

迄今为止，师范生免费教育已经历时多年，所培养的公费师范教师已经走向一线教学工作岗位。公费师范教师的生活、工作以及职后发展等情况都值得我们继续关注。本书对公费师范教师的工作现状等方面进行调查分析，主要关注以下几个方面的内容。

1. 探明公费师范教师队伍整体情况

本书希望通过分析公费师范教师的性别比例、年龄结构、民族构成等问题，了解公费师范教师的自然情况。同时，本书调查了公费师范教师目前工作地点分布情况，任教学校的类型和层次、学科、工作岗位、工作量，以及是否获得编制等工作现状。了解这些问题有利于整体把握公费师范教师队伍的结构，为剖析师范生免费教育政策的实施困境提供依据。

2. 摸清公费师范教师就职后的工作状态

本书通过调研公费师范教师对于当前教学工作的适应程度、在工作中的人际关系、目前工作中的离职意愿，了解公费师范教师的职业幸福感。同时，本书还重点关注了公费师范教师的自主学习情况，分析公费师范教师就职后的自主学习现状及在职培训和攻读教育硕士对其专业发展的影响。对这些问题的考察不仅有助于了解公费师范教师的专业发展情况，也有利于了解其职业发展需求，为改善

---

① 王强.免费师范生期待更多"地方军"[N].中国教育报，2014-11-17（1）.

公费师范教师队伍质量不高的现状提出切实可行的策略。

3. 分析影响公费师范教师工作满意程度的因素

公费师范教师工作满意程度不高的影响因素是多方面的，通过探查公费师范教师的收入水平、社会地位、福利待遇的情况，并结合工作所在地级别，本书特别关注了农村公费师范教师的薪资水平与福利待遇以及了解公费师范教师生活状况，包括公费师范教师的生活开支水平、个人婚恋情况、业余生活状态等，进而分析了公费师范教师离职意愿强烈的主要原因，寻求提高公费师范教师工作满意程度的解决对策。

4. 寻找师范生免费教育政策有效实施的策略与建议

本书主要从公费师范教师报考原因、就业方式、在就业过程中的关注点等方面，了解公费师范教师报考的原因，挖掘师范生免费教育政策的吸引力所在，分析影响公费师范教师顺利就业的主要因素，并从公费师范教师对服务期限、任教地区、跨省就业等方面的看法，调查公费师范教师对师范生免费教育政策的态度和建议，为完善师范生免费教育政策提出切实可行的建议。

（二）调研对象

本书调研选取的是已经毕业且从事一线教学工作的公费师范教师。限于调研条件的限制，我们只对2012年毕业于东北师范大学的公费师范教师进行了调研。本次调研采集到的公费师范教师样本总量为307人，其中，语文公费师范教师为142人，数学公费师范教师为45人，外语公费师范教师为56人，物理公费师范教师为64人。

（三）调研工具

在调研前期，我们在师范生免费教育的相关政策、就业情况、职业认同、课程设置等方面做了大量的文献研究，梳理和总结了师范生免费教育的研究重点和热点，同时参考并借鉴了其他调研报告的研究成果，开发出一套调研工具。在工具开发过程中，我们征求了相关专家的意见和建议，对调研工具进行了多次修订和完善。调研工具主要包括调查问卷、访谈提纲。其中，调查问卷主要是针对公费师范教师进行设计的，问卷的内容涉及公费师范教师队伍情况、工作适应情况、专业发展情况、生活情况等；访谈提纲侧重对公费师范教师生活和工作情况的开放式调查。运用SPSS21.0和Excel等对相关数据进行分析。

四、公费师范教师相关情况的调查与分析

（一）公费师范教师队伍情况

公费师范教师队伍的质量直接关系到师范生免费教育政策的实施效果。因此，我们有必要对公费师范教师队伍的整体状况加以考察，对真正从事教学工作的公费师范教师群体的自然情况、工作地点、任教学校的层次和类型、任教学科、工作岗位、编制等问题进行了解和分析，深化对师范生免费教育政策实施效果的认识，为进一步完善师范生免费教育政策提供依据。

1. 公费师范教师的自然情况

（1）公费师范教师的性别比例差异显著，女教师数量是男教师的三倍

教师队伍的性别结构可以呈现和说明男女教师数量差异和功能关系，它不仅是影响教育教学质量的潜在因素，也是影响学生人格成长和身心健康发展的重要方面。公费师范教师队伍的性别结构是反映公费师范教师群体自然情况的重要维度之一，是衡量公费师范教师队伍结构质量的重要指标。通过对样本公费师范教师的性别情况进行统计与分析，我们发现，公费师范教师的男、女性别比例约为1∶3，数量相差非常悬殊（图4.16）。公费师范教师的性别结构需要进一步优化，尤其是部属师范大学在招收免费师范生时，应重视免费师范生的性别结构。

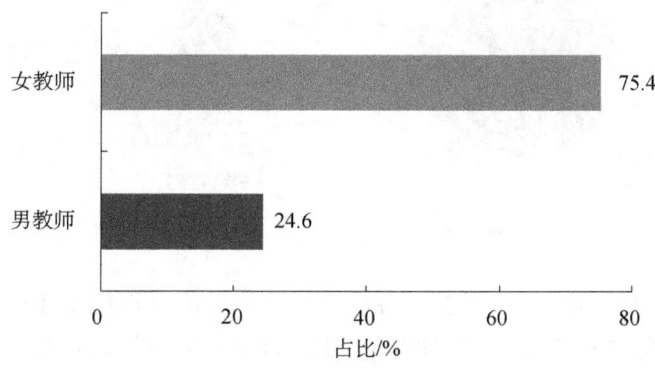

图4.16　公费师范教师性别比例

（2）公费师范教师的年龄主要分布在25周岁左右

师范生免费教育政策从2007年秋季实施至今，已有一大批免费师范毕业生走上工作岗位，为基础教育战线注入了新鲜血液。公费师范教师都是新入职的高校毕业生，年龄必然呈现年轻化的特点。通过对样本中公费师范教师的年龄进行

描述性统计分析，我们发现，公费师范教师的年龄主要分布在 25 周岁左右（图 4.17）。

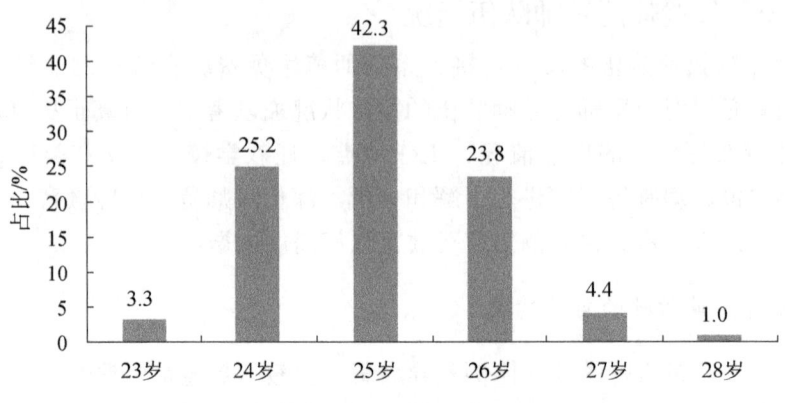

图 4.17　公费师范教师年龄分布情况

（3）公费师范教师的民族构成以汉族为主

本次调查显示，在公费师范教师中，汉族的比例为 86.8%，少数民族主要有满族、蒙古族、苗族、回族、壮族、维吾尔族、藏族等民族（所占比例见图 4.18）。

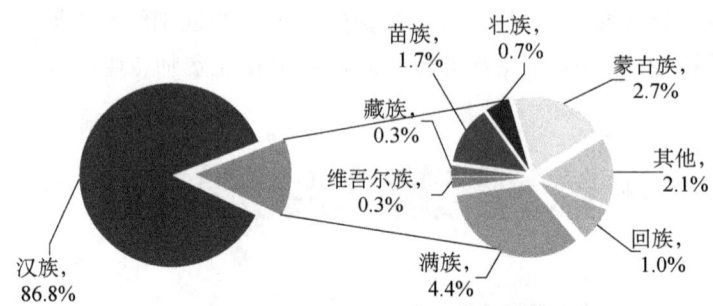

图 4.18　公费师范教师的民族构成

我国一些地区少数民族居多，各地区的民族构成呈现地域化的特点。因此，对公费师范教师的民族分布情况的分析要结合地域特点加以考察。为了更加明确公费师范教师的民族分布情况，我们将公费师范教师的民族构成结合其工作地区进行分析，剔除了没有少数民族公费师范教师的地区。公费师范教师民族构成情况与各地区民族比例情况大体接近。在汉族人口比例较高的地区，公费师范教师民族类别多为汉族；而在少数民族集中的地区，公费师范教师为少数民族的比例也相对较高。总体来看，各地区公费师范教师的民族构成多为汉族（图 4.19）。

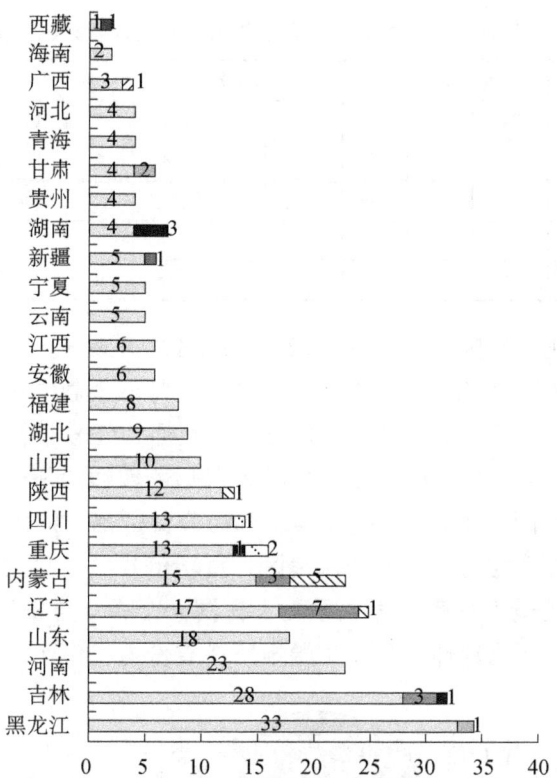

图 4.19 公费师范教师工作所在省（自治区、直辖市）的民族构成情况

2. 公费师范教师的工作地点

本次调研的对象是东北师范大学 2008 级的免费师范毕业生，所以分布在东北地区的公费师范教师所占比例较高，其中，分布在黑龙江和吉林的公费师范教师有 30～35 人之多，各占样本总量的 10%；而分布在内蒙古、河南以及辽宁这三个省（自治区）的公费师范教师为 20～29 人；其次是分布在华中地区各个省份的人数较多，而分布在西南地区、华东地区的人数为 1～10 人；东部沿海各个省份及北京、天津、上海等直辖市没有公费师范教师分布。

（1）大部分公费师范教师在生源地所在省份工作

从公费师范教师的高考生源地和工作地所在省（自治区、直辖市）的分布情况来看，大部分公费师范教师都是在生源地所在省份内工作，跨省就业的公费师范教师情况见表 4.3。

表 4.3 公费师范教师的高考生源地与工作所在地频数统计情况 （单位：人）

项目	河北	山西	内蒙古	辽宁	吉林	黑龙江	安徽	福建	江西	山东	河南	湖北	湖南
高考生源地	2	11	24	24	35	33	5	3	5	19	26	13	12
工作所在地	4	10	24	25	32	34	6	8	6	18	23	9	8

项目	广西	海南	重庆	四川	贵州	云南	西藏	陕西	甘肃	青海	宁夏	新疆	缺失
高考生源地	4	3	17	10	4	5	1	14	7	5	5	6	5
工作所在地	4	2	16	14	7	5	2	13	6	4	5	6	7

公费师范教师任教学校与父母家的最小行政区划关系在一定程度上能反映出其离家的远近。本次调查显示，1.4%的公费师范教师的任教学校与父母家的最小行政区划关系为同一个乡镇，12.3%的公费师范教师的任教学校与父母家的最小行政区划关系为同一个县/县级市，29.8%的公费师范教师的任教学校与父母家的最小行政区划关系为同一个地级城市，43.5%的公费师范教师的任教学校与父母家的最小行政区划关系为同一个省（自治区、直辖市），13.0%的公费师范教师的任教学校与父母家的最小行政区划关系为不在同一个省（自治区、直辖市）。这也说明了大部分公费师范教师都是在生源地所在省份内工作（图 4.20）。

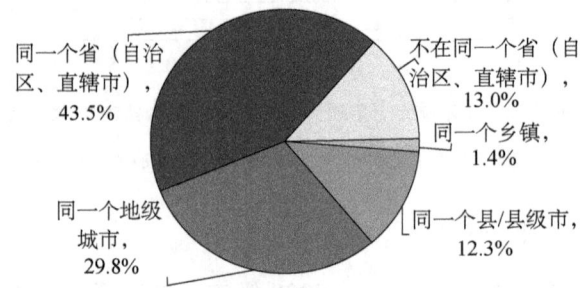

图 4.20 公费师范教师任教学校与父母家的最小行政区划关系

（2）大部分公费师范教师在县级以上城市工作

国家实施师范生免费教育政策，其基本出发点是希望免费师范生为支援我国农村教育、提高农村教育质量做出贡献。[①]师范生免费教育政策被看作是改善农村教育师资力量、优化农村师资结构的重要措施。但调查显示，97.6%的公费师范教师都在县级及以上城市工作，其中 45.3%的公费师范教师在市级城市工作，在省会城市工作的公费师范教师有 34.4%，而在乡镇及农村学校任教的公费师范

---

① 罗祖兵，毛娅娅. 促进农村教育：免费师范教育的"难为"与"应为"[J]. 当代教育科学，2013，(21)：24-28.

教师只有 2.4%。可见，公费师范教师对于基层农村教育师资力量的补充甚是微小（图 4.21）。

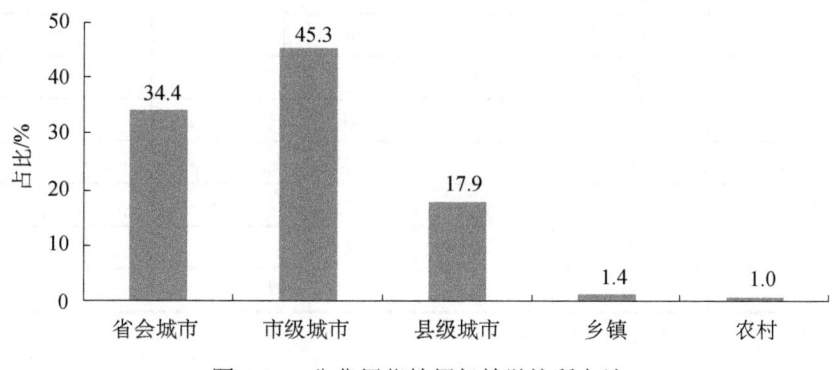

图 4.21　公费师范教师任教学校所在地

3. 公费师范教师任教学校的层次和类型

（1）有六成公费师范教师在高中任教

从公费师范教师任教学校的类型来看，有 62.9% 的公费师范教师在高中任教，25.5% 的公费师范教师在初中任教，9.5% 的公费师范教师在小学任教，还有个别公费师范教师在中专等学校任教（图 4.22）。

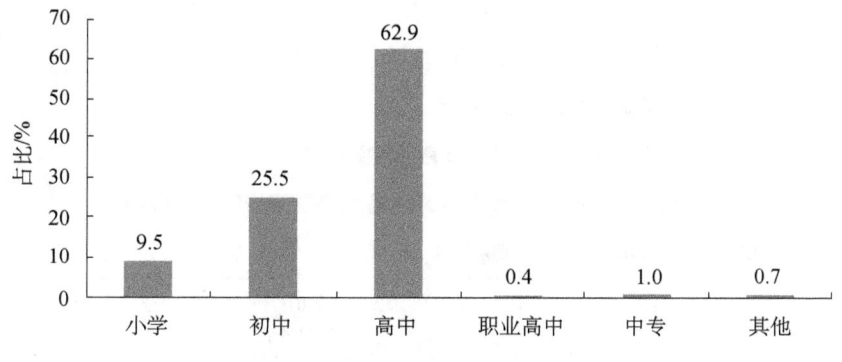

图 4.22　公费师范教师任教学校的类型

通过对公费师范教师工作所在地级别结合其任教学校类型进行分析后可以发现，公费师范教师大部分在县级及以上城市就业，近八成的公费师范教师在市级城市和省会城市的中小学工作，并且在高中工作的公费师范教师占了较高的比例（表 4.4）。

表 4.4　公费师范教师的工作所在地级别和任教学校类型统计表　（单位：人）

任教学校类型	工作所在地级别					合计
	省会城市	市级城市	县级城市	乡镇	农村	
小学	21	6	0	0	0	27
初中	26	37	9	1	1	74
高中	51	85	41	3	2	182
职业高中	0	1	0	0	0	1
中专	0	2	1	0	0	3
其他	1	0	1	0	0	2
合计	99	131	52	4	3	289

注：$N=298$，系统缺失 9，有效率为 97%

（2）有七成公费师范教师在重点中小学任教

公费师范教师专业起点高、素质好，成为很多高水平基础教育学校热衷的对象。从公费师范教师工作的学校层次来看，他们大都在教学条件、教学质量较高的优质中小学任教。本次调查显示，在国家级重点、示范中小学任教的公费师范教师有 6.8%，在省级重点、示范性中小学任教的公费师范教师接近五成，占到 48.3%，在市重点中小学任教的占到了 24.0%（图 4.23）。

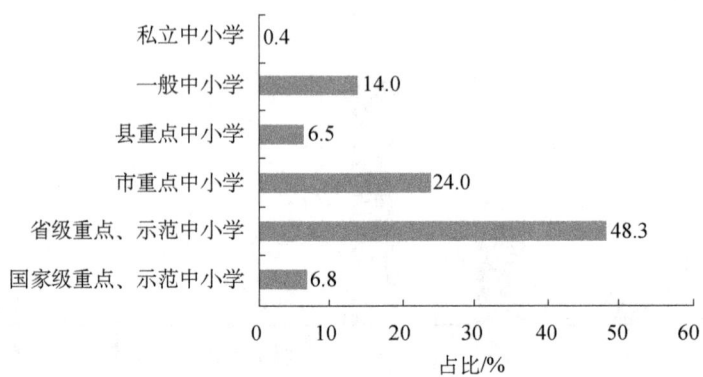

图 4.23　公费师范教师任教学校的层次

4. 公费师范教师的任教学科和工作岗位

（1）大部分公费师范教师的任教学科与专业一致

调查发现公费师范教师的任教科目主要有语文、数学、外语、物理，和样本选取的公费师范教师所学专业的比例是比较一致的。但是也有 6.6% 的公费师范教师的任教科目和自己所学的专业不一致，其任教科目主要是思想品德、历史、综合实践、音乐、美术等（表4.5）。

表4.5 任教学科与所学专业一致情况分析   （单位：%）

所学专业	中文	数学	英语	物理	平均百分比
与任教科目一致百分比	92.7	91.3	100.0	89.6	93.4

注：N=298，系统缺失15，有效百分比为95.0%。

（2）九成公费师范教师的工作岗位为学科教师

本次调查显示，有九成多公费师范教师的工作岗位是学科教师，有近四成公费师范教师担任班主任，有近一成的公费师范教师的工作岗位是中层领导、心理辅导员或其他等。可见，许多公费师范教师不仅要承担教学工作，还要承担班主任等管理工作（图4.24）。

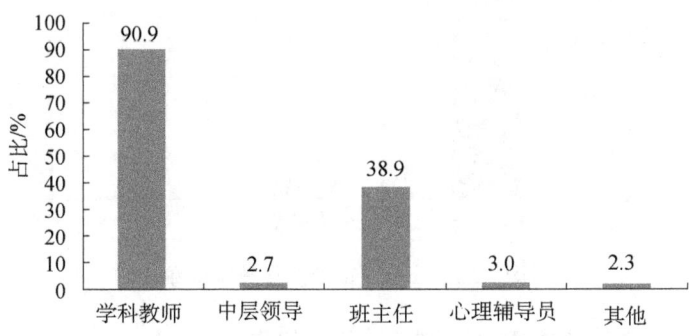

图4.24 公费师范教师的工作岗位

5. 公费师范教师的工作量

（1）六成公费师范教师任教2个班级

任教年级数量和任教班级数量是反映教师工作量的主要维度。为了全面反映公费师范教师的日常工作负担，我们对公费师范教师的任教班级数进行了分析，结果发现，18.6%的公费师范教师任教1个班级，64.7%的公费师范教师任教2个班级，10.8%的公费师范教师任教3个班级，有个别公费师范教师任教4个班级、5个班级甚至6个班级（图4.25）。

（2）近九成公费师范教师任教一个年级

在任教班级数一定的情况下，教师任教的年级越多，其工作负担就越重。本次调查发现，89.5%的公费师范教师任教1个年级，9.1%的公费师范教师任教2

个年级，1.4%的公费师范教师任教 3 个年级（图 4.26）。

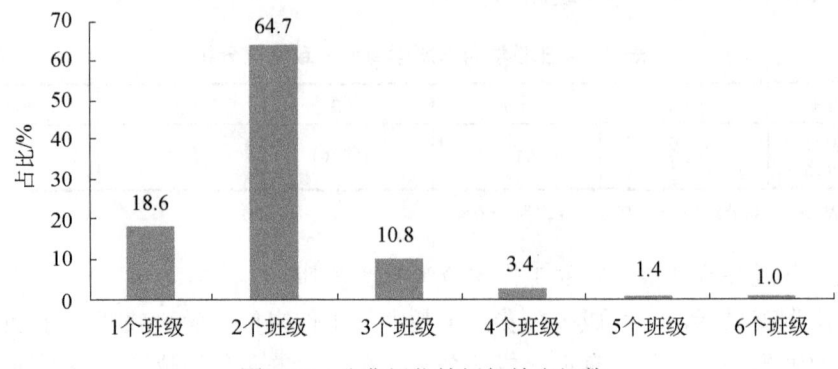

图 4.25　公费师范教师任教班级数

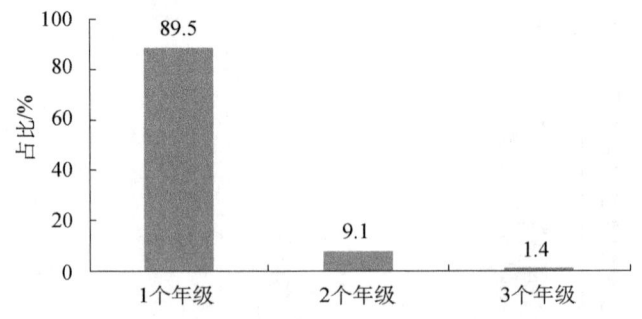

图 4.26　公费师范教师任教年级数

（3）部分公费师范教师的日常工作负担偏重

一般而言，一个教师的正常工作量是同一年级的 2 个班级的正常教学工作。本次调查显示，近两成的公费师范教师任教同一个年级的 1 个班级，六成多的公费师范教师任教同一个年级的 2 个班级，这部分公费师范教师的工作量接近教师工作量的正常水平。其余近两成的公费师范教师的工作量较大，其工作负担超过教师工作量的正常水平，其中，任教同一个年级的 3 个班级以上的公费师范教师占 11.8%，任教 2 个或 3 个年级且任教 3 个以上班级的公费师范教师占 6.4%（表 4.6）。从对公费师范教师工作所在地级别与任教年级的交叉分析中可以看出，任教年级在 2 个年级及以上的公费师范教师主要在县级以上城市（表 4.7）。通过对公费师范教师主修专业与任教班级的交叉分析发现，任教班级超过 3 个的公费师范教师的主修专业集中为物理学等专业（表 4.8）。

表 4.6　公费师范教师任教年级和任教班级统计表　　　　　（单位：%）

年级数	班级数						合计
	1个	2个	3个	4个	5个	6个	
1个	18.4	59.4	8.8	2.7	0.3	0	89.6
2个	0	5.0	1.7	0.7	1.0	0.7	9.1
3个	0	0	1.0	0	0	0.3	1.3
合计	18.4	64.4	11.5	3.4	1.3	1.0	100.0

注：N=298，系统缺失 3，有效率为 99.0%。

表 4.7　公费师范教师工作所在地级别与任教年级交叉表　　　（单位：%）

年级数	目前工作所在地级别					合计
	省会城市	市级城市	县级城市	乡镇	农村	
1个	90.9	87.8	92.3	100.0	100.0	90.0
2个	8.1	9.9	7.7	0.0	0.0	8.7
3个	1.0	2.3	0.0	0.0	0.0	1.4
合计	100.0	100.0	100.0	100.0	100.0	100.0

注：N=298，系统缺失 10，有效率为 96.6%。

表 4.8　公费师范教师主修专业与任教班级交叉表　　　　　（单位：%）

班级数	主修专业			
	中文	数学	外语	物理
1个	20.2	25.6	17.2	8.3
2个	72.3	65.1	72.4	45.0
3个	5.0	9.3	7.0	30.0
4个	1.7	0	1.7	11.7
5个	0	0	0	3.3
6个	0.8	0	1.7	1.7
合计	100.0	100.0	100.0	100.0

注：N=298，系统缺失 15，有效率为 95.0%。

6. 公费师范教师的编制情况

（1）近九成公费师范教师的编制得到落实

编制问题是影响公费师范教师稳定与流动的重要问题。本次调查显示，87.2%的公费师范教师已获得正式的教师编制，2.7%的公费师范教师的编制正在落实中，但仍有 7.7%公费师范教师明确自己没有获得教师编制，还有部分公费师范教师不清楚自己是否已获得正式的教师编制（图 4.27）。

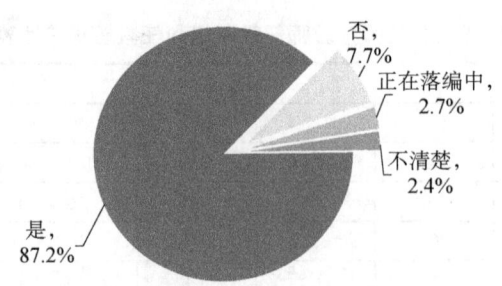

图 4.27 公费师范教师的编制落实情况

（2）部分省份的公费师范教师编制没有得到落实

公费师范教师的编制落实问题与各省（自治区、直辖市）教师编制的实际情况有关，我们剔除已经获得正式教师编制的公费师范教师，将教师的编制和其工作省份对应，通过交叉分析得出各省（自治区、直辖市）的公费师范教师的编制落实情况数据。其中，河南省、吉林省、湖北省、陕西省等省份存在公费师范教师编制没有落实的情况（表4.9）。

表 4.9　各省（自治区、直辖市）公费师范教师的编制落实情况（剔除已获编制教师）　（单位：人）

类别	河南	吉林	湖北	陕西	黑龙江	湖南	内蒙古	辽宁	山东	海南	重庆	贵州	云南	合计
否	10	5	3	3	1	1	0	0	0	0	0	0	0	23
落编中	1	1	0	0	2	0	1	0	0	1	0	1	1	8
不清楚	0	1	0	0	0	1	2	1	1	0	1	0	0	7

（二）公费师范教师的工作适应情况

工作适应速度和水平影响着公费师范教师的工作状态和效果，也在一定程度上反映了师范生免费教育的质量。本书主要对公费师范教师的教学工作适应、工作胜任感、人际关系、离职意愿等情况进行了调查和分析。

1. 公费师范教师的教学工作适应情况

以往研究表明，对于初任教师来说，教学工作是新教师工作适应的主要内容。我们可以用适应时间的长短来衡量教学适应的快慢和难易程度。从图4.28中不难看出，教学适应时间最短的教师所占比例为16.6%，仅需1~2周时间；而8.8%的公费师范教师需要一学年的时间才能适应；其中所占比例较高的是，近三成的公费师范教师认为自己用了3~4周时间适应了教学工作，近两成的公费师范教师认为自己在15~16周后才适应教学工作。由此可见，绝大多数公费师范教师都能在一学期内适应教学工作。

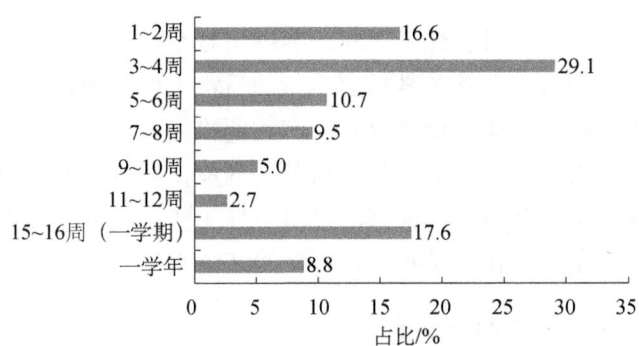

图 4.28 公费师范教师的教学工作适应时间

2. 公费师范教师的工作胜任感情况

了解公费师范教师的工作胜任感是分析公费师范教师工作适应状况和自我效能感的重要方面。具体结果如下。

（1）九成公费师范教师能够胜任教学工作

本次调查显示，多数公费师范教师认为自己能够胜任教学工作，只有一成左右的教师认为自己基本胜任教学工作。由此可见，公费师范教师目前能够顺利开展教学工作，能够胜任自己的教学工作。

（2）公费师范教师的教研工作胜任感相对不强

在平时的工作中，公费师范教师除了要进行教学工作外，还要进行教研工作。我们发现，公费师范教师在教研工作方面的胜任感远不及在教学工作中的胜任感。本次调查显示，只有近六成的公费师范教师能够较好地胜任教研工作（图 4.29）。

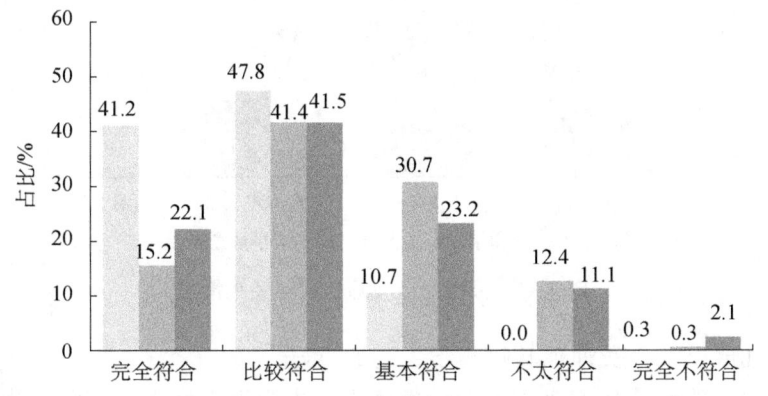

图 4.29 公费师范教师的工作胜任情况

(3) 公费师范教师的班主任工作胜任感也相对不强

班主任工作是很多公费师范教师要进行的日常工作，能否胜任这项工作直接关系到他们的工作状态。本次调查显示，有约两成的公费师范教师认为能够完全胜任班主任工作，有约四成的公费师范教师认为能比较好地胜任班主任工作，还有一成多的公费师范教师认为不能够胜任班主任工作。可见，对于部分公费师范教师来说，开展班主任工作还是有一定难度的（图4.29）。

3. 公费师范教师的人际关系情况

融洽的人际关系对于新教师的工作适应至关重要。同事和学生是公费师范教师在工作中接触最频繁的人群，他们之间的关系是衡量教师人际关系的重要依据。因此，我们考察了公费师范教师与学生和同事之间的人际关系情况。

(1) 九成以上公费师范教师与同事相处融洽

同事关系的处理的好坏直接关系到教师在学校的学习、交流、成长环境。公费师范教师主要是"80后""90后"，喜欢结交朋友、人际交往能力比较突出，接受新鲜事物的能力较强。本次调查结果表明，九成以上公费师范教师认为自己与同事相处融洽（图4.30）。

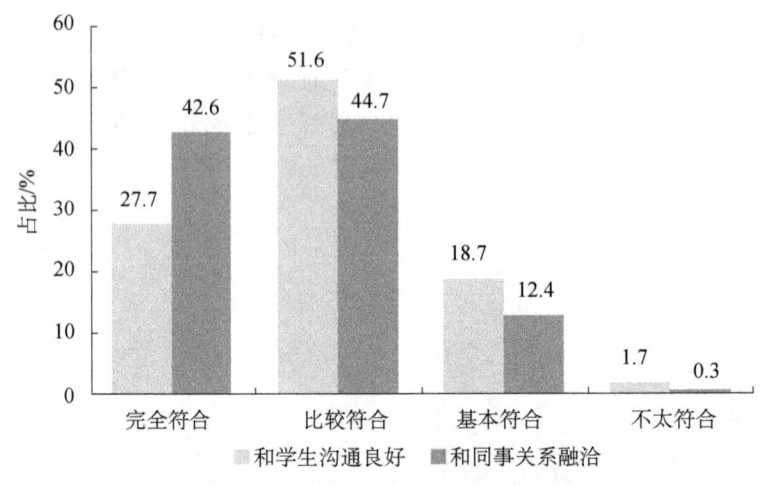

图 4.30　公费师范教师的人际关系情况

(2) 九成以上公费师范教师与学生沟通良好

师生关系的融洽程度直接影响教学效果。本次调查发现，在与学生相处时，九成以上公费师范教师与学生沟通良好。由此可见，公费师范教师与学生的相处比较融洽（图4.30）。

4. 公费师范教师的离职意愿情况

工作在农村的公费师范教师的离职意愿不仅能够反映农村学校教师工作的吸引力,也能够反映教师的流动意向,是教师流动的先期指标。对教师流动意愿的调查与分析有利于我们对相关政策的调整和公费师范教师流动情况的了解。

(1) 近六成公费师范教师考虑跳出教育行业

我们调查了公费师范教师未来的去向打算,结果显示,57.7%的公费师范教师正在考虑跳出教育行业,不打算再继续当教师;25.1%的公费师范教师认为自己不会跳出教育行业;17.2%的公费师范教师表示没有考虑过这个问题。由此可见,有离开教育行业想法的公费师范教师占了近六成(图4.31)。通过对公费师范教师离职意愿与工作所在地级别进行交叉分析发现,在农村工作的公费师范教师的离职意愿比例最高,其次为在省会城市工作的公费师范教师。这说明农村教师工作岗位对免费师范教师缺乏吸引力依然是一个普遍存在的现象(图4.32)。

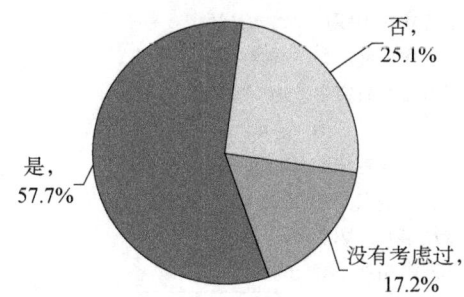

图4.31 公费师范教师的离职意愿

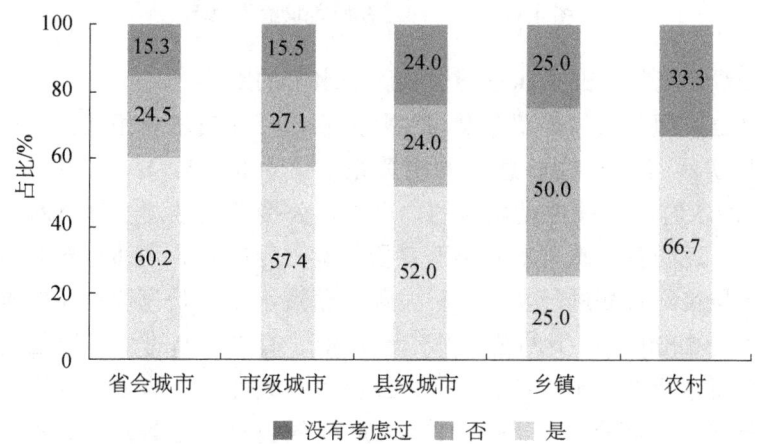

图4.32 公费师范教师离职意愿与工作所在地相关情况

（2）收入低、福利待遇差、工作压力大是公费师范教师想离职的主要原因

我们深入分析了公费师范教师想要跳出教育行业的原因，结果显示，位于公费师范教师离职原因前三位的依次是收入太低、福利待遇不好、工作压力太大。可见，对教师工资待遇不满已成为影响教师职业稳定的首要原因。在访谈中，有些教师戏称自己是"月光族"，每月的工资仅仅能够维持个人的基本生活。一些在职攻读硕士研究生的公费师范教师表示，每年近1万元的培养费用对于他们来说实在是负担很重，这可能也是部分公费师范教师想要"逃离"教育行业的原因。此外，工作压力太大也是公费师范教师想要跳出教育行业的重要原因之一（图4.33）。

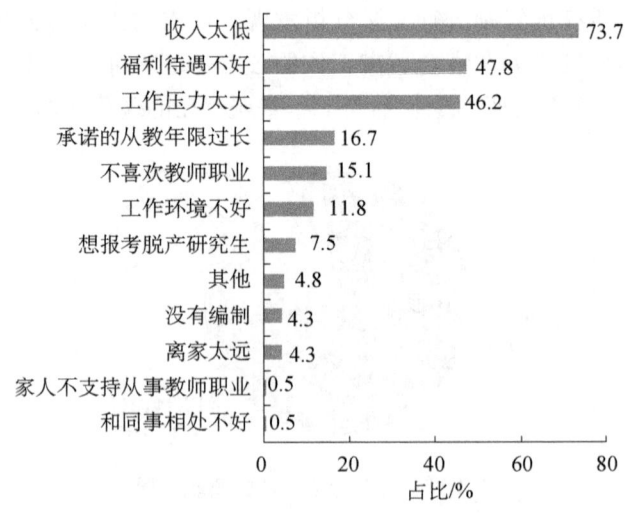

图4.33 公费师范教师离职意愿原因

（3）公费师范教师的离职意愿受其薪资水平的影响

通过对公费师范教师离职意愿与实际月薪进行斯皮尔曼相关性分析发现，公费师范教师实际月薪与离职意愿的相关系数r为0.135，p为0.021，在置信度（双侧）为0.05时，相关性是显著的。可见，公费师范教师实际月薪与离职意愿为中度相关，说明薪资水平对其离职意愿具有一定影响。而通过对公费师范教师的离职意愿与实际月薪进行交叉分析发现，薪资水平不是离职意愿的唯一因素。在薪资水平为2000元以下的公费师范教师中，有73.3%的公费师范教师有离职意愿；在薪资水平为2001~3000元的公费师范教师中，有66.0%的公费师范教师有离职意愿；在薪资水平为3001~4000元的公费师范教师中，有49.5%的公费师范教师有离职意愿；在薪资水平为4001~5000元的公费师范教师中，有

66.7%的公费师范教师有离职意愿；在薪资水平为5000元以上的公费师范教师中，有37.9%的公费师范教师有离职意愿（图4.34）。

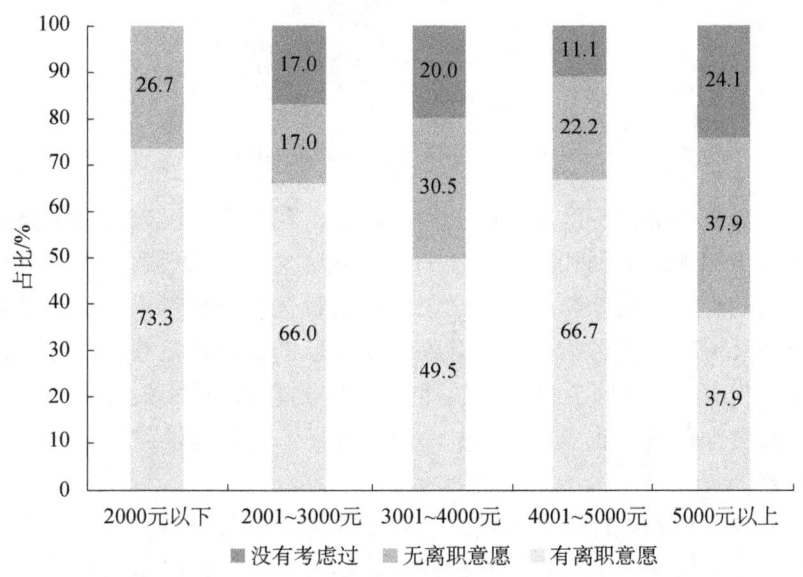

图4.34　公费师范教师的离职意愿与实际月薪关系图

（三）公费师范教师的专业发展情况

随着社会的不断发展，教师专业化已经成为教师职业发展的重要趋势。教师不断学习是促进教师专业可持续、高质量发展的基础，是实现教育改革和学校进步不可缺少的条件和力量。教师自主学习不仅是教育师资力量提高的重要途径，也是教师专业发展的需要。因此，了解公费师范教师的自主学习状况，对于探究教师专业发展来说非常必要。

1. 公费师范教师的自主学习情况

（1）公费师范教师普遍缺乏阅读

阅读是衡量公费师范教师自主学习情况的一个维度。阅读不仅是增长知识的有效途径，也是促进教师专业发展的有效措施。阅读教育教学方面的书籍、报刊，可以使教师的学科知识更加系统、灵活，教学状态更加稳定、自如，不断增长其教学实践智慧，并在一定程度上减弱或消除职业倦怠。调查发现，只有近两成公费师范教师会经常阅读，七成左右公费师范教师偶尔阅读，有一成左右公费师范教师从不阅读，即没有阅读的习惯。也就是说，公费师范教师大多不具备基本的阅读习惯。公费师范教师匮乏的阅读量将在一定程度上影响他们的专业发展（图4.35）。

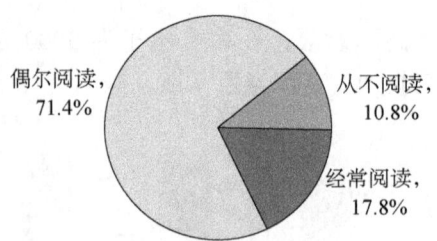

图 4.35 公费师范教师的阅读情况

为了进一步了解公费师范教师的阅读习惯,我们将阅读分为两个维度,即阅读与教育教学相关的书刊和阅读其他书刊,从这两个方面考察阅读对公费师范教师专业发展的影响。阅读与教育教学工作直接相关的书刊对于公费师范教师教育教学工作的开展有直接影响,能有效促进新入职的公费师范教师快速成长。本次调查显示,仅有11.4%的公费师范教师会阅读与教育教学相关的书刊,而阅读其他书刊的公费师范教师也仅有17.4%,由此可见,公费师范教师普遍存在阅读量匮乏的问题。

我们将公费师范教师的阅读情况与其专业进行交叉分析,发现公费师范教师的阅读情况与其所学专业存在一定的联系。结果显示,在经常阅读的公费师范教师中,中文专业的公费师范教师占52.8%,数学专业的公费师范教师占18.9%,外语专业的占11.3%,物理专业的占13.2%。由此可见,中文专业的公费师范教师的阅读情况较其他专业教师的阅读情况好,这和其学科专业特点有一定关系(图4.36)。

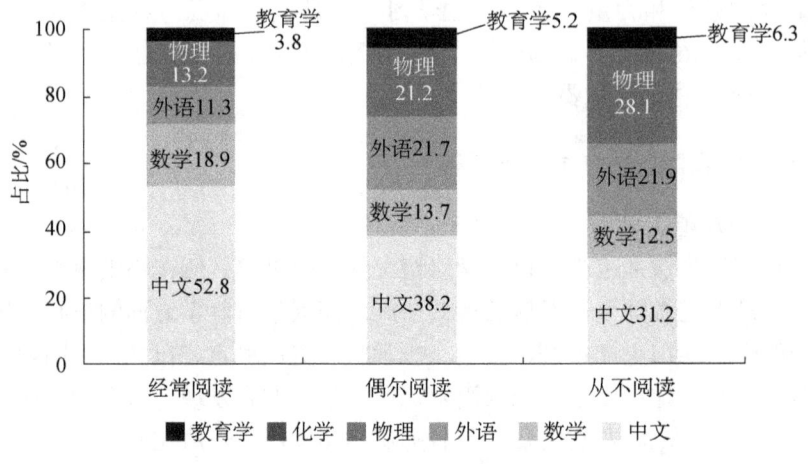

图 4.36 公费师范教师的阅读情况与专业的关系图

（2）公费师范教师校内听课频率较高，校外听课频率较低

公费师范教师是新入职教师，在教学、班级管理方面都缺乏经验积累，听课是学习和汲取教学经验及教学技巧的有效方式，也是教师自主学习中最常见的渠道之一。本次调查发现，平均每学期校内听课的次数在1～10次的公费师范教师占样本总量的26.8%，校内听课次数在11～20次的占31.3%，校内听课次数在21～30次的占17.2%，校内听课次数超过30次的占23.7%（图4.37）。与校内听课相比，公费师范教师的校外听课次数相对较少，有近两成的公费师范教师没有参加校外听课，每学期校外听课次数在1～5次的公费师范教师占样本总量的59.8%，校外听课次数6次及以上的公费师范教师有20.3%（图4.38）。

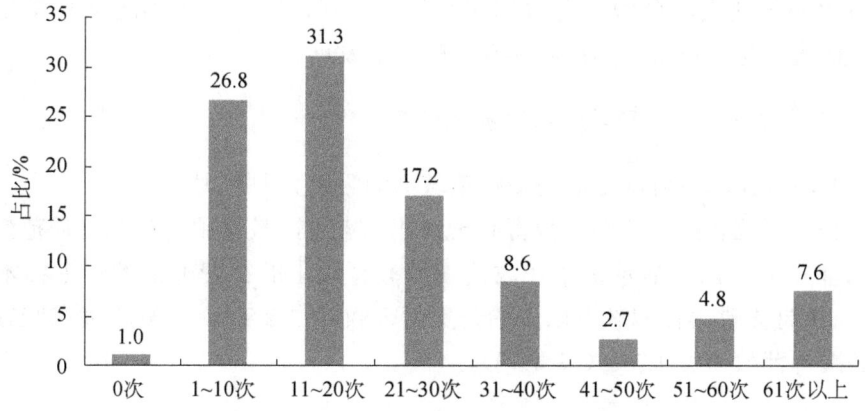

图 4.37 公费师范教师校内听课情况

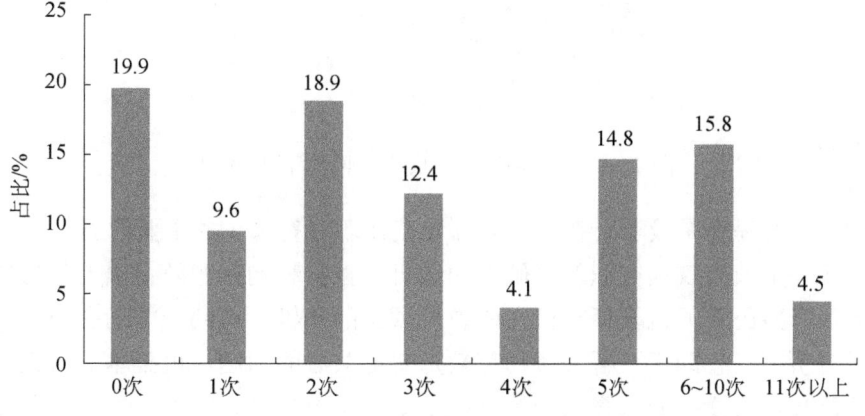

图 4.38 公费师范教师校外听课情况

2. 部分公费师范教师在职培训机会有待增加

教师要实现专业发展不仅需要自主学习，也需要参加一定的在职学习和培训。参加教师培训是教师专业发展的重要组成部分，也是教师终身学习体系的重要内容。公费师范教师都是部属师范大学的毕业生，虽然具有较高的专业起点，但教学经验相对不足，教学能力还有很大的提升空间，参加培训对他们来说尤为重要。公费师范教师参加培训的次数可以反映其在职培训情况。调查显示，参加过 1 次培训的公费师范教师占 30.5%，参加过 2 次培训的公费师范教师占 26.5%，参加过 3 次培训的公费师范教师占 9.4%，参加过 4 次培训的公费师范教师占 5.7%，参加过 5 次及以上培训的公费师范教师占 13.0%，其中有少部分公费师范教师的培训次数达到 12 次以上。调查发现，有 14.8% 的公费师范教师培训次数值系统缺失。公费师范教师作为新手教师，需要有更多培训与学习的机会，来促进自身专业素质的提高和专业能力的发展。

3. 公费师范教师在职攻读教育硕士情况

（1）攻读在职教育硕士对公费师范教师的吸引力非常大

从公费师范教师攻读在职教育硕士的比例来看，教育硕士对公费师范教师的吸引力非常大。调查显示，正在攻读在职教育硕士的公费师范教师占样本总量 95.5%，不打算攻读在职教育硕士的公费师范教师占 2.8%，打算攻读在职教育硕士的公费师范教师占 1.7%（图 4.39）。

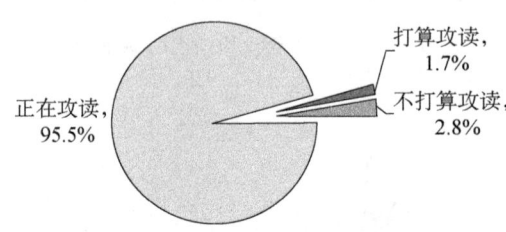

图 4.39　公费师范教师攻读在职教育硕士情况

（2）学习提升是吸引公费师范教师攻读在职教育硕士的主要原因

公费师范教师攻读在职教育硕士的动机将直接影响在职教育硕士学习的质量和效率。考察公费师范教师攻读在职教育硕士的动机，有助于明确在职教育硕士的吸引力所在，有助于了解公费师范教师普遍关心的问题。根据本书研究设计，公费师范教师攻读在职教育硕士的动机主要有学习提升、获得证书、升职加薪、拓展视野和拓展人脉等五种。调查显示，公费师范教师攻读在职教育硕士的主要动机是学习提升，占比为61.0%，说明大部分公费师范教师希望通过攻读在职教育硕士提升自身的能力，促进自身的专业发展；动机为获得证书和升职加薪的占比分别为33.5%和13.2%，说明部分公费师范教师希望通过攻读在职教育硕士让自己的社会地位和经济水平有所提高；动机为拓展视野和拓展人脉的所占比例均不到3%（图4.40）。可见公费师范教师普遍关心的是自身的学习成长、社会地位和经济水平。

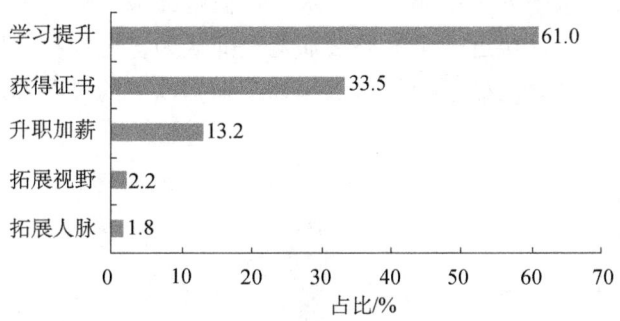

图4.40 公费师范教师攻读在职教育硕士的动机

（3）攻读在职教育硕士对大部分公费师范教师的工作很有帮助

公费师范教师攻读在职教育硕士的主要动机是学习提升，那么在职教育硕士的课程学习必然对于其从事教育教学工作有一定的帮助。本次调查发现，认为攻读在职教育硕士对其教育教学工作有帮助的公费师范教师有87.9%，其中，认为非常有帮助的占15.0%，认为比较有帮助的占43.6%，认为一般有帮助的占29.3%，认为不太有帮助和几乎没帮助的公费师范教师占12.1%（图4.41）。由此可见，大部分公费师范教师对在职教育硕士的课程质量持满意态度，且对自己的学习效果也比较肯定。

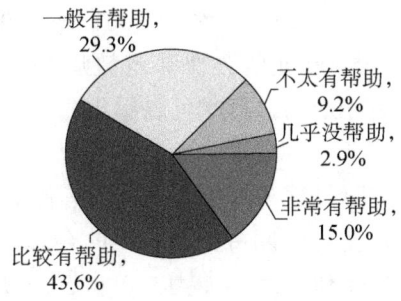

图4.41 攻读在职教育硕士对公费师范教师从事教育教学工作的帮助

(四）公费师范教师收入和福利待遇满意度情况

1. 公费师范教师的收入水平

（1）六成多公费师范教师认为其经济收入处于中下等及下等水平

公费师范教师普遍认为自己的经济收入水平较低，有六成多公费师范教师认为自己的经济收入水平处于中下等以及下等水平，仅有33.3%的公费师范教师认为自己的经济收入水平处于中等及以上水平。公费师范教师对其社会地位水平的态度基本呈正态分布。接近一半的公费师范教师认为自己的社会地位处于中等水平，认为自己的社会地位处于中等以上和处于中等以下的公费师范教师所占比例比较接近（图4.42）。

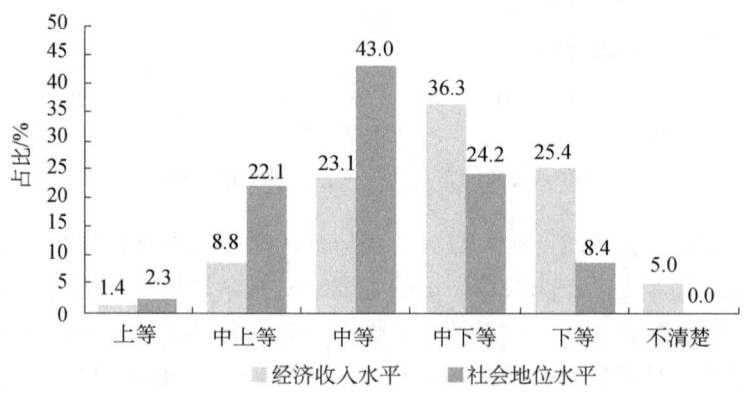

图4.42 公费师范教师的经济收入水平和社会地位

（2）约七成公费师范教师的薪资水平在2001～4000元

公费师范教师的实际月薪包含基本工资、绩效工资、奖金等收入。本次调查发现，实际月薪为2000元以下的公费师范教师有5.0%，实际月薪为2001～3000元的公费师范教师有36.9%，实际月薪为3001～4000元的公费师范教师有35.9%，实际月薪为4001～5000元的公费师范教师有12.1%，实际月薪为5000元以上的公费师范教师仅有10.1%。由此可以看出，大部分公费师范教师的薪资水平为2001～4000元。

（3）公费师范教师的实际月薪与期待合理月薪差距较大

公费师范教师的实际月薪与其期待应该获得的合理月薪差距较大。合理月薪是公费师范教师按照自己的工作强度和能力，对自己应获月薪的预估。合理月薪也包含基本工资、绩效工资、奖金等收入。有12.1%的公费师范教师认为自己应该获得的合理月薪为3001～4000元,有35.4%的公费师范教师认为自己应该获得的合理月薪为4001～5000元,有近五成公费师范教师认为自己应该获得的合理月薪为5000元以上(图4.43)。公费师范教师按照自己的工作强度与能力,期待应该获得合理的月薪,这带有个人主观性,但可以反映出公费师范教师对目前的薪资水平不满意。

(4) 城乡公费师范教师的薪资水平差距较大

公费师范教师的薪资水平会受地区影响,将公费师范教师的实际月薪和其工作所在地区进行交叉分析,发现在省会城市工作的公费师范教师的实际月薪集中在2001～3000元,所占比例为45.0%;在市级城市工作的公费师范教师的实际月薪主要为3001～4000元,所占比例为39.4%;在县级城市工作的公费师范教师的实际月薪主要为3001～4000元,所占比例为48.1%;而在乡镇和农村工作的公费师范教师的实际月薪主要集中在2001～3000元。调查还发现,实际月薪达到4000元以上的公费师范教师均在县级以上城市工作,其中在市级城市工作的所占比例最高,与我们预想的反差比较大。

2. 公费师范教师的福利待遇

(1) 公费师范教师的福利待遇一般

公费师范教师的福利待遇主要包括社会保险、住房公积金、节日慰问和旅游疗养等。其中社会保险主要包括医疗保险、养老保险、失业保险、工伤保险、生育保险,是社会保障最重要的组成部分;节日慰问和旅游疗养也是教师福利待遇的组成部分。本次调查发现,享有医疗保险的公费师范教师最多,有81.5%;其次是住房公积金,所占百分比为80.1%;享有养老保险的公费师范教师有66.8%;享有失业保险的公费师范教师有38.7%,与医疗保险相比少了四成多;而享有工伤保险的公费师范教师有25.3%;享有节日慰问和旅游疗养的公费师范教师均不到10.0%。还有12.3%的公费师范教师对自己享有的福利待遇情况不明确(图4.43)。

(2) 公费师范教师的福利待遇具有地域性差异

公费师范教师的福利待遇表现出一定的地域差异性。从调查结果来看,并不是所有的公费师范教师都享有"三险一金"或者"五险一金"。处于乡镇或农村工作地的公费师范教师的福利待遇相比在县级以上城市工作的公费师范教师而言较不完善。另外,不是所有的公费师范教师都能享受到医疗保险、养老保险、失业保险、工伤保险、生育保险这五险(表4.10)。

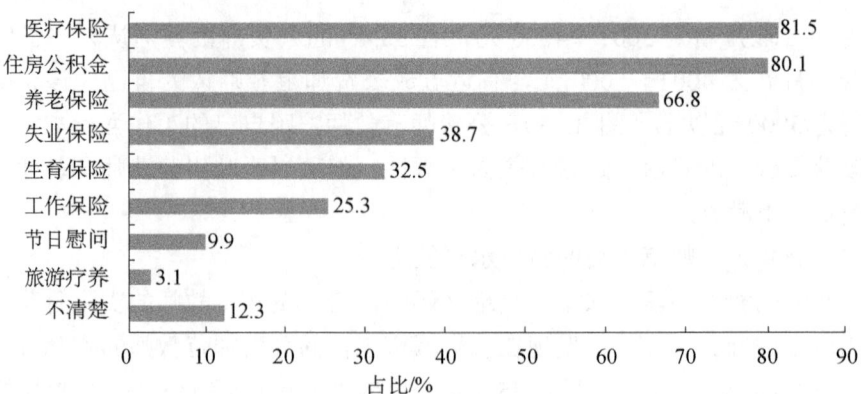

图 4.43 公费师范教师的福利待遇情况

表 4.10 公费师范教师的福利待遇和目前工作所在地情况统计表 （单位：个）

福利待遇	目前工作所在地				
	省会城市	市级城市	县级城市	乡镇	农村
养老保险	62	89	34	1	2
医疗保险	79	106	42	2	3
失业保险	38	56	15	1	0
工伤保险	34	28	9	1	0
生育保险	37	39	15	3	0
住房公积金	76	103	42	3	3
节日慰问	10	15	4	0	0
旅游疗养	2	5	2	0	0
不清楚	15	15	4	2	0

注：N=298，系统缺失 13，有效百分比为 95.6%

（五）公费师范教师的生活状况

公费师范教师的生活状况不仅体现了教师个体的生活质量和满意程度，也关系到公费师范教师的工作质量和效率。本次调查结果显示，公费师范教师的生活问题包括生活开支、住宿、交通以及婚恋等，这些同样也是公费师范教师普遍关心的问题。

1. 公费师范教师的生活开支

公费师范教师的生活开支主要包括服装费、伙食费、交通费、通信费、水电费、人际交往费、赡养老人费等。调查中，我们以公费师范教师的月平均生活开支为准，生活开支中不包括住房开支。

（1）近八成公费师范教师的月平均生活开支为1001～3000元

本次调查结果显示，月平均生活开支为1000元以下的公费师范教师占7.4%，月平均生活开支在1001～2000元的公费师范教师占43.4%，月平均生活开支在2001～3000元的公费师范教师占35.7%，月平均生活开支在3001～4000元的公费师范教师占5.7%，月平均生活开支为4000元以上的公费师范教师占7.8%。由此可以看出，近八成公费师范教师的月平均生活开支在1001～3000元。

（2）大部分公费师范教师的实际收入基本能满足其生活开支

我们将公费师范教师的经济收支情况分为三个等级：经济有结余、收入和开支基本持平、开支大于收入。本次调查发现，大部分公费师范教师的平均月生活开支略低于其实际月薪。实际月薪在2000元以下的公费师范教师中，仅有6.7%的教师经济有结余，40.0%的教师收支基本平衡，53.3%的教师入不敷出。而实际月薪在2001～3000元的公费师范教师中，经济有结余的教师占到了56.4%，35.5%的教师处于收支基本平衡状态，仅有8.1%的教师入不敷出。实际月薪在3001～4000元的公费师范教师中，经济有结余的教师占到了92.5%，另有5.7%的教师为收支基本平衡。实际月薪在4000元以上的公费师范教师，其月平均生活开支主要集中在2001～3000元，实际收入基本能满足其生活开支，多数公费师范教师经济有结余。

（3）在城市工作的公费师范教师的生活开支较高

在城市工作的公费师范教师月平均生活开支以1001～2000元和2001～3000元的居多，分别占42.4%和34.9%。其中工作在市级城市的公费师范教师的月平均生活开支也以1001～2000元和2001～3000元的为主，分别占21.0%和15.2%。可见，在城市工作的公费师范教师的生活开支较高。

2. 公费师范教师的交通情况

（1）近八成公费师范教师的住所与学校距离在5公里[①]内

交通问题也是公费师范教师生活中的一个重要问题。很多公费师范教师工作

---

① 1公里=1千米。

的学校与住所的距离比较远,若不在学校提供寝室供其居住,那么他们除了要在每天上下班期间付出一定的时间成本外,还要支付一定的经济费用,交通费成为其月平均生活开支的又一重要组成部分。本次调查结果显示,住所距离学校1公里的公费师范教师占52.9%,住所距离学校1~5公里的公费师范教师占25.4%,住所距离学校5~10公里的公费师范教师占8.5%,住所距离学校10~20公里的公费师范教师占7.8%,住所距离学校20公里以上的公费师范教师占5.4%(图4.44)。

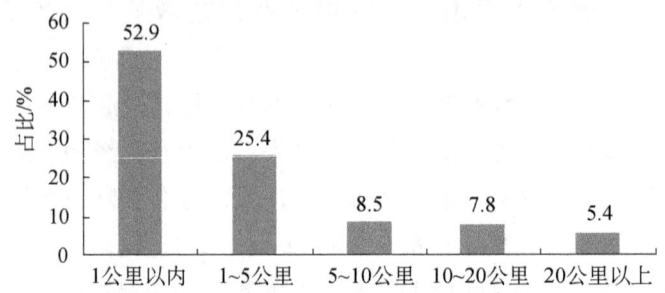

图4.44　公费师范教师的住所距离学校的远近

(2)五成公费师范教师的主要交通方式为步行

公费师范教师的交通方式主要有步行、坐公交车、骑电动车或者摩托车、骑自行车、坐通勤车以及开私家车。公费师范教师的住所与学校的距离决定了其主要的交通方式。大部分公费师范教师上下班的交通比较方便。调查结果显示,近一半的公费师范教师的交通方式为步行,坐公交车的公费师范教师占14.2%,骑电动车或摩托车的占11.0%,骑自行车的占10.7%,而坐通勤车和开私家车的分别占7.1%和6.8%(图4.45)。

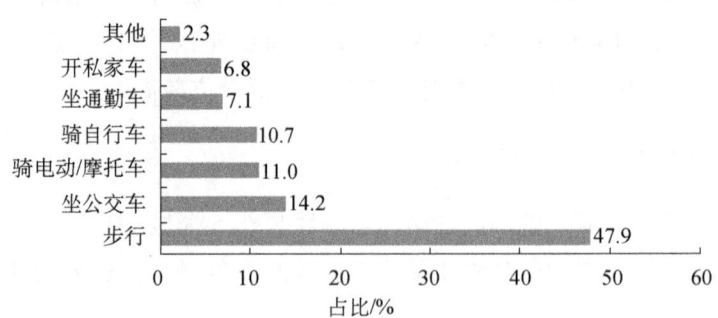

图4.45　公费师范教师的交通方式

3. 公费师范教师的婚恋情况

（1）公费师范教师的婚恋问题突出

公费师范教师是全日制普通高校毕业生，年龄普遍为 23~28 周岁。处于这个年龄区间的教师正处于婚恋高峰期，因此，公费师范教师的婚恋问题备受关注。这不仅会对教师个人的生活产生影响，更与公费师范教师队伍的稳定性息息相关。本次调查发现，近两成公费师范教师的婚恋状态是已婚，处在恋爱中和尚未恋爱的公费师范教师各占约四成。总体来看，公费师范教师的婚恋问题比较突出（图 4.46）。调查还发现，尚未恋爱的公费师范教师主要以 25 周岁的居多，占 18.9%，24 周岁和 26 周岁的尚未恋爱的公费师范教师均占 10.0% 左右。

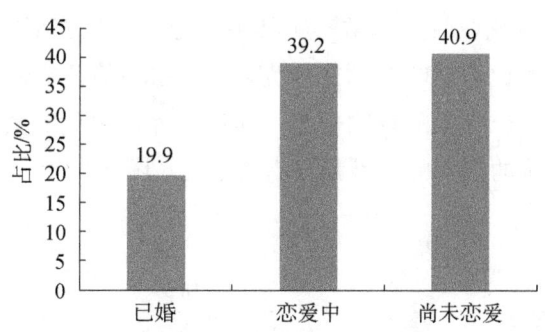

图 4.46 公费师范教师的婚恋情况

（2）大部分公费师范教师与丈夫/妻子在同一地级城市

公费师范教师任教学校与丈夫/妻子所在地的最小行政区划关系可以在一定程度上反映出家校距离的远近。本次调查发现，1.6%的公费师范教师任教学校与丈夫/妻子工作所在地的最小行政区划关系为同一个乡镇，14.3%的公费师范教师任教学校与丈夫/妻子工作所在地的最小行政区划关系为同一个县/县级市，58.7%的公费师范教师任教学校与丈夫/妻子工作所在地的最小行政区划关系为同一个地级城市，19.0%的公费师范教师任教学校与丈夫/妻子工作所在地的最小行政区划关系为同一个省（自治区、直辖市）。6.3%的公费师范教师任教学校与丈夫/妻子工作所在地的最小行政区划关系为不在同一个省（自治区、直辖市）。

（3）近四成公费师范教师与男/女朋友处于异地恋状态

公费师范教师任教学校与男/女朋友工作所在地的最小行政划关系对其恋爱关系稳定性和工作有一定影响。本次调查发现，与男/女朋友处于同一乡镇、同一县级城市、同一地级城市的公费师范教师共占 58.0%；与男/女朋友处于同一省（自治区、直辖市）的公费师范教师占 21.0%；而与男/女朋友处于不同省（自治区、直辖市）的公费师范教师占 21.0%，其恋爱关系由于地域距离远而存在不稳定的因素，对公费师范教师的教育教学工作也产生了一定的影响。

（4）师范生免费教育政策对公费师范教师婚恋问题的影响较大

师范生免费教育政策中关于免费师范生必须回生源地工作的规定在一定程度上会对公费师范教师的婚恋行为产生影响。本次调查发现，有 18.8% 的公费师范教师认为免费师范生就业政策非常影响其婚恋行为，22.5% 的公费师范教师认为免费师范生就业政策比较影响其婚恋行为，有 13.8% 的公费师范教师认为免费师范生就业政策对其婚恋行为的影响一般，而认为师范生免费教育政策对其婚恋不太影响和完全不影响的公费师范教师只有 25.5%（图 4.47）。

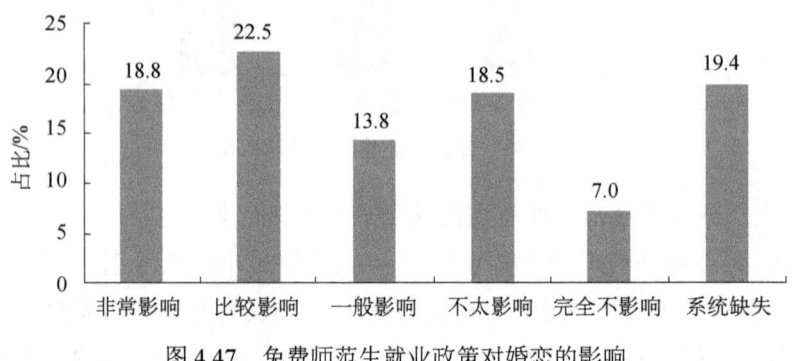

图 4.47　免费师范生就业政策对婚恋的影响

4. 公费师范教师的业余生活

公费师范教师的业余时间在一定程度上可以反映他们的生活状态和质量。本次调查发现，上网、逛街购物和运动、锻炼身体是近一半公费师范教师业余生活的主要选择。除此之外，公费师范教师业余生活的形式从高到低依次是看电视、玩手机、假期旅游、陪伴家人、去电影院看电影、阅读等。（图 4.48）。

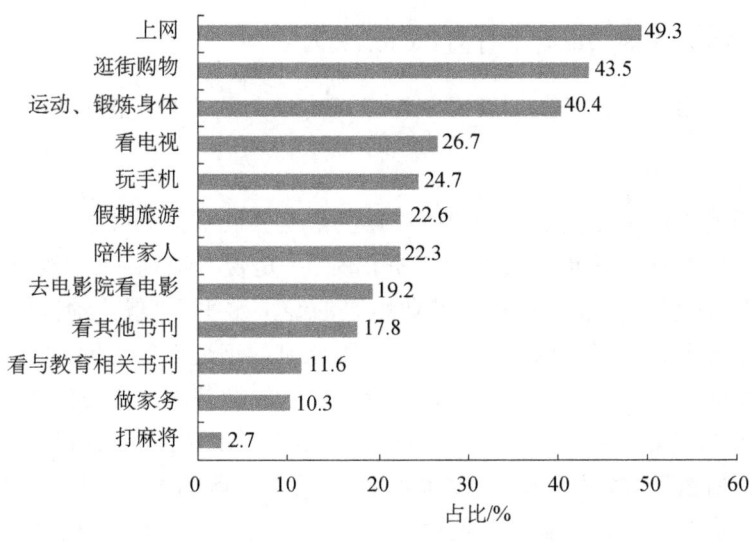

图 4.48　公费师范教师的业余生活

五、公费师范教师对师范生免费教育政策的评价

（一）师范生免费教育政策的吸引力

1. 免除学费、住宿费并给予生活补助是师范生免费教育政策的主要吸引力

师范生免费教育政策的吸引力主要表现在免除学费住宿费并给予生活补助、就业有保障、可申请免试攻读在职教育硕士、有机会进入部属师范大学学习、实现教师职业理想等几个方面。调查显示，师范生免费教育政策的主要吸引力是免除学费住宿费，并给予生活补助和就业有保障，其占比分别为34.7%、32.3%，这是师范生免费教育政策所期望的。

2. 为家庭减轻经济负担是报考免费师范生的最主要原因

明确公费师范教师报考免费师范生的原因，有助于分析师范生免费教育政策的吸引力所在。公费师范教师报考免费师范生的原因主要有"为家庭减轻经济负担""喜欢教师职业""教师工作稳定""能保证有编有岗""父母意愿""提前批次录取"等几个方面，还有因为"听别人说好，不了解相关政策"而报考的，也有"随便选择的"。通过统计分析发现，报考免费师范生的最主要的四个原因依次是"为减轻家庭经济负担"（22.8%）、"喜欢教师职业"（22.8%）、"教师工作稳定"（15.4%）、"能保证有编有岗"（10.1%）。

3. 就业地区经济水平、工资福利和是否有编制是公费师范教师的三大就业关注点

免费师范毕业生在找工作时的关注点会决定其就业的具体去向。调查显示，公费师范教师就业关注点主要有"工资福利""是否有编制""学校层次""教学质量""校园环境""教学设施""就业地区的经济水平""就业地区的气候""就业地区的环境污染程度"以及"工作地点距离家的远近"等方面。调查显示，公费师范教师的三大就业关注点分别是"就业地区的经济水平"（55.1%）、"工资福利"（54.4%）、"是否有编制"（47.0%）。"工作地点距离家的远近"及"学校层次"。"教学质量""教学设施""校园环境""就业地区的气候""就业地区的环境污染程度"也对公费师范教师的就业产生的一定的影响，但其影响程度明显较弱（图4.49）。

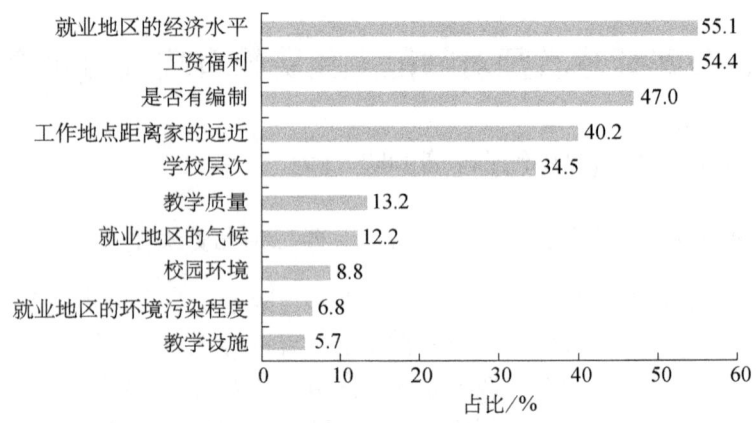

图4.49 公费师范教师的就业关注点

（二）公费师范教师的就业方式和影响因素

1. 本人和学校双向选择是公费师范教师的主要就业方式

公费师范教师的就业方式主要有三种：本人和学校双向选择、本人和生源地教育部门双向选择、自己单向联系学校。本次调查结果显示，大部分公费师范教师的就业方式是本人和学校双向选择，占到了样本总量的68.1%，本人和生源地教育部门双向选择的公费师范教师占24.8%，自己单向联系学校的公费师范教师占5.7%。

2. 公费师范教师自身素质和面试表现是其顺利就业的主要因素

一般认为，影响公费师范教师就业的主要因素包括以下几个方面："专业知识与教学技能""学习成绩排名""综合素质排名""社会实践活动能力""面试表现""学校就业指导与服务"以及"国家政策的支持"几个方面。调查显示，公费师范教师认为自己就业顺利的主要因素不是"国家政策的支持"（19.7%）和"学校就业指导与服务"（8.3%），而是学生自身的"专业知识与教学技能"（73.0%）、"面试表现"（55.0%）、"综合素质排名"（42.9%）、"学习成绩排名"（27.0%）和"社会实践活动能力"（26.0%）（图4.50）。

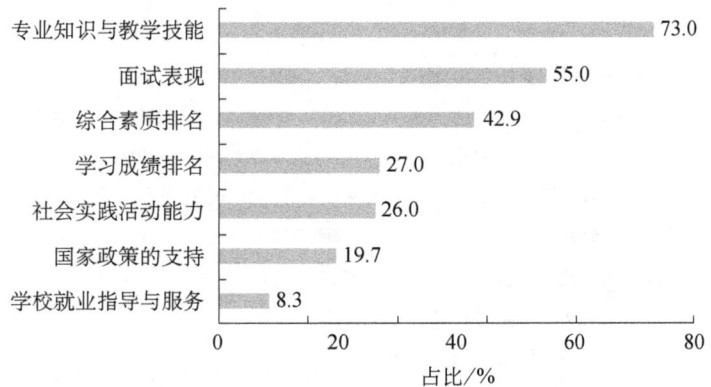

图 4.50　公费师范教师顺利就业的主要因素

（三）公费师范教师对师范生免费教育政策的态度和建议

1. 超五成公费师范教师不建议亲戚朋友报考免费师范生

本次针对公费师范教师的调查结果显示，超过一半的公费师范教师表示不建议亲戚朋友报考免费师范生。相比之下，建议亲戚朋友报考的仅占25.9%，不确定的占到了21.4%（图4.51）。

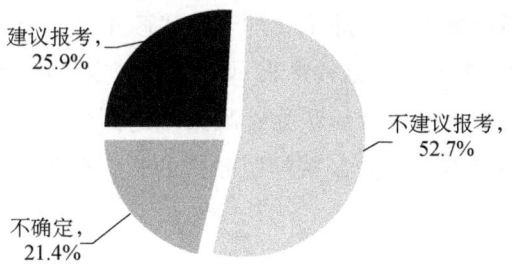

图 4.51　公费师范教师对免费师范政策的态度

2. 限制就业自由和工作收入太低是公费师范教师不建议亲戚朋友报考的主要原因

进一步分析发现，公费师范教师不建议亲戚朋友报考的原因有八种，其中三大主要原因是"失去自主选择职业的自由"（68.2%）、"失去自主选择工作地域的自由"（64.7%）和"工作收入太低"（50.0%），此外还有"失去考研、保研的机会"（36.5%）、"福利待遇不太好"（24.7%）、"有可能去农村学校任教"（13.5%）、"承诺从教年限过长"（12.9%）、"不能保证有编制"（5.9%）等原因（图4.52）。

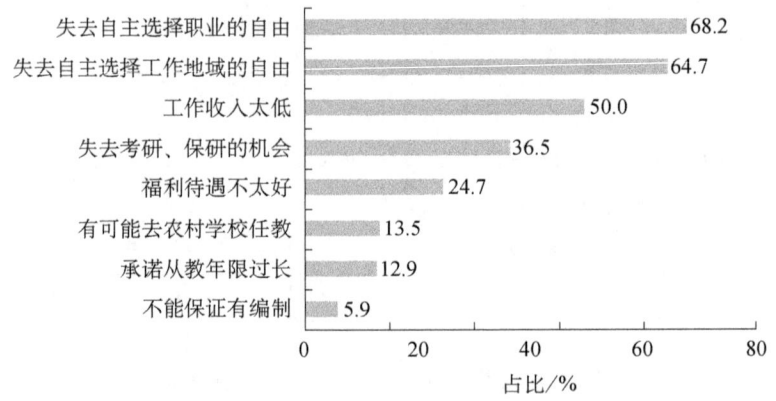

图4.52　公费师范教师不建议报考免费师范生的原因

3. 近九成公费师范教师认为10年的中小学教育服务时间过长

《教育部直属师范大学师范生免费教育实施办法（试行）》规定，免费师范毕业生必须从事中小学教育10年以上。目前，各省份规定的服务期不尽相同，如北京市实行5年服务期制度。对这一政策规定，大部分免费师范生表示服务期太长。调查显示，有67.6%的公费师范教师表示"政策规定到中小学工作5年以下比较合适"，有23.9%的公费师范教师表示"政策规定到中小学工作6～8年比较合适"，仅有7.8%的公费师范教师认为"政策规定到中小学工作9～10年比较合适"（图4.53）。总体来看，缩短公费师范教师的教育服务年限是大部分公费师范教师的心声。

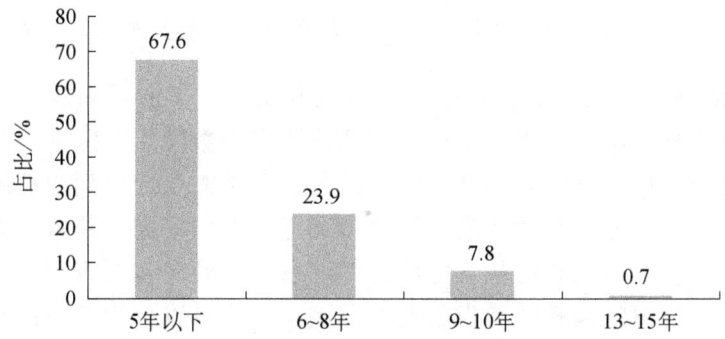

图 4.53　公费师范教师对中小学教育服务年限的期望

4. 学校教学条件差、工资水平低、生活条件不好是公费师范教师不愿意到农村地区任教的主要原因

通过调查我们发现，公费师范教师不愿意到农村任教的原因有很多，三个最主要的原因分别是"学校教学条件差"（59.7%）、"工资水平低"（46.8%）、"生活条件不好"（41.6%），比例均在 40% 以上。另外，"办公环境差"（27.6%）、"子女教育质量不高"（26.3%）、"培训机会少"（20.8%）、"父母需要照顾"（18.4%）、"社会环境不好"（18.1%）、"职称晋升机会少"（13.7%）、"家人不支持"（10.2%）、"社会地位低"（8.5%）等也是公费师范教师不愿意到农村地区任教的原因（图 4.54）。

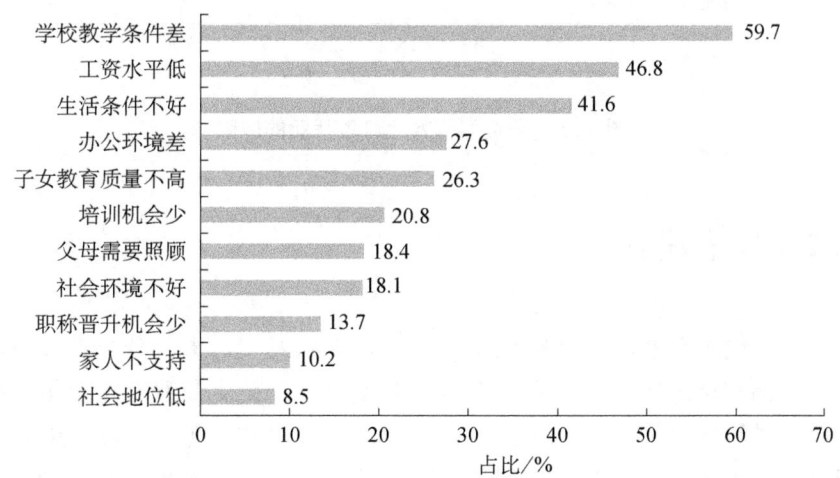

图 4.54　公费师范教师不愿意到农村任教的原因

5. 外省工资待遇高和本省招聘需求少是公费师范教师跨省就业的主要原因

《教育部办公厅关于免费师范毕业生就业相关政策的通知》中规定了可以跨省就业的三种情况：志愿到中西部边远贫困和少数民族地区中小学任教的；在学期间父母户口迁移至省（区、市）外的；已婚需要迁移到配偶所在地中小学任教的。据大部分免费师范生生源地教育行政部门规定，跨省就业为特殊情况，需培养学校、就业省份教育行政部门同意，生源地省教育厅批准。我们通过调查了解了公费师范教师跨省就业的原因，发现可以分为三类：经济影响、招聘需求、家庭影响。其中，被"外省工资待遇高"（34.1%）、"外省经济发达"（22.0%）、"外省的环境气候好"（17.1%）等因素吸引是重要原因。值得注意的是，"本省招聘需求少"（31.7%），不能提供相应的就业机会也是导致公费师范教师跨省就业的重要因素。此外，家庭因素，包括"恋爱、婚姻影响"（26.8%）和"家庭影响"（4.9%），对公费师范教师跨省就业也有一定影响（图4.55）。

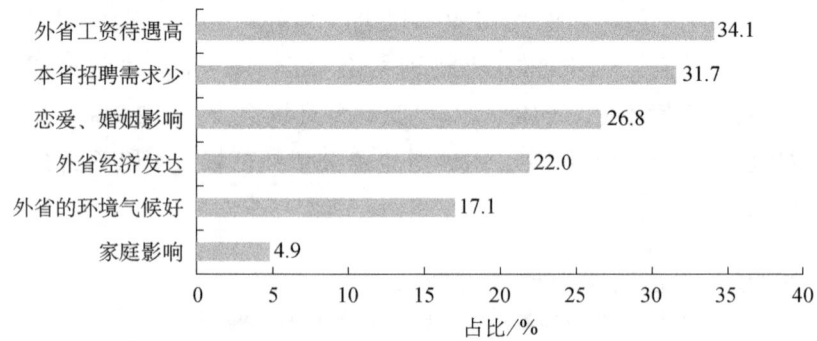

图4.55　公费师范教师跨省就业的原因

六、政策建议

本书通过调查公费师范教师的工作、生活现状发现，大部分公费师范教师对薪资水平、福利待遇等方面还有很多意见和期待，师范生免费教育政策在招生结构、就业安排等方面还存在一些问题，需要加以改进和完善。一项好的政策，不仅政策目标要出于良好愿望，政策结果和政策目标的一致性也需要达到最大化。对此，本书提出以下几方面建议。

（一）加强师范生免费教育政策的宣传工作

调查发现，一定数量的免费师范生在没有完全了解师范生免费教育政策的情况下进行了志愿填报。更有一部分来自困难家庭的高中毕业生是被"免费"二字所吸引，报考了免费师范生，但其对免费师范生的相关就业政策、限制条件等都缺乏全面的了解。他们大部分来自偏远农村，对农村艰苦的生活比较了解，因此在就业时更加倾向于选择城市。笔者建议通过以下几种方式对师范生免费教育政策进行宣传。首先，通过电视、广播、网络等大众传媒以专题介绍的形式对免费师范生的培养模式、优惠措施、就业限制等进行广泛宣传。其次，招收免费师范生的师范院校要在高中应届毕业生中加强宣传，可以印发本校免费师范生宣传手册，内容包含师范生免费教育政策及本校免费师范生历届就业的具体情况。最后，可以选派优秀公费师范教师代表到所在区、县的高中做讲座，让高中毕业生了解免费师范生最真实的生活。这些宣传手段可以使得更多的高中毕业生深入了解师范生免费教育政策，让更多真正热爱农村教育的高中毕业生加入免费师范生队伍中。

（二）改革创新师范生免费教育招生制度

优化公费师范教师队伍结构，首先要从改革师范生免费教育的招生政策开始。应合理分配各高校的招生指标，考虑各省份的实际师资需求，在制定招生计划前要深入调研各省份的实际师资需求情况，科学设定招生指标，充分考虑到免费师范生的性别结构、民族构成、地域结构、学科结构等因素。只有科学设定每年的招生数量和生源结构，才能从源头上保证公费师范教师队伍数量和结构的合理性。例如，2010年湖南第一师范学院在全国率先实施初中起点六年制农村小学教师公费定向培养计划。初中起点本科层次、培养小学教师的六年制师范生免费教育是一种全新的师范教育招生培养模式。

（三）建立健全公费师范教师流动机制

师范生免费教育政策应该充分尊重个体的价值诉求和选择意愿，给予免费师范生二次选择的机会，建立健全公费师范教师流动机制。各高等师范院校可赋予免费师范生自主选择流动和退出的权利；应该允许免费师范生在师范专业范围内进行二次专业选择，筛选具有强烈从教意愿的免费师范生；也可在培养期间对免费师范生进行必要的考核，允许确实不适合从教的、不愿意从教的学生退出免费师范生的行列。与此相配套，可以尝试建立"以奖代补"的"免费制度"。即对于毕业后到农村地区学校任教的师范毕业生给予奖励，以奖励的形式返还上学期间的学费、住宿费、生活费等费用。这样既尊重了每个个体的发展意愿，也有利于提高国家财政投入的质量，切实发挥师范生免费教育政策的效果。

（四）适当缩短免费师范毕业生服务年限

调查显示，大部分公费师范教师表示服务年限过长，应当缩短服务年限。近些年来，国内已经有一些学者提出过类似建议。我们也认为，应该适当缩短免费师范毕业生的服务年限。事实上，很多国家或地区（如澳大利亚等）的类似政策的服务期限都是 5 年左右。从教师专业本身的发展规律来看，5 年是一个职业成熟的关键期。公费师范教师经过大约 5 年时间的历练，其专业发展已比较成熟，也能对自己的职业生涯规划有更加清楚的认识，能做出更加理性的选择。如果他们愿意继续留在教育领域内工作，可以为我国教育事业做出更大贡献。总之，缩短免费师范毕业生服务年限可以更好地兼顾国家发展的整体需要和个体发展的自由选择。

（五）完善免费师范毕业生相关就业政策

调查显示，有部分免费师范毕业生跨省就业的原因是本省的招聘需求少。为了解决这一问题，需要完善免费师范毕业生的跨省就业机制，以满足不同省份的需要。虽然部分省份已出台了相关的跨省就业政策，但是办理跨省就业的手续和程序比较烦琐，审批周期长，不仅影响免费师范毕业生的就业，也增加了其求职成本。因此，要简化审批程序，畅通跨省就业手续办理过程，实现免费师范毕业生资源的合理分配。笔者建议可以成立全国性的免费师范毕业生人才市场，调配各省份之间免费师范毕业生的就业安排，尽可能满足免费师范毕业生流出省和流入省的实际需要。

（六）健全公费师范教师工资福利保障制度

教师的工资福利是影响教师职业吸引力的关键因素。要保证公费师范教师工资福利的发放，并适当提高偏远地区教师的补助标准，这样才能增加师范生免费教育政策的吸引力，吸引更多的人到偏远地区学校任教。我们的调查显示，公费师范教师普遍认为自己的工资收入水平偏低。提高公费师范教师的薪资水平，不仅是大部分公费师范教师的心声，也是保障公费师范教师生活需求的必然选择。教师在满足了物质生活需求后，会在知识、精神上追求更好的发展，教师工作热情能够得到更好的激发。另外，增加农村教师津贴也是吸引公费师范教师到农村地区任教的有效措施。应采取专项补贴措施，鼓励公费师范教师到农村边远地区工作，这是解决农村师资匮乏问题的关键所在，也是解决教育均衡发展的关键所在。

（七）优化软硬件环境，促进公费师范教师素养持续提升

教师素养的持续提升需要一定的时间和空间条件作为保障，因此，我们应该积极创造各种条件，优化公费师范教师工作的软硬件环境。首先，应该给公费师范教师必要的自主学习时间。公费师范教师在处于新入职时期时，其工作压力会随着任教班级和任教年级的增加而增加。合理安排公费师范教师的任教年级和任教班级，可在一定程度上减轻教师在教学上的工作压力，使其有足够的精力去适应教学和自主学习。其次，应该为公费师范教师提供更加丰富的学习资源。如建立教师阅览室、订阅各类教育期刊、购买各类教育教学书籍、提供网络学习平台资源等。学校要营造一种有利于教师合作学习的文化，通过教学观摩、深度会谈、集体讨论等多样化的合作学习方式，促进教师在交流和合作中学习与发展。最后，还要加强职后培训。对于公费师范教师的培训，可以将教育部委培高校对公费师范教师的培训和地方教育厅、县市教育局负责的培训结合起来。教育主管部门在分配公费师范教师培训名额时，要充分考虑到学科、专业类型等具体情况，合理安排教师的培训时间，提高培训效率。

（八）加强人文关怀，支持广大公费师范教师安心从教

公费师范教师是师范生免费教育政策的关键，建设充满人文关怀的制度环境和物质环境，有利于改善公费师范教师的生活状态，能使他们以更饱满的热情投入到教育工作中来。教育主管部门和学校要关心和解决公费师范教师在生活和工作中遇到的问题，重视公费师范教师的主观感受和意愿，从公费师范教师的角度考虑政策及制度的设计与实施。例如，在安排公费师范教师工作地点时，在条件允许的情况下，可以充分考虑他们的家乡、民族等因素，帮助公费师范教师更快、更好地适应新环境；相关部门可以组织联谊活动，丰富公费师范教师的业余生活；还可以创新公费师范教师置换对调政策，为解决公费师范教师的婚恋问题提供帮助。总之，在政策及制度设计和具体工作安排上，应进一步加强对公费师范教师的人文关怀，这会有利于广大公费师范教师安心从教，提高他们的工作热情和动力，使他们为我国教育事业做出更大贡献。

第三节　农村教师流动调查报告

农村教育事业发展的关键在农村教师。建设一支数量充足、素质优良的农村中小学教师队伍是保障农村教育发展的基础。教师的合理流动是实现教师资源合理配置、实现教育均衡发展的有效手段，也是义务教育均衡发展的必然要求。2006年6月发布的《中华人民共和国义务教育法》中明确指出：县级人民政府教育行政部门应当均衡配置本行政区域内学校师资力量，组织校长、教师的培训和流动，加强对薄弱学校的建设。《国务院关于深入推进义务教育均衡发展的意见》中提出，实行县域内公办学校校长、教师交流制度，建立和完善鼓励城镇学校校长、教师到农村学校或城市薄弱学校任职任教机制，完善促进县域内校长、教师交流的政策措施。

一、调研目的、对象及工具

（一）调研目的

农村教师是影响农村教育事业发展的重要变量。为了了解农村义务教育教师流动的基本规律，摸清参与流动的农村义务教育教师队伍的整体情况，分析农村义务教育教师的流动意愿，挖掘导致其流动的主要原因与影响因素，更好地推动和优化建设农村教师队伍事业的发展，笔者所在的东北师范大学中国农村教育发展研究院研究团队对全国11个省（自治区、直辖市）进行了调研。这次调研主要分析以下几个问题。

1）农村义务教育教师流动整体上呈现出哪些规律？具体来看，我们希望通过调研了解农村义务教育教师流动的整体规模；农村义务教育教师流动的范围；参与流动的农村义务教育教师去向何处；流动的整体方向如何；农村义务教育教师的流动有怎样的趋势等问题。了解这些问题，有利于从宏观上把握农村义务教育教师的流动现状。

2）什么样的农村义务教育教师在参与流动？即农村义务教育阶段流动教师队伍的特点。通过调研了解目前有多少农村义务教育教师参与过流动，流动教师的年龄结构、性别结构、学科结构、职称结构如何。对这些问题进行考察不仅是为了对流动教师队伍的整体情况有一个基本的了解，还可以为分析流动教师的工作、学习与流动意愿等问题提供背景和依据。

3）农村义务教育教师为什么参与流动？即农村义务教育阶段中小学教师流动的动机。现在工作在城市小学、初中的教师中，有一部分有农村任教经历；现在工作在农村小学、初中的教师中，有一部分曾经任教于其他学校。导致这部分教师离开原来工作岗位的首要原因是什么？他们又是通过什么方式进入目前学校任教的？这些都需要通过本次调研得到答案。

4）农村义务教育教师的流动意愿如何？通过调研可以了解现在就职于农村地区的义务教育教师有多少人想参与流动；他们想要流动到什么地方；是想要跳出教育行业进行职业间流动，还是要在职业内向更好的地区或学校进行正向流动，或与之相反的逆向流动；如果建立教师交流制度，使其流向偏远地区或薄弱学校，农村义务教育教师最希望在哪些方面得到补偿或方便等。这些问题不仅关系着农村学校的教育教学质量，也关系着流动教师的工作状态与未来发展。

5）影响农村义务教育教师流动的主要因素有哪些？农村义务教育教师流动受多种因素影响，对于具有流动意愿的农村义务教育教师，其工资水平的高低、能否享受必要的福利待遇等问题都是社会各界普遍关注的热点，也是影响农村义务教育教师生活与工作的关键因素。农村义务教育教师对自己的工资收入、福利待遇、社会地位等方面的满意程度很有可能影响其流动意愿，影响其流动方向。通过对类似问题的调查与研究，可以挖掘影响农村义务教育阶段中小学教师流动的社会因素、经济因素、职业发展因素、地理因素、文化因素、家庭因素、区域教育水平因素等。这些问题是制定、改进农村义务教育教师相关政策的重要依据。

（二）调研对象

本次调研的主要对象为我国农村地区义务教育阶段中小学在职教师。在我国现阶段教育改革和发展的背景下，经济发展、文化特征、政策状况等因素都会影响农村地区义务教育教师的流动。为了解我国不同区域农村义务教育教师群体流动变化的基本态势，比较不同背景下教师流动的诱因，使调研成果具有广泛性、代表性，研究团队在深入分析相关理论的基础上，对调研地区进行了分类细化。

调研地区分为三大部分，即东部、中部和西部，在此基础上综合考虑南北地域、人口数量、民族分布、经济发展状况等因素，选取以辽宁、山东、浙江、江西为代表的东部地区，以河南、湖北、湖南、山西为代表的中部地区，以甘肃、重庆、宁夏为代表的西部地区为样本采集地。在被调研的县内，综合考虑学校规模、教学质量以及区位状况等因素，分别抽取城关镇、乡镇、村屯的若干小学和初中作为调研样本学校。

（三）调研工具

在调研准备期间，研究团队对农村教师流动研究的相关文献进行了梳理和分析，参考并借鉴了大量关于教师流动的研究成果，分解研究问题，确定分析维度，形成研究框架，对农村义务教育教师流动问题进行了系统、深入的思考，然后根据相关的文献综述和理论准备，经多次讨论和修订，初步设计了一套调研工具。为了提高调研工具的有效性、可行性，研究团队又征求了相关专家的专业意见，在此基础上对工具进行了反复修订和完善，形成了最终的调研工具。

此次调研的工具主要包括调查表、调查问卷、访谈提纲等。其中，调查表为学校调查表，调查问卷为教师问卷，访谈包括对教育局负责人、校长的访谈和对农村义务教育教师的访谈。调研获取的大量资料为保证研究结果的科学性、代表性奠定了坚实基础。为了达到调研目的，尽可能全面、深入地审视农村义务教育教师流动相关问题，做到静态分析和动态分析相结合、局部分析和整体分析相结合，在调研过程中，还搜集了与农村义务教育教师相关的政策、文件、数据等作为佐证资料。

二、调查与分析

通过实地调查，本书主要关注农村义务教育教师流动的整体情况，对农村义务教育教师流动的意愿、特点及影响因素等问题进行分析。

（一）农村义务教育教师流动的整体状况

调查显示，现阶段我国农村地区义务教育教师超过半数有过职业内流动经历，流动方向以正向为主，流动规模存在一定的区域差异。就目前情况而言，农村义务教育教师流失现象比较明显。

1. 农村义务教育教师职业内流动以正向流动为主，各地区流动情况存在差异

本次调研数据显示，在参与调研的教师中，有3433名教师有过职业内流动的经历，占总样本的58.19%。流动的教师中，有87.27%的农村义务教育教师有职业内流动的经历。流动到比原来学校教学质量好的学校和从经济欠发达地区流动到经济相对发达地区（正向流动）的教师占参与过流动的农村义务教育教师总数的80.36%，逆向流动与平行流动比例相当，都在10%左右。

农村义务教育教师的流动多是从村屯流向乡镇、从乡镇流向县城、从县城流向更大的城市，农村教师职业内流动整体呈现出正向流动的态势，如图4.56所示。

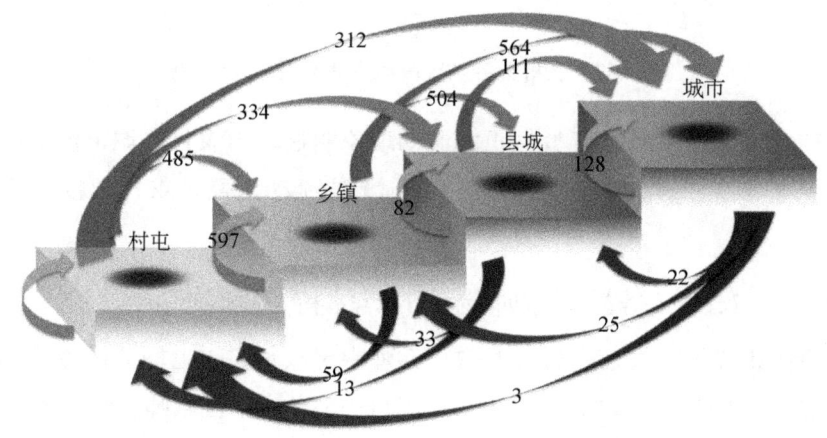

图 4.56　农村义务教育教师流动规模（单位：人）

农村义务教育教师的流动、流失情况在各地区的分布不均衡。中、东、西部教师流动趋势相近，但流动的规模稍有差异。其中，中部地区正向流动比例最高，达85.50%，非正向流动的规模明显小于东、西部地区。西部地区参与过职业内非正向流动的农村义务教育教师规模最大，占25.5%，如图4.57所示。这可能与区域发展情况有关，也可能与各地教育政策影响程度不同、用人机制有差异有关。

2. 农村义务教育教师城乡间流动规模较大，农村师资流失现象比较明显

调研结果显示，参与调查的教师中有1788人有过在城乡间流动的经历，占流动教师总人数的58.43%，教师城乡间流动规模较大。参与过流动的农村义务教育教师中，有69.7%是从农村地区流动到城市。

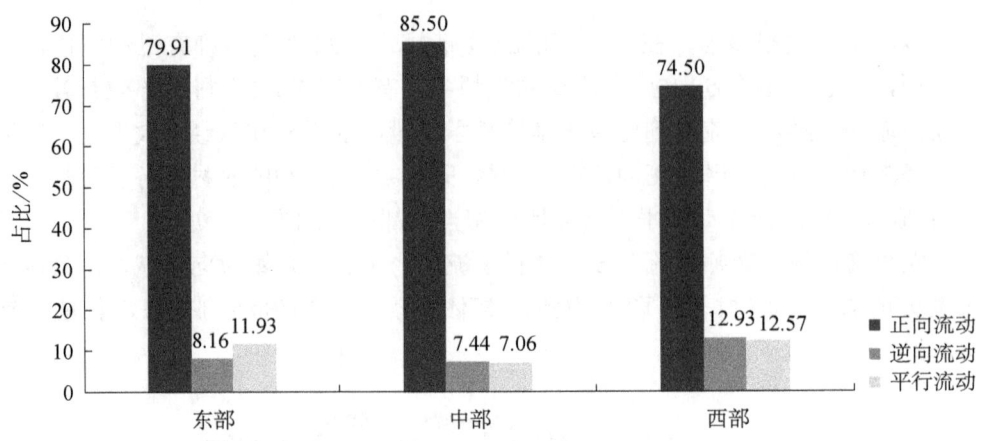

图 4.57 农村义务教育教师流动类型的地区差异

目前我国农村义务教育教师正向流动现象明显，由农村向城市流动的规模较大。从某种意义上来讲，这种整体的单向上位流动无疑是农村学校师资的一种流失。

（二）农村义务教育教师流动的具体特点

调查结果显示，目前农村义务教育教师中男教师参与过职业内流动的比例略高于女教师，教师的流动行为多发生在 21～35 岁。农村教师流动的方向与其职称存在一定的关系，职称越高，正向流动比例越高，职称越低，逆向流动比例越高。参与逆向流动的农村教师年龄多在 26～40 岁，大部分教师的职称处于中等层次。具体来看，流动教师队伍呈现出如下特点。

1. 农村地区义务教育阶段男教师的流动比例高于女教师

对样本学校教师的性别情况进行统计与分析后发现，农村义务教育学校男、女教师所占百分比分别为 52.48% 和 47.52%，男女教师性别比例接近 1:1。从参与过流动的农村义务教育教师的性别结构来看，被调查的 3202 名女教师中，有 1626 人有过流动的经历，占女性被调查者人数的 50.78%；而有过流动经历的农村男教师人数为 1209 人，占男性被调查者人数的 55.28%，如图 4.58 所示。可见，农村义务教育阶段教师中，男教师参与职业内流动的比例略高于女教师。

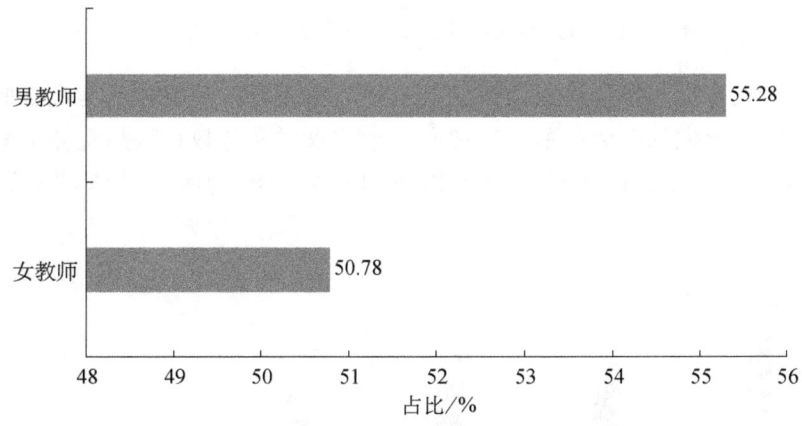

图4.58 农村义务教育教师流动比例的性别差异

2. 中青年教师流动数量较大，适婚年龄段女教师流动规模较大

从流动教师的年龄结构方面来看，参与流动的农村义务教育教师中，中青年教师的数量明显多于老龄教师。调查结果显示，有78.47%的农村义务教育教师在21～35岁离开原来工作的岗位，参与到教师的职业内流动。其中，年龄在26～30岁的教师人数最多，所占比例为33.45%。众所周知，教师的成长要经历一个较长的周期。一些教师的"适应期"和"磨合期"都是在农村学校度过的，当他们成长为经验丰富的教师后，纷纷流向城镇学校，并能很快适应新的教学环境，成为教学业务上的优秀人才。从这种意义上讲，农村学校成了一些教师的"新兵连"，城镇学校的发展从某种意义上讲是建立在牺牲农村学校发展的基础上的，城乡教师的这种单向流动使得原本存在的城乡教育不公平现象更加突出了。①

在调查中我们发现，流动教师的年龄结构存在一定的性别差异，参与流动的农村义务教育男、女教师的年龄分布整体趋势相近，但在30岁之前产生流动行为的女教师比例要高于男教师。这可能是由于该年龄段内的女教师面临恋爱、结婚、生子等一系列生活问题，为了权衡家庭和工作的需要而选择了流动。35岁之后发生流动行为的女教师比例明显降低；男教师的比例也有所下降，但整体高于女教师。

---

① 罗志华. 城乡教师流动现状的思考[J]. 当代教育论坛，2007，(3)：108-109.

3. 农村义务教育教师的职称越高，正向流动比例越大

调查结果显示，参与过正向流动的农村义务教育教师整体上呈现出职称级别越高流动比例越大的趋势；参与过逆向流动的农村义务教育教师整体上呈现出职称级别越低流动比例越大的趋势。以农村初中教师为例，具体情况如图 4.59 所示。

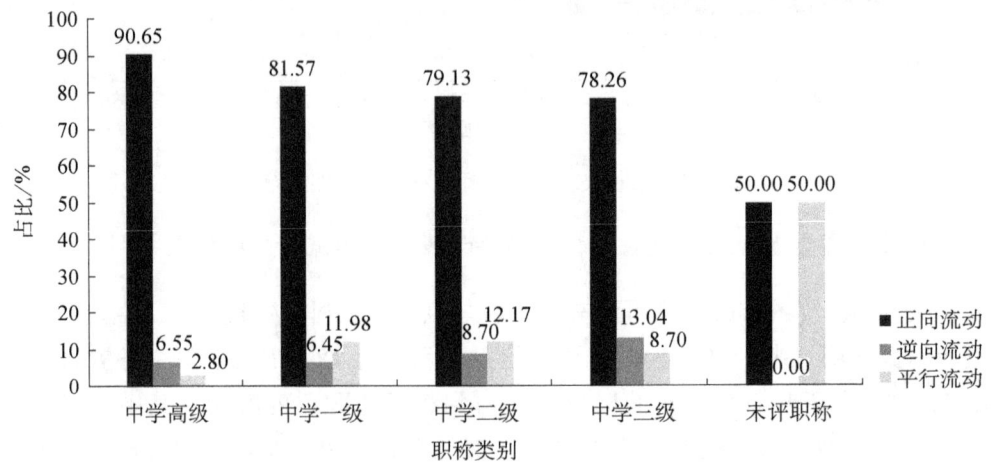

图 4.59 不同职称农村初中教师流动的方向

在农村初中，教师的流动方向以正向为主，教师职称级别越高，正向流动的比例越大，逆向流动的比例越小。其中，具有中学高级职称的教师群体中有超过 90%的教师曾经发生过向更高行政级别区域流动的行为。

在农村小学，具有中教职称的教师数量相对较少；在占主流的具有小教职称的教师中，职称级别越高的群体正向流动的比例越高，职称越低的群体逆向流动的比例越高。调研数据显示，具有小学三级及未获得职称的教师中，逆向流动的比例分别为 47.06%和 60.00%，高于同层次正向流动的比例。一般情况下，城镇化水平越低的地区，其教育发展水平越低，师资相对匮乏。为了提升本区域内教师岗位的吸引力，教育行政部门会以增加职称晋级机会为条件吸引行政级别较高地区的教师流入，导致职称级别低的教师为了获得职称提升的机会而投入逆向流动中。

4. 逆向流动农村教师基本情况

调查结果显示，在参与逆向流动的农村教师中，有 **32.82%**的教师在 31~35

岁发生流动行为，22.90%的教师在36～40岁发生逆向流动行为，22.14%的教师在26～30岁发生逆向流动行为，参与逆向流动的农村教师以26～40岁为主。

在农村初中逆向流动教师中，有42.42%的具有中学一级职称，在所有逆向流动教师中所占比例最高，40.40%的教师具有中学二级职称，如图4.60所示。

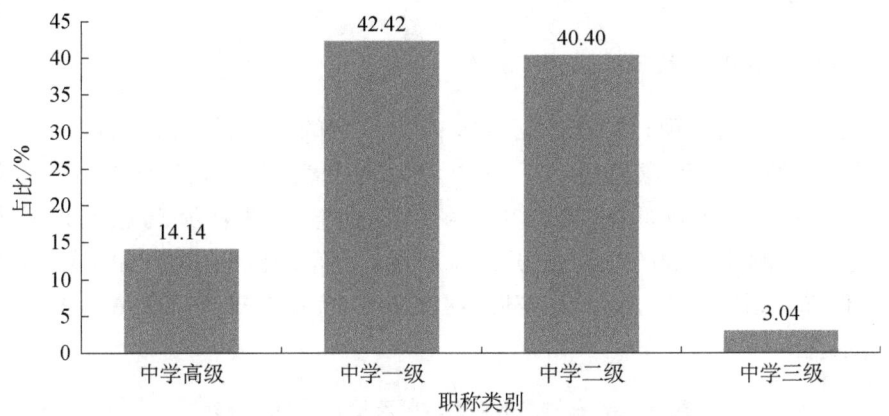

图 4.60　逆向流动农村初中教师的职称分布

在农村小学逆向流动教师中，有9.03%的教师具有中学一级职称，7.74%的教师具有中学二级职称，39.35%的教师具有小学一级职称，29.03%的教师具有小学高级职称。具体情况如图4.61所示。

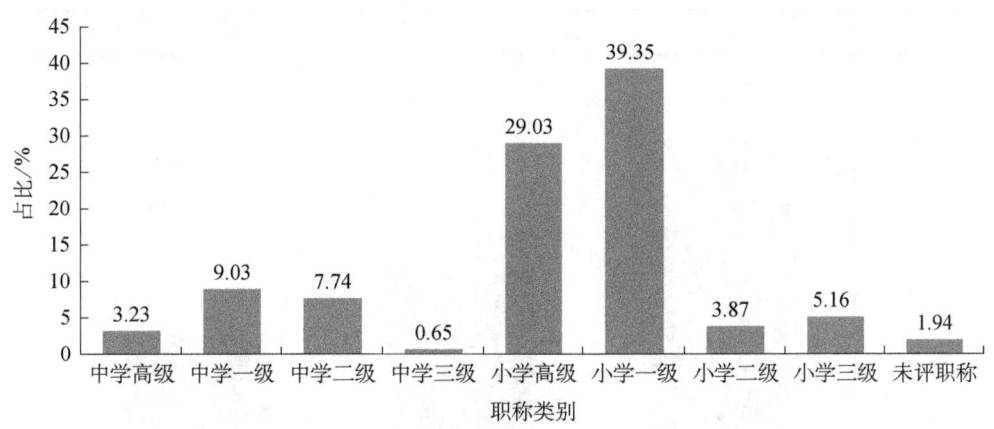

图 4.61　逆向流动农村小学教师的职称分布

（三）农村义务教育教师的流动意愿

流动意愿在一定程度上可以反映出农村义务教育教师流动的特点、趋势和规律等问题。调查结果显示，目前农村义务教育教师流动意愿比较强烈。与中、东部地区相比，西部地区教师流动意愿更为强烈；与村屯相比，乡镇教师流动意愿更为强烈；与小学教师相比，初中教师流动意愿更为强烈。农村义务教育教师的流动意愿以正向流动为主，流动意愿整体上随年龄增长、个人职业能力的增强而呈下降趋势。

1. 农村义务教育教师流动意愿强烈

通过调查我们发现，现在农村地区有71.12%的教师具有流动意愿，农村义务教育教师整体流动意愿强烈。其中农村初中教师具有流动意愿的比例为77.32%，高于小学教师的70.78%；乡镇学校教师具有流动意愿的比例为73.28%，大于村屯的59.79%，如表4.11所示。西部地区有76.97%的农村教师希望离开现在任教的学校，高于中部地区的68.35%和东部地区的64.19%，如图4.62所示。

表4.11 农村义务教育教师流动意愿情况统计

类别	有流动意愿的人数/人	总人数/人	百分比/%
农村义务教育教师	1726	2427	71.12
农村初中教师	924	1195	77.32
农村小学教师	797	1126	70.78
乡镇教师	1500	2047	73.28
村屯教师	226	378	59.79

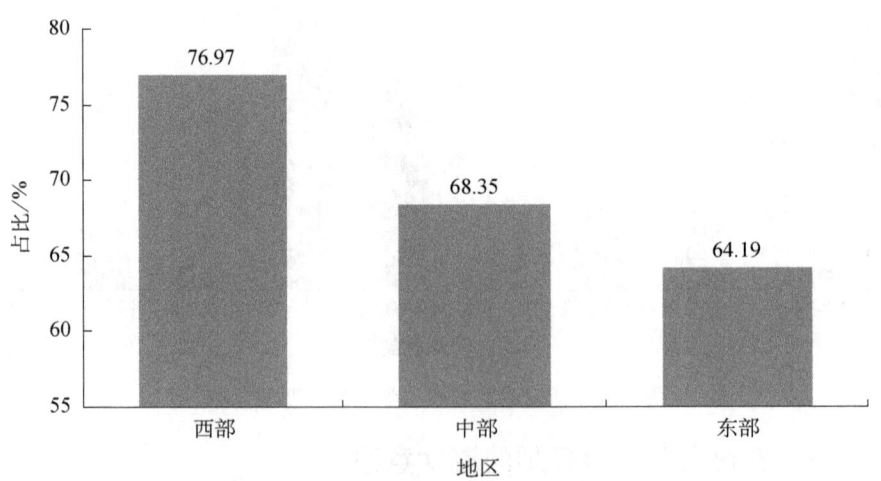

图4.62 不同地区农村义务教育教师流动意愿统计

2. 农村教师职业内流动意愿以正向流动为主

调查结果显示，65.7%的农村义务教育教师希望流动到城市地区任教。在有流动意愿的农村教师中，68.6%的教师希望到教育质量更好的学校任教，90.33%的乡镇教师希望到县级以上级别的城市地区任教，93.35%的村屯教师希望到乡镇及以上级别的地区任教。具体情况如图4.63所示。可见，乡镇、村屯教师向上流动意愿差别不明显，农村义务教育教师职业内流动意愿整体以正向流动为主。

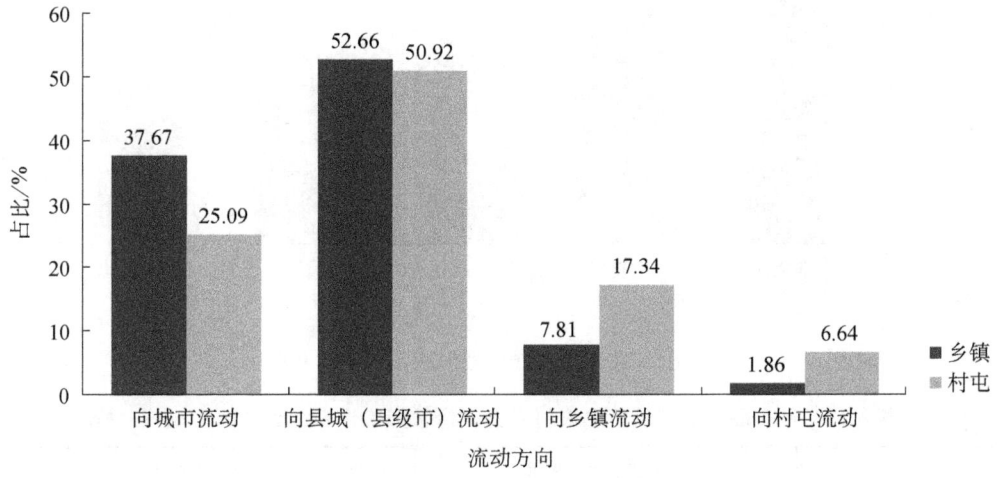

图 4.63 农村义务教育教师职业内流动方向

在我国，一般情况下，行政级别越低的地方交通越不便，经济发展水平越低，社会资源越匮乏，经济收入越低，教育理念越落后，职业发展空间越小。行政级别越低地区的教师受到来自生活、家庭、工作等方面的向外流动的推力越大，导致其流动的意愿越强烈。

3. 农村教师职业间流动意愿比较强烈

教师的职业间流动意愿从侧面反映了其对自身工作现状的满意程度和农村教师职业的吸引力。在参与调查的农村义务教育阶段教师中，有56.6%的教师想跳出教育行业，如图4.64所示。这说明，目前农村义务教育教师对农村教师岗位的认可度较低，农村地区生活质量、工作环境等条件尚不能令农村义务教育教师满意。农村义务教育教师岗位缺乏吸引力，农村义务教育学校稳定现有师资的实力欠佳。

对想跳出教育行业的农村义务教育教师工作现状的各因子进行主成分分析发现,"目前工资""福利待遇"两项构成了 56.11% 的主成分,如表 4.12 所示。这一结果显示,农村教师想跳出教师行业的主要原因是对现有的工资福利不满意。

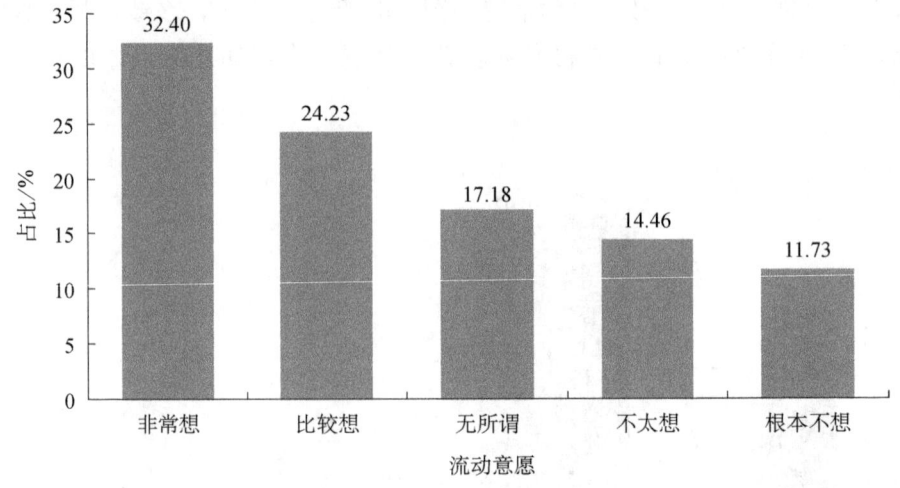

图 4.64　农村义务教育教师职业间流动意愿

表 4.12　具有职业间流动意愿农村义务教育教师工作满意因子的主成分分析

因子	主因子的方差权重			因子提取后的方差权重		
	总体	权重	累计权重	总体	权重	累计权重
目前工资	4.676	42.507	42.507	4.676	42.507	42.507
福利待遇	1.496	13.603	56.110	1.496	13.603	56.109
保险与公积金	0.83	7.546	63.656			
周转房	0.717	6.518	70.173			
培训机会	0.649	5.904	76.078			
职称晋升机会	0.573	5.206	81.284			
考核与评奖	0.549	4.987	86.27			
工作负担度	0.486	4.416	90.686			
学校硬件条件	0.376	3.415	94.101			
学校文化	0.333	3.024	97.125			
领导信任与支持	0.316	2.875	100			

4. 农村义务教育教师职业内流动意愿随年龄增长整体呈下降趋势

通过调查我们发现，农村地区初中、小学青年教师的职业内流动意愿相对强烈，40岁以后，随着年龄的增长，教师流动意愿整体呈下降趋势。在农村义务教育阶段，21～25岁年龄段的教师中有79.26%的教师有职业内流动意愿；26～30岁年龄段的教师中有80.74%有职业内流动意愿；31～35岁年龄段的教师中有78.47%有职业内流动意愿；36～40岁年龄段的教师中有78.38%有职业内流动意愿；40岁以后，随着农村教师年龄的不断增长，其流动意愿整体呈下降趋势。年龄在26～30岁的农村初中、小学教师具有流动意愿的比例最高，这与上述有过流动经历的教师发生流动行为的年龄段基本吻合。20～35岁的教师的流动意愿较强烈，可能是由于这些年轻教师精力相对充沛，对工作充满激情，上进心相对较强，内心对实现自我价值充满了期待，希望通过职业内的流动寻求各方面更适合自己的工作。如图4.65所示。

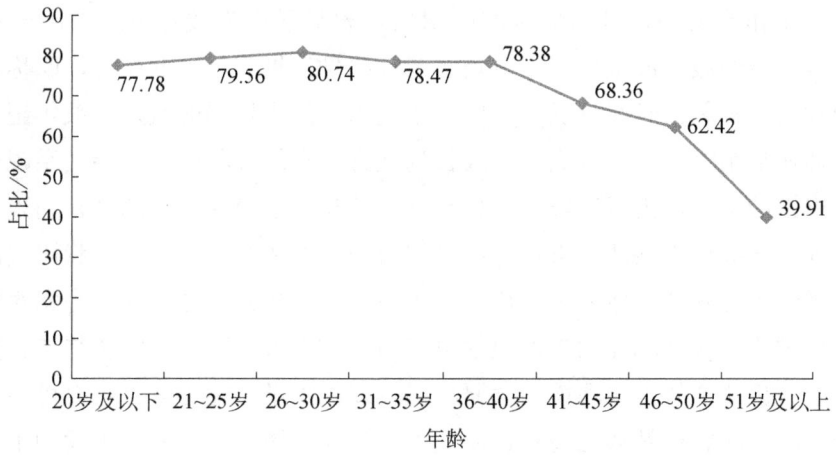

图4.65　年龄对农村义务教育教师流动意愿的影响

5. 个人职业能力越强的教师当前流动意愿比例越小

在教育行业领域，教师所获得的荣誉称号在一定程度上能够相对客观地反映教师的个人职业能力。

在农村义务教育教师队伍中，普通教师具有流动意愿的比例最高，达72.83%，如图4.66所示。荣誉称号级别越高的教师，具有流动意愿的比例越低。整体而言，农村义务教育教师流动意愿比例随着荣誉称号级别的升高而降低。

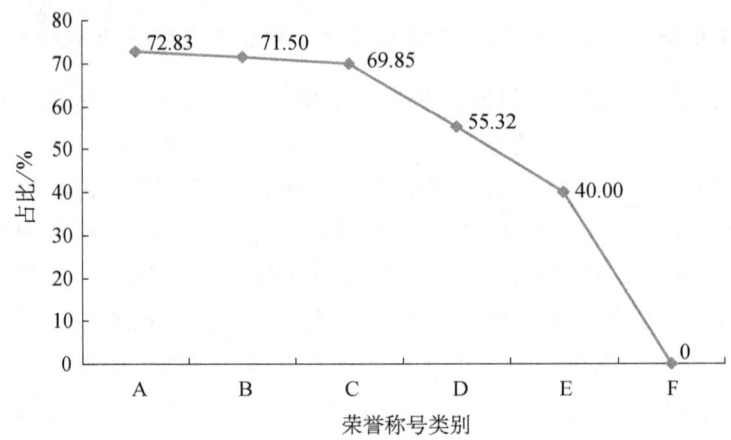

图 4.66　农村义务教育教师荣誉称号与流动意愿关系

A：普通教师　　B：学校优秀教师/先进个人　　C：县级优秀教师/先进个人　　D：市级优秀教师/先进个人
E：省级优秀教师/先进个人　　F：特级教师

教师工作能力的提升需要时间的积累。教师只有为教育事业做出一定的贡献、取得一定的教学成果后，才有获得荣誉称号的机会，一般而言，职称级别越高，教师需要积累的时间越长，所以，个人职业能力越强的教师一般年纪相对越大。教师在从刚刚入职的普通教师成长为优秀教师的过程中，社会关系越来越稳定，对周围的工作、生活环境越来越熟悉，使其产生流动意愿的外在因素相对较少；另外，一些优秀教师在事业上已经取得一定的成绩，可能对现状比较满意；还有，越优秀的教师，他的福利待遇越优厚，其来自经济方面的压力相对较小。因此，荣誉称号级别越高的教师追求更高的经济收入、更好的物质待遇、更多的发展机会、更适合的工作环境的意愿相对较弱。除了上述因素，也有可能是自身职业能力较强的农村教师已经有过职业内流动的经历，并在流动中找到了适合自己工作、生活的环境，因此再次流动的意愿较弱。

（四）农村义务教育教师流动的主要影响因素

通过调查我们发现，个人、社会、政策、经济、家庭等多方面的因素都会对农村义务教育教师的流动产生一定的影响。当前，因为家庭因素而产生流动行为的农村义务教育教师比例最高；教育政策、物质待遇都可以影响农村义务教育教师流动的方向；对社会地位、职业发展空间的不满意也容易引发农村教师的流动行为。

1. 物质待遇是影响农村义务教育教师流动的主要因素

工资收入是农村教师最主要的经济来源，是维持教师自身生存需要的必要保障。调查发现，工资收入是影响教师流动的重要因素，能够刺激教师流动行为的产生，提高工资收入对农村义务教育教师职业间的逆向流动有一定促进作用。调查显示，农村义务教育教师对目前的工资收入普遍持不满意态度，具体情况如图4.67所示。在有流动意愿的教师中，45.20%的教师表示如果能得到金钱或物质的补偿，他们愿意放弃参与流动的想法。对有向城市流动意愿的农村教师工作现状的各因子进行主成分分析发现，"目前工资""福利待遇"两项对这些教师产生离开农村想法的贡献率为58.985%，如表4.13所示，这说明农村教师想转到城市任教的主要影响因素是工资福利待遇。

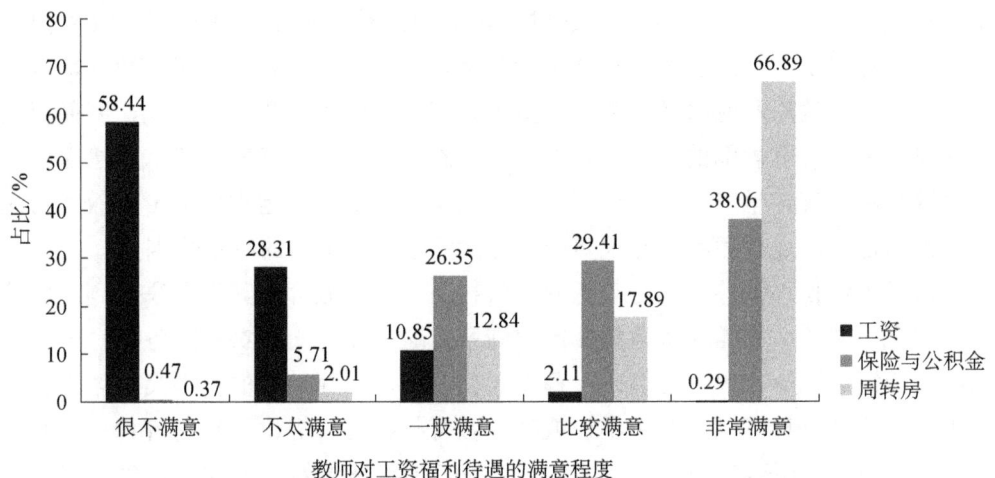

图4.67 具有流动意愿的农村义务教育教师对工资福利待遇的满意程度

表4.13 具有向城流动意愿农村教师的工作满意因子的主成分分析

因子	主因子的方差权重			因子提取后方差权重		
	总体	权重	累计权重	总体	权重	累计权重
目前工资	4.977	45.244	45.244	4.977	45.244	45.244
福利待遇	1.512	13.741	58.985	1.512	13.741	58.985
保险与公积金	0.801	7.283	66.268			
周转房	0.663	6.028	72.296			
培训机会	0.637	5.79	78.086			
职称晋升机会	0.53	4.817	82.903			
考核与评奖	0.478	4.347	87.251			

续表

因子	主因子的方差权重			因子提取后方差权重		
	总体	权重	累计权重	总体	权重	累计权重
工作负担度	0.445	4.041	91.292			
学校硬件条件	0.339	3.079	94.371			
学校文化	0.325	2.95	97.321			
领导信任与持	0.295	2.679	100			

此外，通过调研我们发现，农村义务教育教师出于提高经济收入的目的而产生逆向流动行为的比例要明显高于正向流动和平行流动行为。这样的现象说明，通过提高工资收入来促进农村义务教育教师职业内逆向流动具有一定可行性。根据人口流动的推拉理论，理论上，教师流动应在两种力的共同作用下产生。调研中我们发现，目前从城市流动到农村、从乡镇流动到村屯的教师工资收入的提高，在一定程度上起到了拉动教师从行政级别较高地区流入行政级别较低地区的作用，充当了教师职业内逆向流动的拉力。但是在调查中我们也发现，即便提高农村艰苦偏远地区教师的工资，仍有55.3%的农村义务教育教师表示不愿意到这些地区开展教育教学工作。这说明教师的工资收入能在一定程度上影响教师的流动意愿和行为，是教师流动的重要影响因素，但并非唯一的决定性因素。

除了工资收入以外，有流动意愿的农村义务教育教师对其现在享受到的保险与公积金、周转房等福利待遇整体比较满意。这可能与一些农村义务教育教师对相关政策缺乏了解有关。在调研过程中我们发现，农村地区的很多义务教育教师并没有意识到自身可以享受由学校或其他教育行政部门提供周转房等相关福利，由于期望较低，所以在谈及这方面的内容时，他们普遍对目前的状况表示满意。

2. 家庭因素是农村义务教育教师产生流动行为的重要动因

在这里，这里所谓的家庭因素主要包括家校间距离、婚恋问题、子女上学问题。结合数据和实地访谈我们发现，在导致农村教师产生流动行为的因素中，家庭因素所占比例最高，如图4.68所示。有87.41%的农村义务教育教师是因为家庭因素而产生了流动行为。

（1）为了上班方便和解决婚恋问题，农村教师易产生平行流动

在调查中我们发现，一部分有过职业内流动经历的农村义务教育教师既不是向上的流动，也不是相反方向的向下流动，而是在同一行政级别区域内质量相当学校间的平行流动。导致这种校际平行流动的主要原因是为了上班方便，除此之

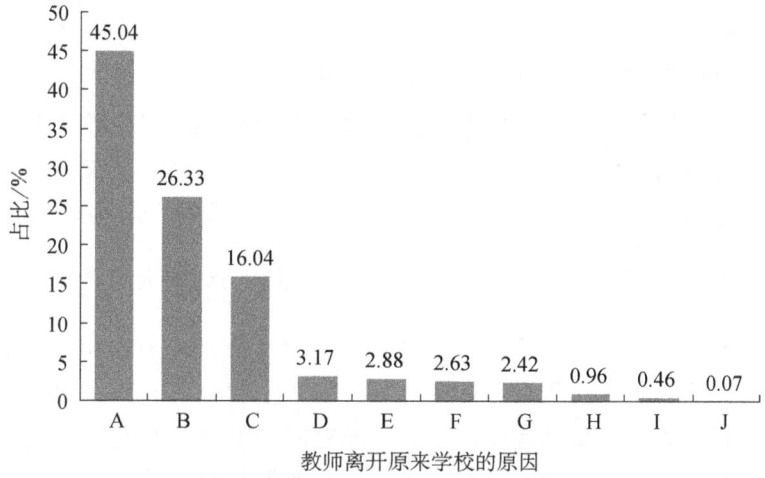

图 4.68 农村义务教育教师离开原来学校的主要原因
A：上班方便 B：子女上学 C：婚恋问题 D：工作出色没有得到奖励或认同 E：提高工资
F：不适合本地生活习惯 G：提高职称 H：工作压力大 I：人际关系相处不好 J：不能胜任当前学校工作

外,由于婚恋问题而产生平行流动行为的教师比例要高于产生正向流动和逆向流动行为的教师比例。

(2) 为解决子女上学问题而选择职业内正向流动的教师比例高于其他流动

子女上学是引发教师流动的第二重要原因,相比较而言,更多的教师为了子女选择正向流动。一方面,现阶段我国各地教育发展水平存在一定差异,教育资源尚未达到均衡分配,农村地区教育水平整体低于城市地区,村屯地区教育水平整体低于乡镇地区。在这样的背景下,为让子女享受更好的教育,一些农村教师会产生离开原来工作岗位的想法。另一方面,随着我国农村学校布局调整的不断开展与深化,部分地区的学校被整改撤并。随着农村教师子女年龄的不断增长,生活所在地没有相应级别的学校,子女将面临升学难、无法就近入学等问题。农村教师作为家长,为了满足子女上学需要会产生流动想法和行为,选择流动到教学质量相对较好、教育发展水平相对较高地区的学校任教。

(3) 家庭因素对农村教师流动的影响存在性别差异

在调查中我们发现,已婚女教师因为子女上学问题而产生流动的比例要明显高于已婚男教师。一般情况下,与男性相比,女性更为关注子女的成长。女性在家庭生活中角色决定了其抚养、教育子女的责任,母性的本能驱使着已婚女教师为了满足子女的就学需求而产生流动行为。

未婚男教师在流动时考虑婚恋的比例明显高于其他教师。通过上述分析我们已经知道,目前农村地区教师的社会地位不是很高,这样的现实情况在一定程度上会影响到农村男教师的婚恋问题,而且会比对未婚女教师的影响更大。男教师在当地找不到合适的伴侣,便很容易产生流动的行为。因此,农村地区义务教育阶段未婚男教师因为婚恋问题而产生流动行为的比例要高于其他教师。

3. 职业发展空间成为影响农村义务教育教师流动的一大因素

教师作为接受过较高质量教育的群体,属于社会的中高级人才。在工作和生活中,他们往往充满了对教育事业的热爱,追求事业上的成功,拥有实现个人自我价值、社会价值的抱负。因此,职业发展空间对于教师而言意义重大。

(1) 个人能力发展空间备受农村义务教育教师关注

通过调查我们发现,除了物质奖励外,有超过一半的教师表示,如果扩展他们的职业发展空间(包括"提升职称""晋升职务"等)可能改变其参与流动的想法,如图4.69所示。这说明,职业发展空间对农村义务教师的流动是有一定影响的。

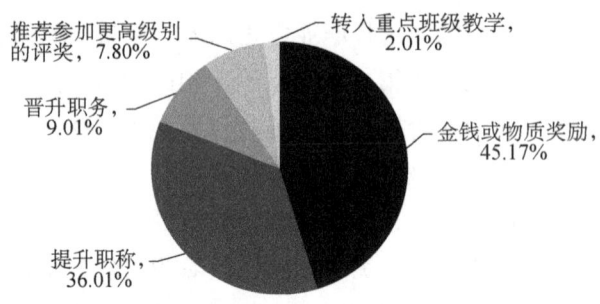

图 4.69 改变农村义务教育教师流动意愿的因素

(2) 拓展职业发展空间可以引导农村义务教育教师逆向流动

通过分析我们发现,为了提高职称、获得认同或奖励、寻求更广阔的职业发展空间,很多农村义务教育教师宁愿选择逆向流动。这可能是由于这些教师本身具有事业上自我实现的意愿,与此同时,由于政策或其他因素的影响,偏远地、贫困区、薄弱校会采取相应措施以吸引更多、更好的教师资源,从而促成了这部分教师的流动行为。因此,通过为教师提供更多职称晋级机会、为教师营造更好的工作环境、对教师的工作成绩及时予以肯定,一定程度上可以起到促进农村义务教育教师逆向流动的作用。

4. 学校软实力影响农村义务教育教师流动意愿的产生

这里所谓的学校软实力是指学校教育教学的硬件设施、设备而言的学校文化、学校教育管理等，表现为学校的"校风""教风""学风"、团队精神、教学管理、人事管理等方面。正如上文所述，教师的流动行为在理论上与其流出学校存在着一定的关系。调查数据也显示，与学校硬件条件相比，有流动意愿的农村教师往往对学校文化、领导信任与支持等方面的不满意程度更高，如图 4.70 所示。调查显示，认为学校文化、学校领导给予的信任与支持令人不尽满意的农村义务教育教师中有高达 77.03%的人具有流动的意愿。近些年来，我国农村学校硬件建设水平逐渐提高，但农村学校的软实力不尽人意，有待提高。学校软实力是义务教育教师产生流动意愿甚至行为的重要内部因素之一。

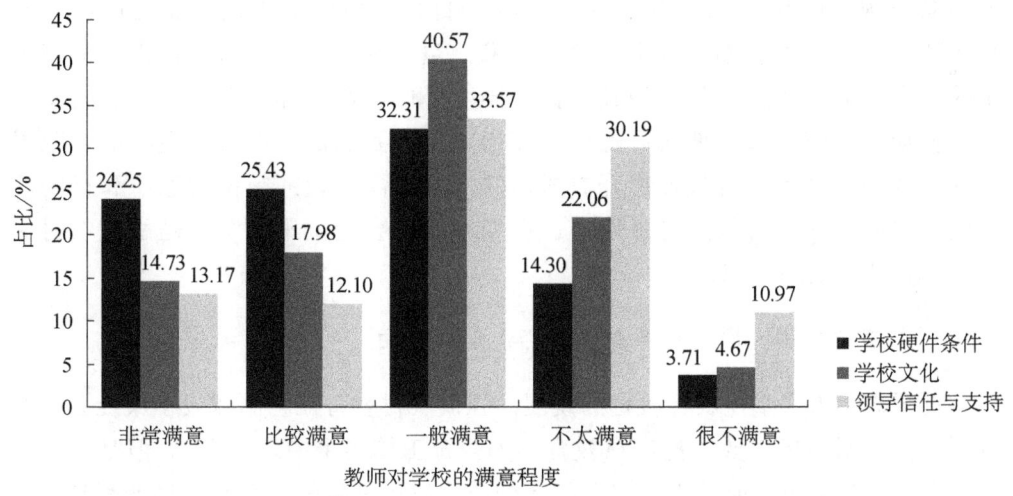

图 4.70　具有流动意愿的农村义务教育教师对学校的满意程度

5. 提升社会地位是农村义务教育教师流动的潜在动因

根据马斯洛的需要层次理论，人在其低层次的需要得到满足后，便会追求更高层次需要。教师作为知识分子群体，渴望自身的价值得到社会的认同，需要得到来自社会的承认与尊重。调研发现，除了工资以外，在生活中，农村义务教育教师最在意的就是社会的承认与尊重，如图 4.71 所示。

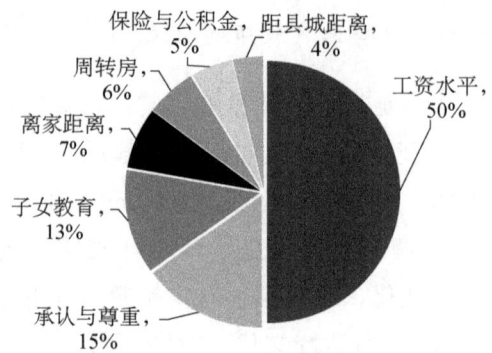

图 4.71　农村义务教育教师生活中最在意的方面

在调查中我们发现，9 成以上有流动意愿的农村教师认为其在当地的社会地位处于中等及以下水平。

随着经济、社会的不断发展，劳动力市场中工作岗位日益丰富，其中不乏一些具有很强吸引力的行业，这改变着人们对教师这个传统行业的认识。同时，随着科学技术的不断进步，信息技术日益普及，农村教师往日作为知识分子的荣誉和地位受到威胁，使其社会认同度降低。在这样的情况下，农村义务教育教师希望被尊重、被认可的需求在当地得不到满足，理想与现实的差距很容易引发农村义务教育教师离开农村地区，甚至离开教师岗位的意愿和行为。因此，农村义务教育教师对目前自己在当地的社会地位不满意，是引发农村义务教育教师流动的原因之一。

6. 教育政策影响农村义务教育教师流动的方向

我国政府历来重视农村教育的发展，强调农村教育在全面建设小康社会中的重要地位，明确指出要"把农村教育作为教育工作的重中之重"[1]。但是在实践过程中，一些地方政府并没有出台相应的政策以遏制教师不合理流动的蔓延，未能保障合理流动的形成与发展。在我国的经济发展、社会发展整体上呈现出以城市为中心取向的大背景下，一些教育政策多向城市教师倾斜，使得农村地区的教师在职称评定、培训、住房、医疗等方面享受到的待遇与城市教师间存在明显差距。政策上的不平等往往会加剧待遇的不公平程度，进而引发农村教师产生向上流动的意愿和行为，这是影响农村教师流动的宏观背景因素。

---

[1] 新华网. 国务院关于进一步加强农村教育工作的决定［EB/OL］. http://news.xinhuanet.com/newscenter/2003-09/20/content_1091478.htm［2003-09-20］.

除了导致农村教师外流以外，教育政策也会引导农村地区、薄弱学校教师的流入与补充。通过对义务教育教师到农村任教原因进行统计我们发现，有23.97%的教师因为政策上的要求进入农村地区学校任教，如图4.72所示。这说明，教育政策既可以成为引发教师不合理流动的诱因，又可以成为推动教师流动、走向促进义务教育均衡发展之路的动力。因此，我们说，教育政策影响着农村义务教育教师的流动方向，其完善程度影响着对流动方向调控的结果。

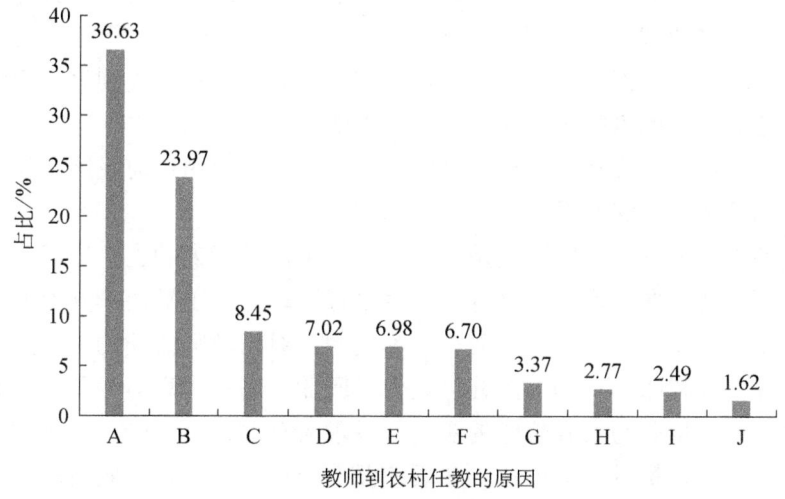

图4.72　义务教育教师到农村任教的原因

A：无奈的选择　B：政策要求　C：个人价值体现　D：照顾家庭　E：农村学校有编制　F：其他
G：农村生活成本低　H：父母意愿　I：喜欢农村环境　J：工作压力小

三、研究结论

教师流动是一种复杂的社会现象，农村义务教育教师流动呈现出来的特征与问题是多方面因素综合作用的产物。通过调查与分析，我们主要得到以下几个基本结论。

从流动现状来看，农村义务教育教师群体流动规模较大，有近六成的农村义务教育教师都参加过职业内流动。农村义务教育教师以正向流动为主，正向流动的教师占八成以上，其中有将近七成的农村义务教育教师流向城市地区，这样的流动特点导致农村教师流动逐渐演化为农村教师流失，从根本上制约着农村教师队伍建设的成效。在流动的义务教育教师中，男教师所占比例略高于女教师，但处在适婚年龄段的女教师的流动比例高于男教师；青年教师流动人数最多，其中20～30岁的教师占流动教师总人数的半数以上；职称越高，正向流动比例越高，在具有中学高级职称的教师中，超过九成的教师为正向流动；职称越低，逆向流动比例越高，超过半数的低职称或未评职称的教师为逆向流动。

从流动意愿来看，农村义务教育教师整体流动意愿比较强烈，相对而言，西部地区教师流动意愿最为强烈；农村初中教师具有流动意愿的比例高于农村小学教师；乡镇学校教师具有流动意愿的比例高于村屯教师；农村青年教师的流动意愿最为强烈，40岁以后，随着年龄的增长，其流动意愿呈下降趋势；农村教师的职业内流动意愿大部分为正向的，其中超过九成的教师希望到更高行政级别地区任教，超过六成的教师希望能流动到城市地区任教。除此之外，现阶段有超过一半的农村义务教育教师有跳出教育行业的想法，这说明目前我国农村义务教育教师岗位仍然缺乏足够的吸引力。

从流动原因来看，家庭因素是农村教师产生流动行为的直接原因。为了上班方便和解决婚恋问题，农村教师容易产生平行流动；为了解决子女上学问题，农村教师容易产生正向流动。相对而言，家庭因素对女教师流动的影响更大。与此同时，一部分农村教师对当前的社会地位与职业状态不满意，为了社会地位的提升、群体认同的增强与自我价值的实现，寻求流动的机会，产生了正向或逆向的流动行为。可见，提升社会地位、拓展职业发展空间也是推动农村教师流动的重要动因。教育政策影响城乡教育资源的整体配置，规约着教师流动的方向和规模，是影响农村教师流动的宏观因素。此外，物质待遇也是左右农村教师流动行为决策的关键变量。目前，农村义务教育教师对工资收入普遍持不满意态度。近九成教师具有职业内流动的意愿。工资收入、福利待遇都会影响农村义务教育教师流动行为的产生与流动的方向。

四、优化策略与政策建议

通过实际调研，我们对农村义务教育教师流动的特点、规律以及影响因素等有了更加全面、系统的认识。为了促进农村义务教育教师的合理有序流动，加强我国农村教师队伍建设，本书提出以下改善农村教师流动问题的策略和建议。

（一）统筹城乡教育投入，缩小城乡教育差距

城乡教育差距的存在是产生诸多农村教师流动问题的根源。教育投入是影响

教育事业发展的基础性因素。因此，建立城乡一体的教育投入机制已经迫在眉睫。中央政府要加大转移支付力度，对不发达地区的教育投入有所倾斜；省级政府应该统筹安排城乡教育资金的投入，不仅要按照学生数量、教师数量等指标平等分配教育经费，还要对农村薄弱学校有所照顾；学校除了要大力改善办公条件外，还要改善教师的生活条件。只有城乡教育资源得到公平分配，城乡教育差距才会逐步缩小，农村教师单向流出的局面才可能得到根本扭转。

（二）提高农村教师工资待遇，增强农村教师岗位吸引力

教师工资水平低是导致教师产生职业间流动意愿的主要原因。国家应适度提高教师工资收入，减小教师与其他行业间的收入差距；重点增加偏远地区农村义务教育教师工资，减小教师工资收入的城乡差距。针对城乡福利待遇差异问题，国家应建立起城乡一体的教师社会福利保障制度，为农村教师提供与城市教师平等的养老保险、失业保险、医疗保险、住房公积金等社会保障。在工资发放方面，要保障教师工资即时发放，为教师创造更多的福利，缓解农村义务教育教师的经济压力，使其工作没有后顾之忧。农村教师岗位的吸引力增加了，才能提高农村教师队伍的稳定性，才能吸引更多优秀人才到农村任教。

（三）建立健全教师流动制度，促进城乡教师双向流动

城乡教师的双向流动需要城乡一体的教师流动制度作为保障。县（区）级教育行政部门要承担统筹的责任，全面了解区域内各级各类学校的硬件条件、师资力量、教学质量，在充分考虑农村义务教育教师流动意愿的前提下，结合各地的流动现状，对教师实行统一聘任、统一管理、统一配置。坚持教师补充与流动并举，公开选定、公平实施；借鉴国内外已有的流动经验，创新流动方式与方法，明确流动的权利和义务；关注区域间社会、经济、文化、地理等方面的具体差异，科学合理地规划流动的规模、比例、性质；充分考虑性别、年龄等个体差异，明确规定流动的对象、时限、范围等。同时，各地政府和教育主管部门要保证制度的可行性，适时适当地对相关制度加以改进和逐步完善，确保农村义务教育教师流动工作合理进行，保持教师资源的动态平衡。此外，还要建立有效的监督机制，对相关政策的实际执行情况加以监管，以保证教师流动制度得以有效、长效地执行。

（四）实施教师流动补偿政策，激励农村教师安心从教

在当前市场经济的背景下，物质性补偿的作用不容忽视。我国很多农村地区交通不便，生活艰苦。面对这样的现实情况，政府和学校要着力改善农村义

务教育教师的生活条件和工作条件,为农村教师提供食宿、交通等方面的支持,降低教师的一部分流动成本,设立专项资金用以补偿教师因流动而产生的食宿、交通等方面的额外支出。从目前情况来看,为农村教师提供通勤班车解决交通问题、努力解决教师子女上学问题等都是稳定农村义务教育教师的有效途径。此外,还要加大农村义务教育教师津补贴力度,差别对待城乡教师,缓解城乡教育不均衡现状。在职业发展方面,教育主管部门要适当向偏远农村地区倾斜分配城乡教师的职称指标,为农村教师、流动教师提供优先评优和晋级的机会;要加强对农村义务教育教师的继续教育、在职培训,通过进修、听课、交流等多种方式提高其教研能力、教学水平,为农村教师特别是年轻教师搭建更好的职业发展平台,为参与流动的农村教师提供优先培训、晋升的机会等。此外,学校管理者要加强校园文化建设、实施民主管理,为农村教师营造良好的工作环境与从教氛围。

第五章

我国农村义务教育教师补充的个案研究

　　发展农村教育事业，必须把农村教师队伍建设摆在优先发展的战略地位。当前，农村教师资源配置仍然存在一些问题，农村教师队伍的补充还面临很多困境。近几年来，很多地区在农村教师补充方面进行了一些尝试，产生了不错的效果。本书选取浙江省嘉善县、吉林省长春市宽城区为研究对象，对农村教师补充进行个案分析。在文献分析的基础上，本章介绍了浙江省嘉善县主要采取教师流动的方式吸引优秀骨干教师和名师，来实现农村教师补充的做法；长春市宽城区致力于不断改善农村教育质量，农村教师补充方式多种多样，如种子计划、村小联盟、教师交流、新教师统一调配等。

第一节　浙江省嘉善县教师补充个案研究

一、嘉善县县情简介

（一）嘉善县自然地理概貌

嘉善县建于明朝宣德五年（1430年），地处太湖流域杭嘉湖平原，位于浙江省东北部、江浙沪两省一市交汇处，是浙江省嘉兴市的一个县。全县区域面积500余平方千米，户籍人口近40万人。[①]境内水网交织，物产丰饶，民风淳朴，素以"鱼米之乡""丝绸之府""文化之邦"名扬天下。嘉善县因"民风淳朴，地嘉人善"而得名，有"银嘉善"的美誉，是全国综合实力百强县之一，全国唯一由国家命名的"县域科学发展示范点"。

（二）嘉善县社会经济状况

嘉善县是人文底蕴深厚的文化名县。这里有现存悠久的"大往圩"史前文化遗址，并且古镇西塘被誉为江南六大水乡古镇之首，是全国首批10个历史文化名镇之一。不仅如此，该县还被联合国教科文组织列入世界文化遗产预备清单。在这浓郁的文化氛围中，当地人民勤奋好学，尊师重教，乐于思考，历代人才层出不穷。古有元代四大画家之一吴镇，今有著名电影艺术家孙道临、剧作家顾锡东以及沈国舫、程裕淇、沈天慧等6位两院院士。[②]

近年来，嘉善县大力弘扬"地嘉人善、嘉言善行、善气迎人"的嘉善传统美德，把"善文化"打造成嘉善县域文化的标志，形成嘉善特有的人文精神。

[①] 2017年嘉善县国民经济和社会发展统计公报。

[②] 教育部. 努力为每一个孩子提供合适的教育——推进义务教育均衡发展典型案例系列新闻通气会（四）[EB/OL]. http://www.moe.gov.cn/jyb_xwfb/xw_fbh/moe_2606/s6193/201007/t20100726_137104.html [2012-06-05].

"善文化"的精髓在于"勤、孝、谦、和、思",宣传和弘扬"善文化"既是传承嘉善传统人文美德的需要,也是弘扬时代精神、引领道德价值取向、改善社会管理的需要。这里出现了一些劝善思想家和实践者,如袁了凡、陈龙正等,他们积极推动"善文化"的发展。①

嘉善县是正在快速崛起的经济强县。进入21世纪以来,嘉善县在每次全国百强县评比中均能进入前50位。

据嘉善县统计局初步统计,2013年全县生产总值为374.25亿元,同比增长9.0%,增幅比上年提高0.5个百分点。其中第一产业增加值为24.49亿元,同比增长0.9%;第二产业增加值为213.81亿元,同比增长9.7%;第三产业增加值为135.96亿元,同比增长9.1%。三次产业结构由上年的6.9:57.6:35.5调整为6.6:57.1:36.3。按户籍人口计算,人均生产总值为96914元,比上年增长8.2%。②

整体而言,嘉善县经济水平在21世纪呈现出持续快速稳定的增长势头。全县人民共享经济成果,人们生活水平显著提高,生活质量逐渐得到改善。

(三)嘉善县教育发展情况

嘉善县于1989年普及了初等教育;1997年实现了基本普及九年义务教育、基本扫除青壮年文盲的"两基"目标;2004年实现了由普及九年义务教育向普及学前三年到高中段十五年教育的跨越,已整体上达到了适龄儿童少年"有学上"的目标。现在,嘉善县基础教育要解决的问题是要让适龄儿童少年"上好学"。

近年来,县政府始终坚持教育优先发展、"科教兴县"战略,不断加大对基础教育的投资力度,在统筹城乡义务教育均衡发展上努力做到"六统一"(城乡学校校舍建设标准、城乡中小学生均公用经费标准、城乡学校教育装备配备标准、就近招生、划定高中学校招收保送生的比例、城乡教师配置标准)、"一高于"(农村教师待遇高于城镇教师),这些使得嘉善县义务教育发展水平相对较高,尤其是硬件建设已经相对均衡完善。为了纵深推进义务教育均衡发展,嘉善县决定从教师入手,提升内涵,实现特色发展。目前,嘉善县有义务教育公办学校共38所,在编专任教师有2444人,其中农村学校有27所,农村教师有

---

① 嘉善新闻网.活动专题——"善文化"简介[EB/OL]. http://jsxww.zjol.com.cn/jsnews/system/2012/05/12/015025815.shtml [2018-09-30].
② 嘉善县统计局.2013年嘉善县国民经济和社会发展统计公报[N].嘉兴日报,2014-03-12(11).

1551 人。①

二、嘉善县农村教师补充策略

嘉善县进行农村教师补充的重大举措就是推进城乡教师流动。在推进之前进行的调研发现，嘉善县义务教育整体水平较高，基本实现了硬件设施的均衡配置，但是在师资配置方面出现了一定问题。城市和农村教师资源分配的不均衡阻碍了义务教育向纵深发展的脚步，同时其也是促进嘉善县实行农村教师补充的外部因素。具体来看，教师队伍建设存在以下问题。第一，城乡优质教师资源分布不均，导致择校问题突出。农村学校占全县义务学校的70%以上，可是在县级学科带头人及以上89名名师中，来自农村学校的仅有28名，不足1/3。平均每所农村学校只有一名名师，然而实际情况是近一半学校根本没有名师。学科骨干教师匮乏的最终结果是农村义务教育质量普遍偏低。①在全县经济快速发展的趋势下，农村经济也呈平稳增长趋势，农民的收入显著提高，生活质量得到了进一步的改善。然而"再穷不能穷教育"，况且现在农民家庭富足，家长更加关注孩子的教育问题，于是出现了择校问题。农村生源的流失导致农村教育资源浪费现象出现，而城镇学校却出现生源过度拥挤的现象。解决这一矛盾，需要有一个两全其美的办法，城镇教师的双向流动不失为上策，这样既可以避免农村教育资源的浪费，又可以缓解城镇学校的生源压力，同时为农村教育带来希望之光，正所谓"一箭三雕"。第二，教师队伍流动僵化，教师容易产生职业倦怠。据嘉善县教育局统计，全县义务教育学校专任教师中有68.6%从未流动过，有21.3%只流动过一次。而对于中层干部来说，有70%是一校终身制，从未流动过。"熟悉的地方没有风景"，正是这种原因使得多数干部缺少动力，创新不够。①长此以往，教师和中层干部在达到职业顶峰后可能会产生职业倦怠。对于学校来说，这是一种不愿看到的现象。而教师合理流动能够为学校源源不断地注入新的活力和新的生机，不断推动学校前进。第三，校际交流缺乏，学校发展后劲不足。自2010年以来，嘉善县鼓励学校自主发展，特色发展，形成各学校的特色核心办学理念，

---

① 教育部. 努力为每一个孩子提供合适的教育——推进义务教育均衡发展典型案例系列新闻通气会（四）[EB/OL]. http://www.moe.gov.cn/jyb_xwfb/xw_fbh/moe_2606/s6193/201007/t20100726_137104.html [2018-09-30].

进而在更高层次上促进教育公平。然而现实情况是：各学校之间缺少沟通和交流，办学思维固化，缺少发展活力，学校发展处于瓶颈阶段。受形势所迫，只有教师流动、校际交流、资源共享，才能不断增强学校的发展后劲，形成校际竞争态势，推动学校特色、优质发展。①

基于这一背景，嘉善县相关部门认真了解各方关于教师补充的看法，广泛听取群众的建议，以掌握现有学校的真实情况、教师的实情以及社会各界对于教师补充的看法，摸清嘉善县城乡教师队伍建设的问题与困境，为实行正确、有效的农村教师补充方案做充分的准备。在推动义务教育均衡发展的过程中，嘉善县探索出了"城乡教师双向流动"的新模式，被社会广泛称为"嘉善模式"。

（一）实行教师流动的起因

2010年，嘉善县本着"就近入学"的原则对部分学区做出了调整。其中，魏塘中学在学区调整中面临巨大的现实挑战。魏塘中学处于城乡接合部，属于乡镇中学，生源主要来自城区的农村。在学区调整中，魏塘中学更名为实验中学，身份也由原来的乡镇中学变成城区中学，生源地增加了城区中的部分学区。增加的学区中不乏一些应该被划入嘉善一中和嘉善四中（两所学校是当地的名校）的片域。因为魏塘中学只是名称进行了变更，其他方面没有发生实质改变，其教学质量受到学生家长的质疑。为了提升教学质量，消除家长对实验中学的不满和质疑，消除本应划入嘉善一中和嘉善四中学区的学生家长的疑虑，教育局从嘉善一中和嘉善四中调出6位名师到实验中学任教。名师的到来给当地的家长和学生吃了一颗"定心丸"，在学区调整过程中，学校没有接到学生家长的投诉，同时，当地生源也没有出现流失的现象。因此，学区调整这一难题的解决促成了教师双向流动的开始。

2010年5月，浙江省教育厅副厅长到嘉善县开展调研工作，在工作汇报中，嘉善县教育局局长包庆余详细说明了实行教师流动的情况，浙江省教育厅副厅长当即表示，"你们这个教师流动好呀，可以促进义务教育均衡发展"②。实行教师流动的项目得到了省领导的高度重视，获得了省领导的大力支持。同年7

---

① 教育部. 努力为每一个孩子提供合适的教育——推进义务教育均衡发展典型案例系列新闻通气会（四）[EB/OL]. http://www.moe.gov.cn/jyb_xwfb/xw_fbh/moe_2606/s6193/201007/t20100726_137104.html［2018-09-30］.

② 王东. 教师流动改革，为何是嘉善[N]. 浙江教育在线. http://www.zjjyzx.com/a/news/education/2013/1018/17666.html.

月,浙江省教育厅发文将"嘉善县义务学校教师流动"定为浙江省 24 项教育改革试点项目之一。同年 10 月,国务院正式将嘉善县列为国家级教育改革试点。嘉善县实行教师流动的项目就这样在领导的高度重视下,在 5 个月内成为教育改革的先行试点,成为全国教育令人瞩目的关注点。

(二)教师流动的动员工作

嘉善县教育局局长包庆余说:"思想不统一,教师带着怨气进行流动,会得不偿失,损害这项事业。"所以,教师流动的动员工作必须做到位。[①]此外,浙江省教育厅厅长刘希平在嘉善调研教师流动试点工作时再次重申教师流动工作中的思想工作,说"推进义务教育阶段学校教师流动,是一项难度很大的工作。因为教师流动会涉及教师的一系列切身利益,教师会有这样那样的想法"[①],这是一项牵一发而动全身的工作。所以,在开展教师流动的各项工作之前,应该对学校领导及教师做好充分的思想工作,不断渗透教师流动的观念。

第一,要对学校的校长做好思想工作。一个学校首先是校长,校长的理念如何、能力有多高,决定了这个学校将来发展的水平和潜力。校长需要有奉献精神和个人牺牲精神,在推动教师流动工作中做出表率,同时积极开展学校教师参与流动的思想工作。

第二,要对骨干教师和学科带头人的流动做好动员和组织工作。农村教育质量普遍偏低的主要原因在于骨干教师的缺失、学科带头人的不足。因此,在教师流动方面应该重视农村教师的专业成长和发展,同时也需要加强骨干教师流动的意识和责任感。只有全县上下在教师流动工作上达成共识,思想高度统一,才能对教师流动工作的开展起到推波助澜的积极作用。

(三)教师流动的目标

应以改革现行教师管理体制为突破口,以优化教师资源配置、实现城乡教育均衡发展为目的,建立健全科学合理的义务教育学校教师和干部流动的长效机制。通过教师流动,促进教师专业成长,增强教师队伍活力,优化教师队伍结构,扩大优质教育资源,进一步促进教育公平,为在浙江省率先实现教育现代化奠定基础。

嘉善县教师流动的目标有三点:目标一是实现名师均衡分布;目标二是提升教

---

① 刘希平. 教师有序流动,是加强教师队伍建设的关键——在浙江省嘉善调研教师流动试点工作时的讲话 [J]. 师资建设:理论与政策版, 2011 (5): 25-27.

师素质；目标三是促进城乡学校共同发展。先前的目标是，至2015年，争取使全县义务教育学校50%左右的教师参与流动，着力解决教师队伍中"职业倦怠"和发展后劲不足等问题，最大限度地激发全体教师的工作热情和提升教育教学能力，进一步推进教育均衡、特色和优质发展，全面提升办学水平。

（四）教师流动的实施办法[①]

2011年，嘉善县教育局针对教师流动工作开展了"嘉善县义务教育学校教师流动工作问答"新闻发布会，并颁布了相应的文件以推进教师流动工作的实施。通过整理相关文件，我们可以了解教师流动的实施办法的具体细节。

1）流动依据：嘉善县教师流动工作是依据《中华人民共和国义务教育法》《国家中长期教育改革和发展规划纲要（2010—2020年）》中提出的关于推进义务教育学校均衡、优质发展，建立健全义务教育学校教师和校长流动机制的规定及要求开展的。嘉善县积极响应国家的政策，并依此制定了适合本县教师流动的各项规章制度。

2）流动对象：全县义务教育学校的全体学校干部和教师。具体可以分为五类：学校中层及以上干部、名师、普通教师、新教师、特长教师。一般工作满三年，男未满45周岁、女未满40周岁的中青年教师均有参与教师流动的责任和义务。教师的年龄可以适当放宽，只要是有流动意愿的教师均可以参与流动项目。教师流动的重点是名师和骨干教师，流动的主体是广大普通教师。例如，将连续任满两届的正、副校长，连续任教满六年及以上的教师作为流动重点对象，对于连续任教满九年及以上的教师，将由学校统筹安排择时流动。

3）流动方法：城乡互动、优势互补、互通有无、以强扶弱。这是嘉善县整体的流动方法，其将全县义务学校分为8个片域，以片域流动为主，县域流动为辅。其中，县域流动主要是城镇和乡村教师的双向流动，城镇骨干教师和学科带头人调入农村学校工作，大力支持了农村教师的补充工作，也对农村教师专业发展有很大的促进作用，在骨干教师和学科带头人的影响下，农村教师自觉学习专业知识，实现自身进一步发展。片域流动主要是为了实现学校之间的合作共赢，以此帮助薄弱学校发展本校的教学。对于不同类型的教师，流动方法会有适当调整。例如，普通教师的流动方法为竞聘型流动、服务型流动、互动型流动、转岗型流动，而中层干部的流动方法为培养型流动、优化型流动、任期型流动、回避型流动。各种教师流动的方法并不是泾渭分明的，在实施过程中会综合使用各种

[①] 嘉善县教育局. 嘉善县义务教育学校教师流动工作问答（具体问题）[EB/OL]. http://jsld.jiashanedu.net/info.asp?id=88［2018-09-30］.

方法，这需要根据具体情况而做出适当调整。

4）流动时间：流动时间一般以 3 年为期，但是根据教师类型的不同可以适当调整流动的期限。譬如，新教师流动时间为 1～2 年，名师流动的流动时间一般为 3 年。

5）流动区域：全县义务学校共 39 所同类学校。同类学校分为城区学校 11 所、近郊学校 9 所以及远郊学校 19 所三个层次，如表 5.1 所示。

表 5.1　全县义务教育学校分类

学校类别	学校名称
城区学校	4 所中学：嘉善一中、嘉善四中、实验中学、泗洲中学 7 所小学：实验小学、实验二小、吴镇小学、杜鹃小学、泗洲小学、车站路小学、城西小学
近郊学校	4 所中学：姚庄中学、嘉善五中、里泽中学、干窑中学 5 所小学：大云中心校、惠民小学、里泽小学、干窑小学、姚庄小学
远郊学校	6 所中学：新世纪学校、嘉善三中、杨庙中学、洪溪中学、陶庄中学、天凝中学 13 所小学：西塘小学、洪溪小学、丁栅中心小学、陶庄小学、下甸庙小学、杨庙小学、大舜小学、天凝小学、大通小学、枫南小学、县实验小学、逸夫小学、俞汇小学

注：新世纪学校是小学和中学一体化学校

6）流动程序：基本操作程序是制订计划（制订具体的流动计划，包括流动人数、具体流动时间、流动地点、流动要达成的目的等）—公布信息（制定具体计划之后，向全体教职工公布流动计划）—教师申报（有意愿进行流动的教师进行申报）—确定对象（经过教育局、学校等对教师各方面影响因素进行评估后，确定流动对象）—公示结果（公示最后决定的结果）。

7）流动管理：从 2011 年下半年开始，对流动教师的信息全部通过网络平台实现管理，流动教师的信息更新需要流入学校进行管理。同时，流动教师的档案资料、业绩考核等也需要流入学校管理。

8）配套要求：评定教师职称以及进行各类先进评比时，优先考虑流动教师。政策在这方面具有明显的倾向性。嘉善县对于城乡教师的职称评定具有不同的规章要求。

嘉善县对城区义务段教育教师提出了以下要求：2011 年，在农村任教服务年限上延续以往的评审政策，即申报中学高级教师的必须在农村任教服务至少一年，其他不作要求；2012 年起，凡需申报中级（中学一级和小学高级）及以上职称必须有一年的农村任教服务经历；2013 年起，凡需申报中级职称及以上的教师必须有两年的农村任教服务经历；2014 年起，凡需申报中学高级职称的教师必须有三年的农村任教服务经历；凡 2011 年 7 月 31 日之前已有农村任教服务一年及以上经历的教师，今后在申报晋升高一级职称评审时仍按照之前政策办理，不受以上条款限制。

相对而言，农村义务教育教师的职称评定要求则简单了许多。从 2013 年起，评定中级及以上职称时，对有两所及以上学校任教经历的教师优先考虑。此外，为鼓励教师及早流动，嘉善县还对教师职称改革中教师的农村任教年限设置了过渡期，早流动早得益，从而使教师流动工作迅速启动。这些政策的引导，既让教师明白了流动是必然趋势，又让教师体会到流动带给自己的实惠，是促进教师流动工作顺利开展的制度保障。

9）相关待遇：流动教师的待遇问题在很大程度上影响教师流动的意愿。所以，应让教师在流动期间优先享受学术休假、培训等，享受相应的农教津贴等，并且去农村任教的名师享受的津贴是县城名师的 3 倍（表 5.2）。此外，县政府每年安排 400 万元作为教师流动的专项经费，用于流动教师的津贴补助、培养以及交通补助等各项费用。另外，政府专门安排了 43 辆教师接送车，让住在城镇但在农村任教的 859 名教师免费乘车。

表 5.2　县城区和农村任教的各级各类名师津贴　　　（单位：元/月）

类别	县学科带头人	县级名师	市学科带头人	市级名师
县城区	150	200	300	400
农村	450	600	900	1200

嘉善县在教师流动工作中可谓做得是事无巨细，对于每一个环节都制定了详细的计划，但是在执行过程中又不拘泥于规定，而是更加注重对流动教师的人文关怀，尊重流动教师的意愿，给予流动教师政策和经济上的鼓励。

（五）教师流动的机制

嘉善县自承担国家教育体制改革试点"义务教育学校教师流动"项目后，不断探索城乡教师流动机制。针对城乡教育发展不均衡现象，嘉善县制定了城乡教师双向流动机制，并采取多种激励政策，以促进师资的均衡配置，使教师流动向着合理有序的方向发展。四大机制并驾齐驱，扎实推进教师流动工作。

1. 建立合作共赢目标激励机制

教师流动工作的开展本着"以人为本""以校为本"的理念，以尊重教师意愿、促进学校发展为原则，寻找适合学校和教师个人发展的切入点，因此，各校之间需要共同合作，最终实现共赢的目标。

2. 建立城乡互动多元交流机制

以往单一的教师流动方式存在很大的弊端，教师的参与热情不高，农村学校的教学质量也没有得到相应的改善。嘉善县教育局领导转变观念，不拘泥于形式，实施城乡互动多元交流机制。在流动方向上采用双向多元流动，教师既可以由农村流向城镇，也可以由城镇流向农村，同时还有学区之间的流动。在流动对象上，变普通教师的流动为以学校管理层和名师为主的定向流动，转变12所无名师农村学校的弱势处境。在流动顺序上由无序变有序，嘉善县教育局每年有详细的流动计划，这样既能保证教师可以合理流动，又能保证流动学校的教学能够顺利开展。

3. 建立政策驱动积极引导机制

教师流动需要政策来保证教师流动工作的原则性。政策在教师职称评定和教师福利待遇上都倾向于参与流动的教师。但是政策并不是唯一的方式，为了使教师流动工作具有灵活性，嘉善县采用"柔性"教师流动策略，主要是以劝告为主，积极引导广大的教师使其自愿加入流动教师的队列中，并使其带有饱满的热情投入教学工作中，这才是流动的真正意义。

4. 建立后续发展跟进管理机制

教师流动起来并不是真正的目的，流动教师的后续发展更加值得关注。为此，嘉善县建立起"一室、一档、一网、一地、一窗口"的管理方案。"一室"即名师工作室，充分发挥名师的带头模范作用，确定相应的目标任务，助推教师专业成长；"一档"即流动教师业绩档案，是评职称、提拔重用的依据，是县、校两级建立的流动教师业绩档案，以加强对流动教师工作的跟踪管理；"一网"即教师流动网站，作为流动教师交流的平台，配合教师流动；"一地"即学科基地，培养新教师的重要基地，在4所学校建立学科基地，承担年轻教师流动实践培训任务；"一窗口"即教师流动宣传窗口，是教师流动宣传的媒介，大力宣传教师流动先进典型、成功经验，充分展示流动教师风采。

嘉善县教师流动的四大机制是教师流动工作顺利开展的"法宝"，既体现了原则性，又不失灵活性；既兼顾到学校的发展，又实现了教师个人的发展；既关注到流动之前的工作，又跟进了流动的后续发展。可以说，嘉善县教师流动工作取得很大进步与四大机制有密不可分的关系。

（六）教师流动的基本成效

嘉善县教师流动始于 2010 年，同年嘉善县义务教育教师流动成为国家教育改革试点项目，借此契机，嘉善县着手建立特色、有效的教师流动机制。2011 年，全县报名参加流动的教师达 296 人，可见，教师在流动问题上还是比较积极和配合的。为保障学校的可持续发展，嘉善县将教师流动比例控制在 8%，实际流动为 188 人，其中 95% 是首次流动。①在 188 名流动教师中，城乡互动的有 121 名，其中由县城流向农村的有 53 名。此外，学校中层干部有 40 名，校级领导有 8 名，名师有 13 名等。②2012 年，嘉善县拟订的教师流动人数为 160~250 人，其中初中教师流动人数为 86~112 人，小学教师人数为 76~130 人。2012 年，初中和小学教师流动人数基本相等。嘉善县提出了每年流动约 10% 的比例、五年内使全县义务教育学校 50% 左右的教师参与流动的目标。

1. 促进了优质教师资源在城乡的合理分布

在实施教师流动的三年中，嘉善县参加流动的教师达 903 人，考虑到平稳有序，实际流动 573 人，占适流人数的 33.9%，有 137 名骨干教师由县城学校流入农村学校，34 名名师流入农村学校，实现了农村学校名师全覆盖，而且在数量上实现了农村、县城名师各占一半，在促进城乡教育均衡发展上取得显著成效。③目前，嘉善县教师流动项目得到教师的积极参与，2015 年实现全县 50% 义务教师城乡间流动的目标。"自流动老师来后，学校不论是教学理念、教学方式还是教学质量上都有了明显提升"，大云镇中心学校校长马春娥开心地说。②截至 2018 年，大云镇中心学校已接纳流动教师 30 多名，其中 14 名来自县城学校。这些教师的到来为学校学科建设、特长教学均注入了活力。2017 年，该校仅课题立项就达 28 项，其中国家级课题、市级重点规划课题各 1 项，市级个人课题 2 项。同时，该校成功开设拥有 40 多个社团的乡村学校少年宫，各个方面均取得出色成绩。

2. 缓解教师"职业倦怠"，提升教师教学素质

正所谓"流水不腐，户枢不蠹"，教师流动很好地发挥了"鲇鱼效应"，激发

---

① 我县义务教育均衡发展经验获推广. 嘉善新闻网. http://jsxww.zjol.com.cn/jsnews/system/2012/06/06/015101911.shtml［2019-07-05］.
② 刘文书."一杯好茶变成两杯好茶"——嘉善探索教师城乡流动机制［J］. 今日浙江，2014（4）：44-45.
③ 浙江省嘉善县教育局. 建流动机制增教育活力全面推进义务教育均衡优质特色发展［J］. 基础教育改革动态，2014（1）：6-8.

了流动教师的创造性,缓解了教师职业倦怠的问题,同时流动教师的素质也得到了很大提升。例如,嘉兴市数学学科带头人杨晓霞由嘉善一中流动到农村学校嘉善五中,她的17节公开课使嘉善五中其他教师产生了很多思考,并使其他教师对教学产生了浓厚的兴趣,乐于钻研教学。在她的带领下,教师积极开展校本教研,深入开展校本培训,嘉善五中的教学质量迅速提升,有三位教师在校本培训和校本教研中表现出色,2012年被评为县学科带头人。其他流动到农村学校的教师也积极发挥了自己的作用,带动了农村学校的发展。流动到城镇的培养教师在流动中主动虚心地向其他优秀教师学习,能力也不断得到提升和发展,有的教师已经被评为骨干教师。在教师流动过程中,不论是名师还是普通教师都发挥了应有的作用,带动了教学质量的提高。

3. 解决了某些学校个别学科教师缺乏的问题

教师流动政策的实施,使农村学校迎来了更多的优秀教师资源,实现了在数量上的均衡合理分布,某些学校长期缺少某些学科教师的现状也得以改变。譬如,由嘉善县实验小学流动到西塘镇中心小学的王燕填补了西塘镇中心小学长期没有音乐教师的空白。此外,有31名校级领导流动到农村及薄弱学校,占参加流动校级领导的一半,中层干部的流动也建立了学校科学的管理模式,极大地提高了学校的管理水平。

三、嘉善县教师流动的经验

嘉善县教师流动工作已经开展了三年多的时间,在县政府的正确规划、教师的积极配合与参与下,教师流动工作取得了斐然的成绩,得到了国家和社会各界的赞同。根据刘延东副总理《教师流动制度设计需注重政策引导与激励相结合》的批示精神,教育部把嘉善县的教师流动工作作为示范重点,并向全国推广经验。

(一)嘉善县教师流动的经验

1. 硬件资源均衡布局是教师流动顺利实施的基础条件

嘉善县在推进义务教育均衡发展中,逐步实现了校舍、装备、经费等城乡同一标准,主要表现为"六统一""一高于"。"六统一"即统一城乡学校校舍建设标准,由县财政统筹落实城乡学校改造与建设经费;统一城乡学校教育装备配备标准,每年安排不少于1000万元专项教育装备经费;统一城乡中小学生均公用经费标准,并对农村学校班额不足的按照标准班额安排生均公用经费和补助经费;统一城乡教师配置标准,按照师班比合理配足教师;统一就近入学,2010年起调整义务教育学校学区,全面实现学生就近入学;重点高中统一招收初中保送生,省一级重点高中每年招收的保送生名额按比例分配到各初中学校。"一高于"是指农村教师待遇高于县城,享受农教津贴及乡镇奖励。①

2. 采取鼓励教师主动参与的流动方式是教师流动有效实施的有力保证

"教师流动能不能成功,第一步就看动员会开得成不成功",包庆余说,"思想不统一,教师带着怨气进行流动,会得不偿失,损害这项事业"。所以,嘉善县教育局长包庆余在县政府大礼堂,当着700多名教师代表讲得最多的是机遇和成长,而不是责任,他晓之以理动之以情地向教职工讲解教师流动的利与弊,使得后来参与教师流动的教师和领导在工作岗位上都工作得很愉快,取得了很大的工作成效。②

3. 合理的福利机制是促进教师流动顺利实施的必要手段

从长远来看,教师流动政策的实施对教师个人成长大有益处,但从短期来看,参加流动特别是从城镇优质学校流动到农村薄弱学校,会给教师个人的工作和生活带来一定不便。因此还要切实解决流动教师在待遇、专业和心理层面的顾虑,合理的补偿机制是必要的。一方面,这一补偿不能给教师造成依赖的思想,使其为补偿而流动;另一方面,若对流动教师的补偿不够,也无法起到真正的激励作用。

2013年8月,嘉善县第二实验小学教导主任曹炯流动到了最偏远的俞汇小学。因为他是省教坛新秀、嘉兴市名师,仅名师津贴一项,他每月就多出800元,还可优先享受一年一次的学术休假。据介绍,嘉善县财政部门每年投入不少于400万元专项经费,用于教师流动的奖励、培养和补贴农村教师交通费用。俞汇小学校长姚彩萍告诉记者,学校43名教师中有40人的家在县城,教师流动实施后,他们如今都坐上了免费的中巴接送车。②

---

① 孙飞.教师流动政策:嘉善县的探索及启示 [EB/OL]. http://www.cssn.cn/dybg/dybg_jy/201405/t20140506_1149403.shtml [2018-09-30].
② 王东.教师流动改革,为何是嘉善 [N].浙江教育报,2013-10-18(1).

从嘉善县实践经验来看，其补偿措施不仅考虑到教师奖励、培养等经济利益上的补偿，也考虑到学术休假、专业成长等精神上的关怀，为参加流动的教师提供了更多的成长机会和更广阔的平台，对教师的积极参与起到了较好的促进作用。

4. 区域间差异较小是教师流动顺利实施的客观因素

第一，经济水平较高，区域间经济差异较小。作为长江三角洲地区唯一被纳入《长江三角洲地区区域规划》的县，近年来，嘉善县城乡统筹发展取得很大进展。2011年，城镇居民人均可支配收入和农村居民人均可支配收入分别为3万元和1.5万元，城乡统筹发展水平综合评价列浙江省第六，嘉兴市第一，已由原来的整体协调阶段进入全面融合阶段，这为城乡教师流动的顺利实施消除了经济上的差异和生活上的顾虑。①

第二，教育均衡发展已积累较多经验。在教育均衡发展方面，嘉善县围绕"科学示范点"建设，全面实施"教育资源均衡、教育机会均衡、教师分布均衡"三大均衡工程，先后出台关于进一步落实农村义务教育以县为主管理体制、教育经费保障机制改革的一系列文件，有力促进了各类教育协调发展，为教师流动奠定了良好的基础。

（二）嘉善县教师流动的启示

教师流动是一项全局性工作，有利于高水平教育均衡的实现，需要大力加以推广。嘉善县作为国家义务教育学校教师流动项目的试点县，在推进教师流动的政策引导等方面进行了很多有益尝试，具有重要的实践意义。虽然我国各地经济社会发展水平和教育资源配置差异很大，存在的矛盾和问题各不相同，嘉善县发展教师流动的许多条件是很多其他地区不具备的，但其在教师流动政策制定方面的一些理念和经验，仍具有重要的借鉴价值。

1. 制定流动政策之前需做好充分的调研准备

清晰具体的调研，对于制定科学合理的政策、确定科学合理的流动方法有着重要意义。目前，我国尚没有法律法规规定教师必须要参加流动，因此不能简单地通过行政手段强势推动，而要充分结合本地实情，进行科学论证，切忌照搬模式。

在出台教师流动的指导意见和实施细则之前，相关部门必须要分析清楚学

---

① 孙飞. 教师流动政策：嘉善县的探索及启示［EB/OL］. http://www.cssn.cn/dybg/dybg_jy/201405/t20140506_1149403.shtml［2018-09-30］.

校、教师以及生源的现状，设想多种情况，进行充分论证。教师流动方法的设定要体现科学性，采取尽可能多元化的灵活流动方式。此外，各地区还要根据实际情况，广泛征求家长及社会的意见，以便确定流动的时间点和年限等具体方案。

2. 以人为本，充分考虑教师的个人意愿

教师流动效果的高低主要取决于流动教师所起到的作用。教师流动必须契合县情、校情、师情，目的是让广大教师流动到适合的学校与岗位。设计流动制度必须建立在尊重教师个人意愿的基础上，不能搞"一刀切"，不能强迫推进，而要考虑到不同教师群体的需求，提高教师参与流动的主动性。

3. 教师流动要有能坚持下去的长期政策

教师流动是一项长期政策，其效果的产生也取决于一定阶段的积累。开始流动只是开端，要发挥出流动的最大作用，使这项政策长远地实施下去，取得长效的成果，还需设计科学的跟进管理方法，并且有把政策向纵深发展、使各方面协调发展的决心，才能扎实推进后续管理工作。

第二节　吉林省长春市宽城区教师补充个案研究

一、长春市宽城区情况简介

（一）宽城区自然地理概貌

宽城区地处长春市区北部，总面积166.95平方千米，其中建成区面积29.39平方千米，辖站前、新发、南广、东广、群英、凯旋、兴业、团山、柳影、欣园10个街道办事处和兰家镇、长江路经济开发区，共有57个社区、19个行政村和1个农村社区，总人口45万人。①

---

① 长春市宽城区人民政府. 宽城概况［EB/OL］. http://www.jckc.gov.cn/tskc.html［2018-09-30］.

（二）宽城区社会经济状况

作为长春市的老城区，宽城区见证了这座年轻城市的成长，也在过往的时光里留下了属于自己的辉煌，第一座发电厂、第一座煤气厂、第一个防疫站、第一辆出租车……可见，在长春市的发展史上，宽城区有着举足轻重的位置，民间素有"先有宽城子，后有长春市"之说。

宽城区地理位置优越，是长春市的重要门户和对外窗口，也是中共吉林省委、吉林省人民政府所在地。这里交通要素聚集，公路、铁路四通八达，长春市火车站、长春市客运中心站以及城市轻轨和多路公交车的始发站坐落区内，是全市的交通枢纽和人流、物流集散地。

京哈铁路横贯全区，把宽城分为铁南、城北两个区域。其中，铁南地区面积仅 4.2 平方千米，但这里人口稠密、商业集中，有国商、华正、远东等一大批大型商贸企业，是长春市最繁华的商圈之一，享有"商业黄金带"的美誉。这里人文气息浓厚，至今仍较好保留着许多 20 世纪初的历史建筑，这些遗迹已成为全国知名的旅游景点，其中名气最大的是末代皇帝溥仪居住过的伪满皇宫。

铁北地区是长春的老工业基地，伴着中华人民共和国成长的脚步，这里拔地而起的工业、企业鳞次栉比，鼎盛时期多达 1500 余户，为长春市的经济发展做出了突出贡献。目前，诸如长春机车厂、长春第一热电厂等很多大中型企业仍然在城市的经济发展中发挥着重要作用。随着经济的进一步发展，一大批新型企业涌入铁北这一老工业区域。

隶属宽城区的长江路经济开发区，是经国家审批核准的省级开发区，区域面积 45.2 平方千米，设工业、物流、商贸等功能分区，是最重要的产业发展承载地，具有极大的发展空间和投资潜力。该区域重点发展以生活资料生产加工为主的现代制造业，并按各功能分区定位，形成有紧密联系的产业链条，逐步建成覆盖全东北、辐射东北亚的生活资料生产加工集散地。[①]

（三）宽城区教育发展情况

虽然宽城区是长春市中心城区的组成部分，在长春市的发展中有着举足轻重的地位，但是宽城区的涉农部分占八成左右，宽城教育的城乡二元结构十分明显。农村学校在办学条件、教师资源、管理水平、教育质量等方面，与城区学校都有较大的差距。[①]这些成为制约宽城区教育均衡发展、教育公平实现的重要因素。为了缩小城乡之间、校际之间的差距，宽城区决定重新调整布局，进行资源

---

① 长春市宽城区人民政府.宽城概况［EB/OL］.http://www.jckc.gov.cn/tskc.html［2018-09-30］.

整合，扩大办学规模，提高办学质量，提升教师的整体素质，建设好教师队伍，以促进区域教育公平。经过多年的实践探索，宽城区在促进区域的教育均衡发展、提高农村教育质量上取得了丰硕的成果。

目前，宽城区共有义务教育阶段中小学 37 所，其中城区学校有 25 所，农村学校有 12 所。①中小学校校园占地面积 657 364 平方米，校舍建筑面积 253 540 平方米。全区中小学入学率为 100%，在校学生巩固率为 100%，毕业生及格率为 100%。全区中小学中，省级示范校有 6 所，市级示范校有 6 所，市级教师专业发展型学校有 10 所。教师编制数有 2773 人，实际在职教师有 2896 人，专业技术教师有 2810 人。其中，特级教师有 13 人（在职的有 4 人）、省级学科带头人有 28 人（在职的有 26 人）、省级骨干教师有 102 人，市级骨干教师有 202 名，区级骨干教师有 1096 名。②

宽城区在促进城乡教育均衡方面成效斐然，近几年来连续获得全国教育改革实验区、全国"普九"先进区、全国特殊教育先进区、吉林省课程改革实验区、吉林省信息技术教育先进区、全国教改先进实验区、区域教育改革示范区等一系列荣誉称号，《人民日报》也曾以《跨世纪的人才从这里起步》为题，全面报道了宽城区教育事业的发展业绩。

众所周知，衡量教育均衡发展主要有四个指标——布局的均衡、条件的均衡、师资的均衡、管理的均衡。促进布局和条件（硬实力）的均衡要求政府规划到位、投入到位；促进师资和管理（软实力）的均衡却不是可以一蹴而就的。宽城区开展农村教师补充的方式值得深思与借鉴。

二、长春市宽城区农村教师补充策略

（一）夯实农村教师补充的基础

1. 调整布局，优化教育资源配置

城乡学校办学条件和经济情况差距大，农村学校的基础设施建设和教学设备配置不完善，是农村教师补充困境形成的根源。"十一五"以来，通过"弱弱重

---

① 周红.区域推进校本研修策略的个案研究［D］.长春：东北师范大学，2014.
② 长春市宽城区人民政府.社会事业—教育事业［EB/OL］. http://www.jckc.gov.cn/kcgk_shsy_b.html ［2018-09-14］.

组、邻校合并、强弱联合、以强带弱"等多种形式,宽城区采取"撤并、迁移、重组"三步走战略。2010 年以前,宽城区先后撤并了 22 所中小学校,完成了 13 所学校教学楼的新建和扩建,教育装备投入近 2000 万元,仅 2009 年向农村学校投入教学设备即达 1000 余万元。更为可喜的是,位于城乡接合部、农民工子女最多的柳影小学,告别了昔日的破旧,成为全区面积最大、办学条件最好的学校。①农村学校危房全部改造完毕,办学条件得到根本改善,实现了"把名校做大、大校做强、小校做精、为百姓提供优质教育环境"的目标,也夯实了农村教师补充的基础。

2. 调整编制,保证教师补充空间

编制问题也限制着农村教师的补充,农村中小学教师编制出现了总体超编、结构性缺编等问题。只有对中小学教师编制政策与教师编制标准进行调整,才能从制度层面开辟农村教师补充的新空间。针对教师队伍超编和结构性缺编的问题,宽城区创造性地提出了"四个一批"的政策:执行政策退一批、放宽政策离一批、制定政策过渡一批、创新政策进社区一批,使超编教师得到分流,同时出台了《宽城区招收聘任教师工作方案》《宽城区聘任教师管理办法》,按照"同工同酬、出口畅通"的原则,择优招聘了 157 名聘任制教师,其中有 32 人被充实到农村中小学,解决了教师超编和队伍结构性缺编的问题,保证了农村教师补充的空间。①

(二)稳固农村教师补充的重心

宽城区促进农村教师补充的重点有两个:一是加大外力扶持,为其"输血";二是强化自主发展,自身"造血"。"输血"易于理解,即为农村教育输入优质的师资和管理人员,使得农村师资力量得以补充。而"造血"旨在促进农村教育整体质量的自我提升和发展,提升现有农村教师的整体水平,只有农村教育的整体水平提高了,农村学校成为重点校、名校,才会吸引更多的有志青年教师投身到农村的教育事业中来。

1. 建设"教育发展共同体"

为了使教师个体的自我发展、强校弱校的差异发展、城乡之间的二元发展变

---

① 于秋慧,徐天博,殷凤春,等. 均衡优质特色和谐——长春市宽城区教育均衡发展纪实[N]. 吉林日报,2010-09-06(9).

为合理组合后的科学发展，宽城区政府在原有的正式组织结构基础上，通过强制、扶持、引导等不同的策略，形成了三类区域教师专业发展共同体，分别是行政主导型、融合引领型、草根联结型的教师专业发展共同体。①

(1)"行政主导型"教育发展共同体——"四片两带"

为了促进城乡之间、学校之间的教师交流与调配，宽城区政府采取"大校带小校、强校带弱校、城校带村校""城乡统筹、校际捆绑"的策略，在尊重历史、照顾地缘、"二元拉手"的前提下，根据学校的特质与需求，将全区中小学划分为"四片两带"六个教育发展共同体（小学四片分别是天津片、南京片、天光片、柳影片教育发展共同体，中学两带分别是以 72 中为龙头的铁北教育带、以 48 中为龙头的铁南教育带）。②

对于行政主导型教育共同体，政府是主导的角色，是共同体的建立者、发起者，要求每个片都要建立系统的组织机构，制定相应的规章制度，研制长期和短期的发展规划，对共同体发展的权利、责任与义务都提出明确的要求。

在农村教师补充方面，"四片两带"采取人事管理新政策，校长实行"区管片用"，教师实行"片管校用"。校长的"区管片用"主要实施"竞争上岗、连任聘岗、考核转岗、定期轮岗"；教师的"片管校用"实行"区调、片管、校用"，教师身份由"学校人"向"学区人"转变。新政策的实施，使得校长轮岗、教师交流的机制逐步走向常态，例如，QSE 中教育共同体共有教师 487 名，从 2014 年开始，ZJJ 等优秀教师以轮岗的形式到学区内其他学校任教①，实现了农村教师补充中的"输血"。

在"造血"方面，片区内采取了跨校师带徒、同课异构、名师送课、视导、课题互助等形式，以提升片区内薄弱学校的教师水平，营造良好的教研氛围。

> 举个例子吧，就说跨校师带徒这个研修活动，我们这里一共是六所学校，在一起共同研讨的时候，村小的一些领导感觉到他们的师资水平不如城市，尤其是我们天津片的××小学，他们总是说如果我们的名教师能够像你们的名教师一样成长得那么快，有那样的平台，那该多好啊！就是基于这种想法，我们研究能不能成立一个名师跨校师带徒弟的活动。大家在一起研

---

① 周红.区域推进校本研修策略的个案研究［D］.长春：东北师范大学，2014.
② 周红.建设教育发展共同体，提升区域教育均衡度——长春市宽城区均衡教育探索//城乡教育一体化与教育制度创新——2011 年农村教育国际学术研讨会论文集［C］.2011.

究，最后他们自己决定从每个学校推选一个他们认为最有培养前途的徒弟，六所学校就是六个年轻教师作为徒弟。徒弟确定出来了之后，我们进一步研究师父是谁，因为我们的名师工作室有很多名师，它是集纳了片儿上所有优秀教师的一个团队。当时就开了一个电话会议，就是大家在电脑前都用耳麦，因为地域非常远，来一趟也不容易，大家就确定了一个时间，都在网上讨论。他们也是本着对自己学校教师的一种期待，就点名一个人，说他想要参与，然后我们把这些师父都排上了，根据他们的要求，我们确定师父，然后启动名师跨校师带徒的仪式，又进一步确定名师跨校师带徒的方案。（FH）

(2)"融合引领型"教育发展共同体——名师工作室

对于融合引领型的教育共同体，政府是引领的角色。名师工作室是宽城区以行政为主导，通过自上而下地遴选和名师自下而上自主地招募相结合而建立起来的一种组织机构。目前，宽城区共有名师工作室16个。其实施是完全自主的，与"四片两带"不同，这是一个半行政型的教师专业发展共同体。作为一个具有研究性、实践性、指导性的组织机构，名师工作室在为农村教师队伍"造血"的过程中发挥了十分重要的作用。[①]

(3)"草根联结型"教育发展共同体——村小"追梦联盟"

从"种子工程"行动到村小"追梦联盟"，这不仅是一次缘分的契机，更是教育者对农村教育锲而不舍的探索。

校长是一所学校的灵魂，一个教育体系的建立、一个教育文化的认同、一个教育环境的熏陶、一个教育团队素质的提升都离不开一位校长的引领，专业自觉的校长必然可以成为农村教育变革的主导者和设计师。2012年，为进一步缩短城乡之间的差距，不断促进区域教育均衡发展，宽城区教育局启动了"种子工程"行动，选派城区优质学校的中青年骨干校长作为培养的"种子"调至村小任职，为宽城区的农村教育注入了新鲜的血液，带来了新的气象。

宽城区第三实验小学、小南小学、小城子小学、中储粮希望小学，隶属于宽城区教育局，学生均来自村落中地地道道的农民家庭，四所村小分别坐落在不同的自然村里。在"种子工程"行动的背景下，这四所村小迎来了新一任校长。当几位校长真正走进村小，重新制定学校新的三年发展规划的时候，一连串的问题便萦绕在他们的脑海：相同的地理环境——远离市区，培训条件受限，缺少交流

---

① 周红.区域推进校本研修策略的个案研究[D].长春：东北师范大学，2014.

条件;相仿的学校现状——学校规模小,办学目标模糊,缺少远景规划;相近的教师队伍——平行班少,研讨氛围淡漠,缺乏专业助推;相似的学生状况——自卑胆怯,教学活动匮乏,缺少适切教育;相悖的家庭教育——学习无用论作祟,家长缺少正确的角色认知。

这些问题制约着四所村小的发展,是阻碍学校自发变革的瓶颈。几位校长在找到制约村小发展的真实症结之后,便决定携起手来,由"孤军奋战"走向"协同作战",由"画地为牢"的发展模式走向"抱团取暖"的交流合作模式。于是,村小"追梦联盟"应运而生。

对于草根联结型教育共同体,政府是扶持的角色。村小"追梦联盟"是完全自发的、自主的组织结构。村小"追梦联盟"力求各校寻求特色发展,和而不同,各美其美;齐心合力发展联盟特色,校际资源共享,互帮互助,取长补短,美美与共,统统提高。例如,村小"追梦联盟"共同开发了一系列学生成长课程,组织四校学生共同开展社会实践活动,合力开展了系列家校共建活动和家长培训活动等。其中最值得关注的便是该联盟对于促进教师的专业成长所采取的举措。

由于受到特定的地理位置和地域特色的制约,联盟校依托校本研修为广大教师提供了研修交流的学习平台,即"开展课程研发,拓宽两个渠道,搭建三个平台",以促进教师的专业成长。

2014年12月,"追梦联盟"召开了以"携手追梦幸福成长"为主题的首届年会暨年度项目成果分享会,以各个项目组成果发表的形式,推广各个项目的研究成果,探讨研修方式,分享教师研修心得,展示学生成果,从而推进每所学校的特色发展和四所学校的共同发展。

2. 农村教师的二次培养

(1) 建立培训基地

新课程改革以来,教师培训模式得到了变革,以往"自上而下"的教学式培训逐渐被一些"参与式""互动式""实战式"培训取代。教育部颁布的《关于开展基础教育新课程师资培训工作的意见》中指出:(新课程师资培训)"在培训模式上:要坚持培训、教研、教改相结合,坚持集中培训和分散培训相结合,坚持短期面授与长期跟踪指导相结合,注重发挥校本培训的作用。"在此思想的指导下,宽城区也将对农村教师的培训延伸到了一些区域外的优质学校,与北京玉泉小学和辽宁凤城六中建立了长期合作关系,使得两所学校成为宽城区农村教师的培训基地。①

在基地建立后,宽城区组织了多批学员进行培训学习。学习的形式是多样的,不同于传统意义上的培训,学员不仅听了培训基地中名师的汇报,而且还与当地的教师一起讨论分析学校的制度与课程的建设;和学校的中层领导交流了办学经验,他们的站位比普通教师高,着眼于学校的长期发展;走进一间间普通的课堂,实实在在地听课,看到了名校的教师在日常工作中是如何组织课堂的;与骨干教师进行深入的沟通与交流,获得了教育理念上的启迪。

(2) 引入教育专家

教育专家的指导对于农村教师的发展来说至关重要。虽然在教育共同体中,骨干教师可以为农村教师的教育教学提供指导,但是骨干教师对于课程的理解和把握还较多地停留在经验层面上,缺乏理论性,这就需要课程专家指导其将经验上升到理论的高度。课程专家的教育知识,不仅可以纠正以往经验中的错误,而且可以将正确的、隐晦的、缄默的经验用理论来进行总结与推广。同时,课程专家善于解决教育研究方面的许多问题,也可以为农村学校的教研工作提供指导。宽城区有规模、有计划地将学校与高校研究者结合起来,根据学校的发展需求以及高校人员的研究方向、研究能力,"订单式"引入研究者。①

3. 改革人事制度,实行梯次培养

宽城区把促进教师资源的均衡优质作为区域教育均衡发展的关键。在校长队伍建设方面,宽城区实施了"需求培训、公开任用、规范管理、多元评价"的策略,建立了一整套科学的校长培养、任用、管理、评价体系,从而建设了一支理念前卫、善于管理、廉洁奉公、勇于创新的高素质校长队伍;改革创新干部管理体制,推行"竞争上岗、连任聘岗、考核转岗、定期轮岗"制度。从2001年起,凡是新提拔的校级领导均通过公开竞争上岗。2007年,该区又通过"连任聘岗、考核转岗"的机制,将全区151名校级干部集体免职,对132名参加聘任的干部进行了考核,与122名符合条件的校长签订了连任聘岗合同,对10名考核不合格的校长降职一级,调离原单位。②同时,鼓励重点学校的副职竞聘到边远学校、薄弱学校任正职,有效地解决了干部聘任难、调整难、更新难、决策难、培训提高难的"五难"弊端,缩小了城乡管理水平的差异。宽城区还出台了

---

① 周红. 区域推进校本研修策略的个案研究 [D]. 长春:东北师范大学,2014.
② 于秋慧,徐天博,殷凤春,等. 均衡优质特色和谐——长春市宽城区教育均衡发展纪实 [N]. 吉林日报,2010-09-06(9).

《校长轮岗制度》，凡是达到规定年限的校级干部，必须开展交流轮岗。

在教师队伍建设方面，宽城区加大了培训经费的投入，通过推进城乡教师一体化培训，消除城乡差距，特别针对薄弱环节进行专项培训，补齐影响教师素质的短板，同时建立中小学农村教师义务培训基地校，为农村教师提供更好的培训条件。此外，宽城区还探索了校际教师交流制度，开展城区下派支教、乡镇上挂研培；城区各片开展校对校、教师对教师的结对活动和市级以上骨干教师带徒活动，大大提升了教师队伍专业化水平。宽城区围绕促进教师专业发展的"四能"目标（从学生成长着眼，使教师成为师德工作能手；从提高教育质量着眼，使教师成为高效教学能手；从实施课程改革着眼，使教师成为课程研究能手；从促进教育手段现代化着眼，使教师成为使用教育技术能手），通过创建"名师工作室"、启动"青蓝工程"、开设"七家讲坛"、成立"教育博客联盟"、建立"网络教研""以考促学""以考代培""竞编竞岗"等举措，建立了"梯次培养，全员推进"的机制，促进了全区教师专业水平的提升。

（三）通过调配来促进农村教师流动

宽城区在 2014 新学年开始，实施师资的交流和统一调配计划。将城区优秀的校长安排到农村薄弱学校任职，这样就可以把先进的教育理念和管理经验带到农村学校，以加快薄弱校的改造步伐，如上文提到的"种子工程"计划；将新入职教师先行调配到学校文化相对优质的学校学习锻炼几年，使他们能快速成长，几年之后再调配到农村学校、薄弱学校，真正达到最大限度发挥教师资源的作用；将优质学校的区聘教师交流到农村或薄弱学校，在进编中优先考虑，使农村学校教师不断接受先进的教育理念，进而促进他们努力提升专业发展；自愿到农村中小学、区域急需援助学校的区聘教师，在进编中优先考虑。教师交流的形式主要有政策性交流、支教式交流、扶弱式交流、走教式交流、研培式交流等。2013 年、2014 年共有 94 名教师参与了交流。下文为在职教师调配制度①。

1. 工作思路

1）以实事求是、满足需求为原则，真正达到最大限度发挥教师资源的作用。

---

① 于秋慧，徐天博，殷凤春，等. 均衡优质特色和谐——长春市宽城区教育均衡发展纪实[N]. 吉林日报，2010-09-06（9）.

2）以"四片两带"教育共同体为基本交流单位，原则上在片内进行；部分岗位以教育共同体为依托，适度扩展部分学校。

2. 具体措施

（1）交流对象

1）男50周岁（含50周岁）以下、女45周岁（含45周岁）以下的教师，可参加交流。

2）没有交流经历的区级（含区级）以上优秀教师、骨干教师应带头参加交流（薄弱学校除外）。

3）夫妻双方都在同一所学校工作的原则上应交流一方。

（2）交流时间

教师交流时间为三年，交流期间各种原因请假（含产假），交流时间顺延。

（3）政策待遇

1）从2014年起，没有交流经历的教师原则上不可以参加区级以上骨干教师及优秀教师的评选（农村及薄弱校除外）。

2）凡申报晋升专业技术职务的教师，有异校交流经历的，在同等条件优先考虑（农村及薄弱校除外）。

3）自愿到农村中小学、区域急需援助学校的区聘教师，在进编中优先考虑；由农村学校聘用，但未在农村学校任教的区聘教师，在进编中不在优先考虑范围内。

（4）交流程序

1）公示岗位；2）个人申请；3）学校推荐；4）双向选择；5）组织考核。

（5）管理办法

1）交流期间的评价考核工作，由交流任教单位负责。

2）教师交流时间为三年，交流期间各种原因请假（含产假）时间累计超过1个月的，交流时间顺延。

3）因病、事假扣缴绩效工资工作，由交流任教单位每月底报教育局人事科，扣缴部分由任教单位按规定使用。

4）交流期限结束后，希望留在交流任教单位的，需提前1个月向任教学校提交个人申请，任教单位报教育局审核。

3. 相关要求

（1）各个教育发展共同体提高对教师交流工作重要性和紧迫性的认识，以促进教师的发展和促进教育的发展为出发点，努力创造条件，确保教师交流工作顺利完成。

（2）教师交流工作要以人为本，在操作过程中，要注意审慎、科学、理性地把工作做实、做细，坚决杜绝方法简单化、平庸化，既要积极开展、注重实效，又要操作有序、维护稳定。对参加交流的教师要做到"三心"，即细心、关心、耐心，对出现的问题做到"三早"，即早发现、早预防、早解决。按工作时间安排完成工作任务。

（3）各学校要顾全大局，端正工作态度，不得将可能影响工作的患病教师、不胜任教育教学工作的人员列为交流教师，非现任任课教师不得作为专任教师进行交流，不得甩包袱。

经确认参加交流的教师为双向选择，必须服从组织分配，对无故不服从分配、弄虚作假者，按有关规定处理。对于弄虚作假，影响教师队伍稳定的行为将追究领导责任。

下文为新教师调配制度。

1. 工作思路

1）以促进区域教育均衡发展为原则，打破学校编制和教师为学校所有的限制，切实解决学校教师结构性短缺问题。

2）从2014年开始，试行新入职教师区域统筹管理，由教育局根据年度生源变化和促进教师均衡配置的要求，统一调配。

2. 管理办法

1）根据各学校提供的教师需求情况，在充分调研论证的基础上，由教育局对新入职教师进行统一调配。

2）新入职教师在一所学校工作满六年后，原则上要按照教师交流相关政策进行重新调配。

3）对于不服从组织分配的，不予聘用。

为最大限度调动农村学校、校长、教师等各层面主体提升自我的积极性，改变过去"一刀切"、用一把尺子衡量所有主体带来诸多弊端的督导评估方式，宽城区创新推出了"零起点、互动式、发展性"督导评估机制。这套评估机制以学校现状为起点，以评价者与被评价者互动互促为手段，对其发展速度、发展水平和发展态势做出科学的判断和公正的评价。正是由于抓住了教育改革的关键环节，这一机制自实施以来取得了可喜成果，激发了农村学校的发展活力，使农村学校能够在原有的起点上有所攀升，提高了农村教育的整体质量。

三、长春市宽城区教师补充的经验

（一）政府在农村教师补充过程中起关键作用

在农村教师的补充过程中，政府起着至关重要的作用。以宽城区为例，在农村教师补充过程中，政府在硬件条件上给予大力的扶持，改善农村教师的生存环境，使农村教师和城市教师一样，有一个舒适的工作环境和合理的工资待遇；在教育共同体的建设过程中，政府分别起到了三种不同的作用——主导、引领、扶持，使三种教育共同体和谐发展，为农村教师补充的组织结构建设保驾护航；政府通过行政手段完善师资交流与调配机制，创新评价机制，使农村教师补充有制度上的保障，激活了区域的教师流动制度。

可见，政府在农村教师补充的过程中，既要做"有形的手"，为农村教师补充制定有利的政策、制度和规程，使农村教师的补充可以有据可依，站在全局的角度来进行整体资源的调配，把握好城乡教育的天平；又要做"无形的手"，引导、扶持教师内部自发成长起来的新型的教育共同体的建设。政府对于农村教师补充行政管理属于外部的干预，可以解决结构性问题；而只有激发起教师集体内部对于农村教育的信心，才能解决农村教师补充的根本性问题。

（二）加强培训，实现农村教师补充和教师专业发展的相互促进

所谓"专家"，既指专家型教师，又指课程专家。在农村教师补充的过程中，专家型教师补充不仅给农村教育事业带去了师资力量，更是给农村的教育事业带去了希望。专家型教师可以带动农村学校的教研工作，促进农村学校教师的整体发展，对农村地区学生更具吸引力，使农村的孩子不再需要舍近求远才能受到高水平的教育，确保了农村学校的生源数量。农村的师资水平提升了，生源增多了，农村教育事业的希望随着专家型教师的到来冉冉升起。课程专家则是起到了画龙点睛的作用，虽然专家型教师可以带动农村地区的教研工作，使农村教师

积极进行自主研修,但是毕竟实践经验的交流居多,缺乏理论知识的指导。课程专家与教育共同体的常态性合作弥补了这一不足,使农村教师的自主研修可以双管齐下,不仅在实践经验的交流上,而且在理论知识的积累上均上升到又一个新的高度,农村的师资力量得到了"自生"。只有使农村教师补充与教师的专业发展相互促进,将"引入"与"自生"融合,才能将农村教师补充推向新的高度。

(三)农村教师补充要加强理想信念的引导

"春蚕到死丝方尽,蜡炬成灰泪始干",教师自古以来就是一个崇高的职业。一个有学问的人不一定是一个称职的教师,唯有具有高尚的品格与崇高的教育理想的人,才可以成为一名值得尊敬的教师。在宽城区农村教师补充的实践过程中,"种子工程"行动中的四名校长,就是怀着振兴村小的决心与理想,积极探索改革之路,从而建立了村小"追梦联盟"。并且,在该联盟的各种章程文件中,也无处不体现着四所村小的所有教师对于未来的期许与理想。正是这些理想信念,促使农村教师自发地提升自我,促使优秀的城市教师甘愿成为一颗颗"种子",扎根于农村教育事业的土壤。

在农村教师的补充过程中,除了要给农村教师提供合理的薪资待遇和激励政策,保障农村教师的物质生活,还应该加强对他们的理想信念的引导,让他们对农村教育充满信心,对自己所从事的事业充满热情,自愿地、充满正能量地投入农村教育的事业中来。

第六章

完善农村义务教育教师补充机制的建议

　　我国农村教育的发展迫切需要一支数量充足、质量合格的农村教师队伍。然而,我国农村学校面临着教师岗位吸引力不足、大量教师单向流出、优质师资补充不足等问题,农村教师补充面临很大困境。农村教师补充受到社会、经济、文化等多方面因素的影响,是一项复杂的系统工程。农村教师补充机制的完善需要在城乡统筹的思路下,采用全方位、多角度的方法和措施进行。

第一节　统筹城乡教育投入，
　　　　改善农村教师补充的整体环境

城乡社会经济水平的巨大差距是农村教师补充困境形成的根源。要想改变农村教师补充不利的局面，首先要建立城乡一体的教育投入机制。中央政府要加大转移支付力度，对不发达地区的教育投入要有所倾斜。要提高公用经费标准，特别是要提高欠发达地区农村学校的生均公用经费标准，完善农村学校的基础设施建设和教学设备配置。要提高教师工资待遇，按照地域条件、人口密度和经济发展水平等维度对全国农村教师日常生活、工作所需基本工薪做出明确、统一规定，实行"中央定标、省级统筹、县级贴补"的机制，确保全国范围内农村教师基本工资收入的均衡化；省级政府应该统筹安排城乡教育经费的投入，不仅要按照学生数量、教师数量等指标平等分配教育经费，还要对薄弱农村学校有所倾斜。只有城乡教育投入得到公平分配，城乡教育才能均衡发展，才能创造一个有利于农村教师补充的大环境。只有在城乡教育均衡发展的大背景下，农村教师补充不利的局面才有可能得到扭转。

第二节　科学设定教师编制标准，
　　　　保证农村教师补充空间

城乡倒挂的教师编制标准是制约我国农村教师补充的一大因素。我们需要破除编制问题对农村教师补充的限制,从制度层面开辟农村教师补充的新空间。当前,对我国中小学教师编制政策与教师编制标准的调整应以公平、均衡和弱势补偿为基本价值取向。[①]要充分考虑农村学校的具体特点,改生师比单维配置标准为生师比、班师比、科师比、校师比多维配置标准。我国现行中小学教师编制标准主要是由中央机构编制委员会办公室、教育部、人事部、财政部等多个部门协调统一制定的。目前农村中小学教师编制出现了总体超编、结构性缺编问题,尽快出台适应教育发展需要的编制管理配套制度是当务之急。笔者建议制订城乡统一的中小学编制标准,中小学教职工编制重新核定,不再区分县镇和农村。实行城乡一体化编制后,编制核定要充分考虑农村边远地区,编制分配须向农村地区大力倾斜。编制的计算方法也不应该仅仅注重生师比一个维度,还应该加上课程门类、课时等因素一起考虑。做到总量控制,城乡教师编制动态组合,建立适当的弹性机制,在保留教学点的前提下增加一定数量的教师编制数,满足正常开展教学的实际需要。根据农村学生数量、班级数量、学科课程数量、是否为寄宿制学校等多因素来配置教师,对于教学点等小规模农村学校,教师编制要进行单独核定。教育行政部门还要加强对教师编制的动态管理,根据农村学校布局调整和农村生源变化等情况,对教师编制实行调配和使用。建立有增有减的进出制度,严格按照要求补编退编,为农村教师补充开辟空间。

第三节 提高农村教师福利待遇,增强农村教师职业吸引力

要从多方面入手,增强农村教师岗位的吸引力,为农村教师补充提供持续动力。要完善教师人事管理制度。国家要从法律层面保障教师的合法权利,统一规

---

① 韩小雨,庞丽娟,谢云丽. 中小学教师编制标准和编制管理制度研究——基于全国及部分省区现行相关政策的分析 [J]. 教育发展研究,2010,(8):15-19.

划城乡教师的利益分配。建立和完善教育财政体制、财政转移支付制度和弱势补偿制度。巩固和完善中小学教师工资保障机制，保证工资按时足额兑现。各级政府在编制财政预算时，对教师工资必须足额安排，不留缺口。

要完善教师津补贴政策。要从财政上确保教师津补贴的发放，确保教师各种政策性津贴、补贴不低于当地公务员水平。对教师的津补贴，要确定范围、标准和经费来源，对地方政府出台的合理的、教师应享受的且本地公务员已发放的津补贴项目，应按照"谁出台政策，谁出钱"的原则，纳入同级财政预算，依法保障教师的实际收入不低于当地公务员的收入水平。加大对落后地区转移支付力度，在农村义务教育预算内，教师工资经费在西部地区由中央全部承担，在中部地区由中央和省级政府共同承担，在东部地区则由省（直辖市）与县级政府共同承担。要依据农村的具体情况，分级设定农村教师津贴标准，保证教师待遇与机会向不利地区的农村教师倾斜。根据在农村任教时间的长短，制订农村教师岗位津贴标准。在农村任教，则享受；离开农村，则取消。如果在农村退休，则可以把这项津贴纳入退休金内。通过国家、地方补贴的方式，缩小地区间和学校间教师工资和福利待遇的差距。按城市、郊区、农村三个梯度建立中小学教师工资待遇梯度制度，使农村教师工资待遇高于城市与城郊教师。补贴标准根据学校的地理位置、办学条件和师资的稳定状况划分为几个档次，补贴额度向边远地区和办学条件艰苦的学校倾斜。结合工资改革制度，建立中小学教师工作绩效奖励制度。赋予学校对教师的分配激励权力。实行岗位工资、绩效工资、协议工资等多种分配形式并存的收入分配制度，完善重实绩、重贡献、向优秀人才和关键岗位倾斜的分配激励制度。

要完善教师社会福利待遇。要逐步打破户籍制度的限制，建立起城乡一体的教师社会福利待遇制度，为农村教师提供与城市教师平等的社会保障。为每位教师建立教师健康档案袋。公费医疗保险享受公务员同等待遇，提高农村教师大病医疗保险报销的最高限额。按需建设高标准的教师周转宿舍及保障性住房，让流动教师免费居住。处理、解决好流动教师的实际生活问题，才能使教师安心从教。农村教师在住房方面享受当地城镇教师同等待遇，标准不低于当地公务员，并同样得到住房公积金的保障。为边远贫困地区长期任教的教师提供标准的免费住房。有条件的县区、乡镇可实施教师安居工程，在县城、乡镇政府所在地或农村中心集镇兴建教师公寓或教师住宅小区，实现农村中小学教师生活城镇化。同时，结合社会主义新农村建设，在改善农村学校办学条件、新建校舍的同时，可一并建设教师周转房，解决农村教师的实际住房困难。

第四节 增强农村教师职业认同感，
　　　　使农村教师乐于在农村任教

各级教育主管部门、各个学校管理者要采取各种措施减轻农村教师的心理压力，增强他们的职业认同感。要给予农村教师特殊崇高的荣誉，可以对在农村工作满五年、十年、十五年、二十年的教师分别由县、市、省、国家等各级政府授予荣誉称号，颁发勋章和证书，使农村教师有无上的崇高感与荣誉感。要支持和鼓励教师参加农村的社会政治活动，特别是在新农村建设的过程中，要动员广大教师倡导新风尚，深入农民中间去，做文明的使者和新风尚建设的倡导者、参与者，让广大教师在与农民交往过程中了解农村、农民，真正与农村、农民融为一体。同时，还要提高广大农村教师参与农村政治活动的热情，在分配县乡人大代表、政协委员的名额时，提高农村教师人选的比例，以增强他们的话语权。在全社会形成尊师的风尚，除在大众传媒宣传农村教师的高尚形象外，各级政府部门更应该要做好评选农村教师先进模范工作，像宣传劳动模范、科学家那样，大力表彰农村优秀教师，并给予相应奖项、证书鼓励。提高农村教师社会地位，在全社会形成尊师重教的良好风气。

第五节 建立健全教师流动机制，
　　　　实现农村教师动态持续补充

农村教师不能单纯地靠引进毕业生进行补充，还需要通过引进其他地区的在职教师来加以补充。建立健全城乡教师流动机制,可以促进农村教师的动态补充。国家有关部门必须全面推进人们关于城乡教师交流的思想观念、意识形态等非正式制度的形成。第一,教育部门和学校领导、教师等教育工作者要加强对城乡交流政策的理解和执行,积极进行教师交流活动的设计和实施。第二,加大宣传力度,获得社会舆论的支持。教育部门应通过宣传促使社会大众充分了解城乡教师交流对于逐步改善城乡师资配置失衡状况,促进城乡教育均衡发展,实现教育公平和维护社会公平的重要意义,从而培养深厚的民意基础。

要实现可持续的教师流动,需要设计公平公正的教师流动制度、合理的人员选定程序,公平实施,并公开接受学校、教师以及社会公众的监督。要改变城乡教师同工不同酬现状,破除城乡教师流动的最大障碍。在现有的鼓励性政策基础上,政府及教育主管部门应该在教师的聘用和晋职制度上进行改革,规定城市新聘用的教师和要晋职的教师必须在农村学校服务一定的年限才可以聘用和晋职,但同时设置一定的教学年龄限制和流出限制,以保证城市教师在农村支教中的教学质量和服务时限。教师流动要在流动人员、流动时间、职称评定、津贴补贴等方面做出细致、明确的规定,解决流动教师的后顾之忧。教育行政部门对教师进行统一聘任,根据各个学校教育和科研的实际需要设置岗位,统一配置教师资源。城乡教师有序地流动起来,自然会给农村学校带来生机,使农村教师补充具有持续活力。

第六节 改进创新农村教师相关政策,为农村教师持续补充提供保障

现在我国正在实施一些如"特岗计划""师范生免费教育"等与农村教师相关的政策,这些政策为我国的农村学校带来了新鲜血液和活力。可以继续对现在的相关政策加以改进和创新,来促进农村教师持续的高质量的补充。2006年以来实施的"特岗计划",在创新农村教师补充机制、提高农村教师师资水平、扩

大高校毕业生就业渠道方面发挥了重要作用。然而，随着"特岗计划"的进一步实施，受援地区和学校由于受到财政和编制的限制，会出现教师资源过饱和情况，而另一部分师资短缺的非国家级贫县却不能享受这项优惠政策，教师队伍仍然存在数量短缺和质量偏低的严重问题，仍需要代偿机制的支持。因此，为加强农村师资力量补充建设，首先，需要政策实施范围的灵活调节。要及时反馈受援地区教师资源补充情况，由县级政府统筹区域内各学校教师补充比例，平衡教师资源，杜绝特岗教师多数留任中心学校的现象。其次，"特岗计划"实施范围可以进一步拓展，让更多经济不发达的农村地区受惠。最后，兼顾革命老区县师资短缺问题，切实把握农村教师短缺地区的师资队伍建设。特岗教师编制问题直接影响特岗教师队伍的稳定性，是影响"特岗计划"持续深入执行的重要因素。为解决目前教师队伍建设中"有编不补、空编难补、余编乱补"的问题，笔者提出以下三点建议。第一，进一步加强农村义务教师编制的核定工作，以学校为单位具体到学科进行核算。多因素地考虑农村学校编制设计，把教学点、班级数、学生数、心理教师等特殊岗位多方面结合起来，重新核定农村学校教师编制。第二，不断完善农村义务教育教师编制管理权，坚持在省级管理部门和编制部门的监督下，将教师编制管理权利重心适度下移，将编制管理权利交给县级政府。要防止地方政府权力寻租，使不合格教师以特岗教师名义骗取编制，然后调离教师岗位，按照从严从紧的原则核定本县义务教育学校教职工编制，以满足农村义务教育的发展需要。第三，做好农村义务教育适龄人口的预测工作，有计划地配置教师资源。坚持按需设岗，按需报计划，按县级编制、可容量设岗。

师范生免费教育政策也是促进农村教师补充的重要因素。目前承担师范生免费教育的院校均为国内优秀的师范类大学。但报考这些学校的免费师范生缺乏去农村支教的意愿，因此可以由地方师范院校来培养免费师范生。通过部属师范大学和地方师范院校结合，共同培养免费师范生，既能保证优质师资，又能培养有服务农村义务教育志向的免费师范生，能满足社会多个层面的需求，符合农村教育对于优质师资的需求。免费师范生录取制度可采用自主招生模式。培养免费师范生的院校以地区联盟的形式进行自主招生，同时教育部教师工作司组织设立免费师范生录用考核委员会协管招生工作，在每年的春季进行自主招生。自主招生采用面试和笔试结合的方式，在考察考生的文化课成绩的同时，统一编制报考学生关于从教职业意向的量表，将测试内容添加到考生的笔试内容中，为日后培养出致力于农村义务教育的优秀师资力量做准备。面试可以考察考生精神面貌、语言表达沟通能力、对于从教的基本看法等，具体题目由学校自主命题，在笔试、面试通过之后，按免费师范生录取人数，倾向选择有志愿加入农村义务教育事业意向的优秀考生。

我国疆域广阔、民族众多，各个地区的社会、自然环境等方面有很大差异，这在农村地区表现得更为明显。因此，在制定教师补充政策时要充分考虑不同地区之间的差异。各地区要从自身的特点与问题出发，有针对性地对农村教师补充加以规划和安排，才能使农村教师补充具有成效。例如，一些地区没有纳入中央"特岗计划"实施范围，省级政府也可以自主实施地方"特岗计划"，为师资紧缺的农村学校补充教师。对于少数民族地区的农村学校，要充分考虑文化、语言、饮食等特点，在同等条件下可以优先招聘来自本地的教师。有些学校非常急需特定学科的教师，在制定补充政策时需要关注学科专业结构，确保新补充的教师所教学科与所学专业相匹配。一些学校女教师人数远远多于男教师，教师队伍性别比例失衡，在进行教师补充时，可以采取加强政策宣传、制定优惠政策等办法吸引更多男性教师到农村学校任教。总之，农村教师补充政策既要有国家整体的顶层设计，又要有各个地区因地制宜的细节考虑。

后　　记

《农村义务教育教师补充机制研究》一书是教育部人文社会科学重点研究基地重大项目"城乡统筹视域中农村义务教育教师补充机制研究"（项目批准号：11JJD880035）的研究成果。自研究课题立项启动以来，课题组成员紧张地开展研究工作，也积极做好书稿撰写的前期准备工作。为了提高研究效率和质量，我们采取基础研究部分先行、其他部分并进、局部分工与整体合作相结合的方式来展开具体的课题研究工作。我们广泛搜集了大量资料，尤其是在搜集分析国外相关资料方面花了很大力气。我们还赴全国多个省市进行了广泛的实地调查，基本上每年都会实地调研两个以上省份的情况。经过长时间的研究积淀和集思广益，书稿的撰写和修改得以完成。

本书围绕着农村教师补充这一问题，分别从理论阐释、历史考察、调查分析、国际比较、案例探讨等方面进行了深入探讨，尝试对我国农村教师补充问题形成一个全面和深入的剖析。本书中有些内容表达了作者的一点思考和想法，有些内容总结了专家学者的思想和智慧，有些内容介绍了国内外好的经验和做法，希望可以为农村教师补充研究与政策改进带来一些启示。

在研究过程中，我们形成了一系列研究成果，在重点刊物上发表了10余篇学术论文，撰写了3篇调研报告，其中一些观点被《光明日报》、《中国教育报》、人民网等转载。这些研究成果和反响坚定了我们继续关注分析农村教育问题的信心，鼓励我们以更饱满的热情努力做好对相关问题的深入研究。当然，农村教师补充是一个教育问题，更是一个社会问题，牵扯面广，影响因素多，各地区差异也比较大，本书的研究材料难免不周全，对一些问题的探索难免有不全面的地方。如有瑕疵和不足之处，敬请专家和广大读者批评指正！

"城乡统筹视域中农村义务教育教师补充机制研究"课题研究和书稿撰写是团队协作完成的。感谢东北师范大学为开展研究工作创造的条件及给予的大力支持，感谢教育部人文社会科学重点研究基地——东北师范大学中国农村教育发展研究院对课题研究提供的帮助及便利,尤其感谢邬志辉教授、秦玉友教授、李伯玲教授等对研究工作的指导和启发。感谢科学出版社对书稿出版给予的信任和支持,特别感谢孙文影女士的耐心和智慧。本书的主要参编人员有于海波、于冰、董博清、郭桂周、董静等,门武昭、王蓉、刘心童等硕士研究生也付出了大量的汗水和智慧,在此一并致谢!还要向引用和参考的大量文献的作者致以真诚的敬意,向参与和支持本书的单位、专家和教师表达诚挚的感谢!

作　者

2018年10月25日